精益兵法

从精益思想到智能制造

高阳 著

电子工业出版社
Publishing House of Electronics Industry
北京·BEIJING

未经许可，不得以任何方式复制或抄袭本书之部分或全部内容。
版权所有，侵权必究。

图书在版编目（CIP）数据

精益兵法：从精益思想到智能制造 / 高阳著. --北京：电子工业出版社，2022.7
ISBN 978-7-121-43467-9

Ⅰ.①精… Ⅱ.①高… Ⅲ.①精益生产 Ⅳ.①F273.2

中国版本图书馆 CIP 数据核字（2022）第 085131 号

责任编辑：缪晓红
特约编辑：刘广钦
印　　刷：北京天宇星印刷厂
装　　订：北京天宇星印刷厂
出版发行：电子工业出版社
　　　　　北京市海淀区万寿路 173 信箱　　邮编：100036
开　　本：710×1000　1/16　印张：22.75　字数：356 千字
版　　次：2022 年 7 月第 1 版
印　　次：2022 年 7 月第 1 次印刷
定　　价：128.00 元

凡所购买电子工业出版社图书有缺损问题，请向购买书店调换。若书店售缺，请与本社发行部联系，联系及邮购电话：(010) 88254888，88258888。

质量投诉请发邮件至 zlts@phei.com.cn，盗版侵权举报请发邮件至 dbqq@phei.com.cn。

本书咨询联系方式：(010) 88254760，mxh@phei.com.cn。

序　言

"精益生产系统"自20世纪90年代末导入国内，其在国外制造业实践中获得巨大成功，在国内企业也被迅速导入、试点、实践和推广。彼时，主要由外资企业在国外的母公司组织国外精益专家帮助国内企业进行精益生产的推进。初步推进结果还是比较成功的，但随着国外专家的撤出和国内企业精益生产实践的深入，诸多问题出现：按照国外的精益生产体系推进，国内企业水土不服，阻力重重，生产管理水平甚至不如精益实施前的水平，更有企业得出精益生产不适合国内企业的结论。此时，有的企业开始寻找可以指导企业把精益生产继续深入做下去的书籍，发现很多战略类的图书只讲原则和思想，缺少实际案例；另一些工具实践类的图书又缺乏理论框架和成体系的实战经验。直到现在，精益类图书还是这个状况。

《精益兵法——从精益思想到智能制造》一书的出现，完美填补了这一空白，这本书既有精益思维在"道"层面上的深入探讨，又有精益工具在"术"层面上全面系统的讲解。例如，书中对耐克森电缆生产中的"卡模"问题、精益生产中的"True North"问题、精益生产是否等于消除浪费等"道"层面的问题做了生动有趣的探讨。同时，对每种精益生产工具进行了详细讲解，如现场可视化工具、价值流分析与改善工具、TPM等。书中除了讲解工具本身，还大量采用作者成功实施的改善案例来阐述如何使用这些精益生产工具。另外，书中还介绍了与精益生产密切相关的基础财务知识等。

所以，此书不仅适合推广精益生产体系的人员作为指导类书籍；同时，也适合工厂运营管理人员使用，以达到提升效率、降低成本的目的；还可以给企业中推进数字化、智能化的人员作为参考书籍（精益生产是企业推进数字化、智能化的基础）。故我真诚推荐此书给从事与精益生产相关的人员，作为不错的参考书籍！

博世中国工厂运营负责人
资深精益生产践行者
张沛斌

前　言

随着我国经济转型的逐步深化，外部市场的竞争愈演愈烈，很多企业对自身一直徘徊不前的现场管理水平产生了极大的危机感。作为一门管理学中的"显学"，"精益生产"一直是很多企业热衷的选择，讲解精益生产的图书也备受大家的喜爱。就像以前兵法书是兵家必须熟习的教科书一样，精益生产方面的书籍就是企业管理人员必读的"兵法"书。

兵法书大体可分为"权谋"和"技巧"两大类型。

权谋类兵法书以论述战略为主，其典型代表是《孙子兵法》。权谋类兵法书的优点是可以系统地诠释军事理论的内涵，具有大局观和哲学层面的思考。如《孙子兵法·兵势篇》在论述战争策略时这样写道："凡战者，以正合，以奇胜。故善出奇者，无穷如天地，不竭如江海。"这类兵法书对于运筹帷幄的统帅是很有必要的提升工具，但是对于带兵冲杀在一线的战将来说就有点形而上学了，不容易将其内容直接运用在实践中。

技巧类兵法书则以军事技术的运用为主，代表作为戚继光的《纪效新书》，其特点是"不虚言，重实用"。从士兵随身口粮要携带什么到筑城扎营的具体操作方法，全都交代得一清二楚，同时还在难懂的地方加上了图解，使得士兵都容易理解。如《纪效新书·治水兵篇》讲兵船在夜间如何防御敌方偷袭时这样写道："夜暮以朦胧为期，中军船发擂三通，起更。各船齐击竹梆，打更者打鼓一次，梆响一遍。每更用兵二名，一名船头远视，一名船尾高嘹。"技巧类兵法书的优点是便于快速上手、直接应用，但是也存在方法僵化、缺乏应变的弊端。

与传统兵法书类似，现在市面上的精益改善类图书大都存在类似的问题。很多战略类的精益图书只讲原则和思想，缺少实际案例的介绍；另一些工具实践类的精益图书又缺乏理论框架和成体系的实战经验总结。

俗话说："光说不练假把式，光练不说傻把式。"精益生产并不是高高在上的阳春白雪，而是必须与现场结合，落地每个项目、每条规范，才会产生效果的，如同丰田喜一郎说的那样："不要相信一个不洗手还敢去吃饭的工程师。"只讲案例不进行归纳总结也不行。首先，必须承认企业间的差异化是存在的，不同的企业会有不同的现实问题。销售、生产、质量、财务、采购和人力资源水平的差异决定了不可能依葫芦画瓢来进行改善，如果不能将精益思想全面地提炼并掌握其精髓，照本宣科常常会使企业的问题雪上加霜。其次，随着外部市场的变化和新技术的发展，精益本身也在发生变化，很多以前常用的精益工具也面临着被淘汰的问题。例如，拉动看板本来是在拉动系统中进行信号传递的常用工具，但随着各公司 MES（制造执行系统）的普及，物料的拉动可以通过管理软件以更简便、更稳定、更迅速的方式进行，拉动看板这个工具自然就会被淘汰，如果还使用纸制看板来进行大规模物料拉动，就从"精益"变成了"浪费"。因此，想要把精益这件事说明白，既要有大量案例的解释说明，还要有工具运用后的反思和总结，真正达到"学"与"思"的有机结合。以上正是笔者撰写此书的目的。

本书共包含 9 章。其中，管理篇包括第 1 章和第 2 章，主要讲解了精益生产的发展和管理层面推行精益的步骤和要点；后面 7 章为工具篇，从认识工厂的工具入手，以人、机、法、环，以及新技术展望为脉络，由整体到局部，从基础到精通，结合现场实际案例对各种精益工具进行了详细讲解。本书还对很多精益知识点进行了重新诠释，大多数是笔者在推行现场改善的实战过程中的感悟与总结，虽为"一家之言"，但还是希望能够给读者相应的启发。希望本书能够帮助中国制造业企业在精益管理上快速提升。

目 录

管 理 篇

第1章 困境激发的智慧 ·································· 3
   1.1 从利润说起 ·································· 3
   1.2 精益思想的萌芽 ·································· 6
   1.3 精益体系的完善 ·································· 9
   1.4 精益生产的传播 ·································· 10
   1.5 必然的选择 ·································· 12

第2章 为什么成功推行"精益"的企业这么少 ·································· 15
   2.1 战略维度——自上而下，贯彻"精益革命" ·································· 16
   2.2 文化维度——自下而上，营造"改善氛围" ·································· 20
   2.3 技能维度——认准方向，掌握"精益套路" ·································· 24
   2.4 体系维度——完善法制，搭建"制造系统" ·································· 32

工 具 篇

第3章 认识你的企业 ·································· 45
   3.1 知己——利用财务报表了解企业的成本 ·································· 45
   3.2 知彼——利用"KANO模型"识别客户眼里的价值 ·································· 54
   3.3 知强——利用价值流图梳理企业增值点 ·································· 64

3.4　知弱——利用"七大浪费"寻找现场的浪费点 …………………… 86

3.5　知限——利用"约束理论"确认改善切入点 …………………… 116

第4章　改善的起点——5S …………………………………………… 128

4.1　5S 概论 ……………………………………………………………… 132

4.2　S1：整理——生产现场的"断舍离" ……………………………… 133

4.3　S2：整顿——善用脑子来"画框框" ……………………………… 137

4.4　S3：清扫——"清扫"不仅是打扫卫生 …………………………… 144

4.5　S4：清洁——没有"规矩"，无以成方圆 ………………………… 150

4.6　S5：素养——习惯的养成不止"21 天" …………………………… 154

第5章　改善的基础——标准化作业 …………………………………… 158

5.1　标准化作业的发展历程 …………………………………………… 164

5.2　标准化流程建立的思考 …………………………………………… 167

5.3　编制《标准作业指导书》 ………………………………………… 170

5.4　编制《标准作业组合票》 ………………………………………… 175

第6章　重中之重的设备——TPM ……………………………………… 199

6.1　TPM 概述 …………………………………………………………… 203

6.2　TPM 之自主管理 …………………………………………………… 205

6.3　自主维护的推进 …………………………………………………… 220

6.4　TPM 之专业维护 …………………………………………………… 222

6.5　设备分级维护 ……………………………………………………… 229

6.6　备品备件管理 ……………………………………………………… 231

6.7　设备全生命周期内的故障规律及保养方法 ……………………… 236

6.8　设备 OEE 分析与改善 ……………………………………………… 238

第7章　敏捷切换的法宝——快速换型 ………………………………… 244

7.1　快速换型概述 ……………………………………………………… 250

7.2　快速换型的推进步骤···251

第 8 章　创造便利的环境——精益布局与物流·······················270

8.1　车间布局类型介绍···276

8.2　产线布局类型介绍···279

8.3　精益布局的原则和改善步骤···281

8.4　仓储布局与物流设计···286

第 9 章　新技术革命的浪潮——智能制造·······························292

9.1　智能制造的背景···298

9.2　智能制造的问题解决逻辑···301

9.3　智能制造的实施路径···303

9.4　MES 简介及应用···307

9.5　RFID 技术简介及应用··312

9.6　AGV 技术简介及应用··329

9.7　工业机器人技术简介及应用···335

管 理 篇

第 1 章

困境激发的智慧

1.1 从利润说起

管理大师彼得·德鲁克在《管理的实践》一书中说过:"企业的首要任务是生存,而利润则是抵抗风险的支柱。"很明显,企业获取利润的能力越强,其抗风险的能力就越强。

2012 年,丰田公司遭遇"刹车门"事件,由此导致的汽车召回和事件调查相关的损失就超过了 31 亿美元。但是由于丰田公司优秀的盈利能力和成本管控水平,使得企业经受住了冲击并仍然保持了高速的增长,硬是取得了之后连续 4 年世界汽车品牌销售量冠军的好成绩。与之形成对比的是高田气囊公司,该公司由于气囊致人死亡事件遭到 10 亿美元的罚款和后续的赔偿后,企业资金链断裂,无法继续运营,进而破产倒闭。

目前,我国大多数制造企业还处于产业价值链的底端,主要从事产品的加工、制造与组装工作。随着原材料价格的上涨、劳动力成本的增加,以及土地、环境等成本的上升,我国制造业企业的利润可以说是微乎其微。那么,如何在这样一种恶劣的外部环境下去提升企业的利润呢?先来看看下面 3 个方案。

方案 1 —— 提高售价

假如产品的成本为 90 元，卖 100 元可以赚 10 元，卖 110 元不就赚 20 元，把利润提升 1 倍了吗？

这种想法是好的，但问题是现实吗？

众所周知，制造业行业是充分竞争的行业，是微利行业。市场上充斥着各种"最低价中标"的单子，别说提高售价了，能保证客户不提降价要求就谢天谢地了。

方案 2 —— 提高销售量

卖 1 台设备可以赚 5 000 元，卖两台就能赚 10 000 元。

这种算法是对的，但把销售规模提升 1 倍所需的时间和市场开拓难度毫无疑问是相当巨大的，尤其是现在全球市场正面临着经济下行的压力，销售额翻倍更是难上加难了。

方案 3 —— 降低成本

如果能从 90% 的总成本中剥离出 10% 的不合理因素，即无谓的"浪费"，生产成本减少了 10%，那么不就等于利润几乎翻了 1 倍了吗？

很显然，相比前两种方案，第 3 种方案更加实际，也更加容易实施。在以买方市场为主的制造业行业，转变思想应从内部着手，通过降低成本来提高企业利润的思路必将成为主流。

丰田的逆袭

"**减少一成的浪费，就相当于增加了一倍的销售额**"，提出这个口号的人便是在日本被尊称为"穿着工装的圣贤"的精益管理大师，来自日本丰田汽车公司的大野耐一。这种通过消除生产中的一切浪费来提升企业利润的思想就是精益生产的核心，丰田汽车公司也凭借着彻底贯彻这一思想实现了自身的崛起和持续发展。

丰田汽车公司的起源最早可以追溯到 1933 年 9 月丰田自动织机制作所内设置的汽车事业部。此时，美国的通用汽车公司和福特汽车公司早已是举世闻名的大企业了，通过流水线技术的运用和成熟的市场运作，两家公司的实力让世界上其他汽车厂望尘莫及。丰田汽车当时每月的产量仅有 150 辆，而福特汽车公司每天的产量可达 7 000 辆。

虽然差距巨大，但丰田公司并未放弃，几代人持之以恒，不断运用和完善精益思想，独辟蹊径地发明了立足于基层智慧的管理模式，稳扎稳打、一往无前地推动公司向前发展。20 世纪 90 年代初，丰田产销量超过福特。2007 年，丰田销量超过通用汽车，成为世界第一，同年，丰田公司的利润超过美国三大汽车公司——福特、通用和克莱斯勒利润的总和，成为业界的标志性事件。2013 年，丰田的净利润达到 1.6 万亿日元，成为第一个利润过万亿日元的日本公司，利润总额几乎是美国三大汽车公司 福特、通用、克莱斯勒总和的两倍。

2019 年，丰田集团以 299 299 亿日元（约合人民币 19 724 亿元）的销售额高居汽车企业的榜首。虽然丰田的老对手大众汽车集团 2019 财年全年销售收入也达到了 2 526 亿欧元（约合人民币 19 700 亿元）的不错成绩，但要注意的是，两家公司官网显示，大众集团所有品牌加起来的雇员数为 61 万人，而丰田集团仅为 37 万人，比大众集团少了近 40%。同年，丰田公司的纯利润约合人民币 1 368 亿元，大众汽车集团在 2019 年的净利润折合人民币 1 075.9 亿元，也就是说，丰田汽车公司仅用大众公司六成的雇员数量，就实现了销售额和利润额的双道超越。

除了在利润上具有绝对优势，在质量控制方面丰田也一直处于领先地位。2013 年，全球性市场咨询公司 J.D. Power and Associates 发布报告称，在汽车可靠性研究报告中，丰田汽车旗下豪华车品牌雷克萨斯（Lexus）的问题在所有的汽车中是最少的。其可靠性以每 100 辆汽车出现 71 个问题的评分占据领先地位，创下历史纪录。

丰田公司的发展可以说是现代工业史上的一个奇迹。从一个名不见经传的小厂发展到举世闻名的行业巨头，丰田的成长离不开其一以贯之地奉行独具特色的精益生产模式。

1.2 精益思想的萌芽

精益生产又称丰田生产制造系统（Toyota Production System，TPS），是目前工业界最为推崇的一种生产组织体系，其思想和工具被大量应用于各种类型的制造业企业。精益生产的指导思想以"消灭浪费"为核心，通过生产过程的整体优化，有效利用资源，以达到用最少的投入实现最大利润的目标。

精益思想的发源地来自我们的邻国日本。作为一个岛国，日本的陆地面积仅有 37.8 万平方千米，基本上与中国的云南省面积相当，且石油、煤炭、钢铁等工业资源极度缺乏，再加上频发的火山、地震、台风的威胁，使这个岛国的人民时刻充满了危机感。恰恰是这种潜藏在内心深处的"危机感"培养了日本人秉性中的"勤奋"和"节约"意识。风靡全球的精益思想的起源也和这种"危机意识"密切相关。

如图 1.1 所示，丰田精益体系的两大支柱是"自动化"和"准时化"思想。我们可以从丰田公司的发展史上寻到它们的根。

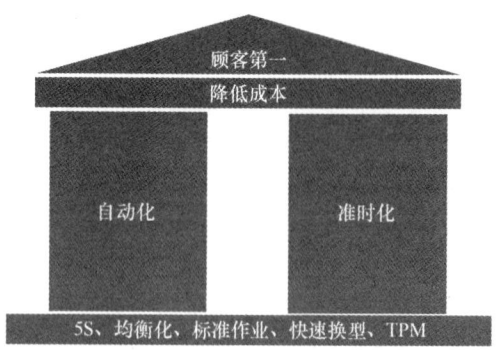

图 1.1　丰田精益体系

1. "自动化"思想

"自动化"思想的创始人是发明了"丰田自动织布机"的丰田佐吉,如图 1.2 所示。

图 1.2　丰田佐吉

1867 年,丰田佐吉出生于日本静冈县的一个木匠家庭。丰田佐吉出生时,工业革命的第一波浪潮正如火如荼地展开着。机器纺纱与机器织布以优越的生产效率摧毁了东方国家的男耕女织体系,人工纺纱逐渐被西洋机器生产所替代。

为了拯救日本纺织业,同时也为了个人的名望与财富,丰田佐吉义无反顾地投入改良织布机的事业中。1890 年,丰田佐吉发明了"丰田式木制人力织布机",使得织布效率提升了 40%~50%。1924 年,丰田佐吉和长子丰田喜一郎共同发明了"丰田 G 型自动织机",通过"断线自停装置"的发明及应用,使得 1 名工人可以同时操作 25 台 G 型自动织布机。这是日本织机制造技术赶上当时世界先进水平的标志,随后该技术在世界各国得到了广泛应用。

丰田佐吉的理念是"一有异常马上停止,绝不生产次品,人不做机器的看守人"。这便是丰田"自动化"思想的由来。

2. "准时化"思想

"准时化"(Just In Time)思想可以溯源到丰田汽车的创始人丰田喜一郎,如图 1.3 所示。

图 1.3　丰田喜一郎

丰田喜一郎毕业于东京帝国大学工学系机械专业，目光远大的他并不满足于继承父亲的成就。曾参观过英美现代化工业社会的丰田喜一郎敏锐地发现，汽车行业将是未来最大的市场。1933 年，丰田喜一郎带领团队在织布机制作所开始了汽车的研究，并于 1935 年完成了丰田第一代 A1 型轿车的试制，如图 1.4 所示。

图 1.4　丰田 A1 型轿车

致力于研发汽车的丰田喜一郎，由于曾经在父亲的纺织工厂里担任过常务经理，他深刻体会到，只要没有库存或备料，就不需要建立大型仓库。所以，如果汽车生产能够在接到订单与定金后再开始投产，便能够利用客户的定金去支付原料等开销，且汽车一旦生产完毕，马上交到客户手里，就不必再额外花费库存成本。这便是丰田"准时化"思想的雏形。于是丰田喜一郎在此思想的指导下，将美国的批量式生产加以发展，提出了独特的生产体系——"准时化"（Just In Time）生产，即"在必要的时刻才生产必要数量的必要物品，绝不过早或过快地生产，杜绝一切浪费"。然而，当丰田喜一郎准备在汽车制造业上大展拳脚时，他的步伐却被战争打断。1941 年，太平洋战争爆发，1945 年日本战败。战败后的日本经济完全崩溃，丰田公司为了挽救危局，不得不进行大规模裁员，丰田喜一郎也引咎辞职，并把自己的梦想托付给了他的堂弟丰田英二。

1.3　精益体系的完善

1950 年，进入丰田管理层的丰田英二（见图 1.5）考察了美国底特律的福特公司轿车厂。当时这个工厂每天能生产 7 000 辆轿车，比日本丰田公司一年的产量还要多，但丰田英二在他的考察报告中却自信地写道："那里的生产体制还有改进的可能。"

图 1.5　丰田英二

"二战"后的日本经济萧条，缺少资金和外汇，经济和技术基础与美国相距甚远，没有可能利用巨额资金全面引进美国的成套设备和大量的原材料来生产汽车。面对这一现实，丰田英二和他的伙伴大野耐一在丰田公司历史沿革下来的一些优秀做法的基础上，进行了大量的探索和实验，并根据日本的国情提出了一系列具有创新性的方法。

大野耐一先在自己负责的工厂试验一些现场管理方法（见图 1.6），如目视管理法、一人多机、U 形设备布置法等，这是丰田生产方式的萌芽。随着大野耐一式的管理方法取得初步实效，他的地位也得到了逐步提升，大野耐一式的管理在更大的范围内得到了应用，同时他的周围也聚集了一些人。通过对生产现场的观察和思考，大家又提出了一系列革新方案，如单分钟换模法、防错法、五问法、拉动式生产等。经过 30 多年的磨合与完善，一套适合快速变换市场需求的丰田公司的生产模式最终成型。

图 1.6　大野耐一在丰田车间现场

可见，精益生产并非一两种简单的管理工具，而是通过不断创新、不断传承而形成的一套与环境、文化高度融合的现代化管理体系。

1.4　精益生产的传播

1973 年，由第四次中东战争引发的石油危机爆发，全球经济陷入了萧条和衰退，汽车行业同样哀鸿遍野。但是，丰田公司却奇迹般地在极短的时间内摆脱了危机，重新快速发展。由此，丰田公司的这一套生产管理模式逐渐被世界所关注。

1985 年，美国麻省理工学院筹资 500 万美元，确定了一个名为"国际汽车计划"（IMVP）的研究项目。在丹尼尔·鲁斯教授的领导下，组织了 53 名专家学者，从 1984 年到 1989 年，用了 5 年多时间对 14 个国家的近 90 个汽车装配厂进行实地考察，查阅了几百份公开的简报和资料，并对西方的大量生产方式与日本的丰田生产方式进行对比分析，最后于 1990 年出版了《改变世界的机器》一书（见图 1.7），该书第一次把丰田生产方式定名为"Lean Production"，即精益生产方式。这个研究成果引起了汽车业内的轰动，掀起了一阵学习精益生产方式的狂潮。

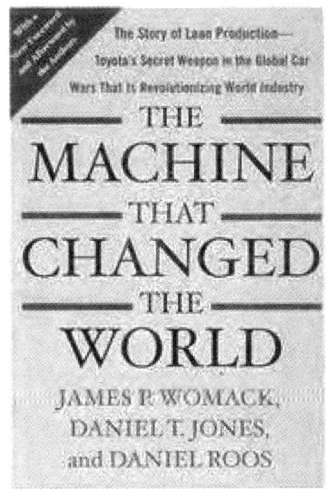

图 1.7 《改变世界的机器》一书的封面

精益生产的提出，把丰田生产方式从生产制造领域扩展到产品开发、协作配套、销售服务、财务管理等领域，贯穿于企业生产经营活动的全过程，使其内涵更加全面，更加丰富，对指导生产方式的变革更具针对性和可操作性。

1996 年，经过 4 年的"国际汽车计划"（IMVP）第二阶段研究，《精益思想》一书出版了。《精益思想》一书弥补了前一研究成果缺少精益生产指导方法的问题，这本书描述了丰田精益生产的五大原则（见图 1.8），并且通过案例讲述了各行各业均可遵从的行动步骤，进一步完善了精益生产的理论体系。同时，在此阶段，美国企业界和学术界对原有的丰田生产方式进行了大量的补充和完善，增加了很多工业工程技术、信息技术等新技术的应用，使精益生产这一体系更加完善。

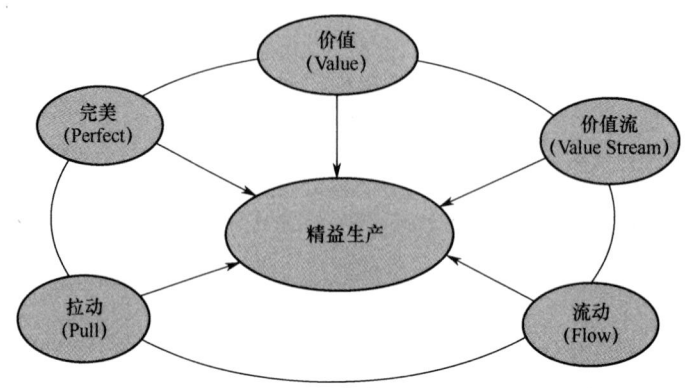

图 1.8　丰田精益生产的五大原则

现在，精益生产不仅在通用、大众等汽车制造企业内得到了推广，还包括波音、博世、IBM、海尔等其他工业制造企业，服装、电子、能源、医药、采矿、运输等各个领域的企业对精益生产的应用案例也比比皆是。

1.5　必然的选择

随着我国开放程度的进一步扩大，制造业逐渐面临更为严峻的国际化竞争和更为充分的市场化挑战，这些都对制造业产业提出了更高的要求。

1950 年，当丰田英二走进美国底特律福特公司的汽车工厂后，他被眼前的景象震惊了：一条条巨大的汽车装配流水线，一堆堆充足的装配用零件摆在流水线旁，工人如机器一般有条不紊地进行着装配活动，不需要大量移动，不需要零件配合的打磨。当时这个厂每天的产量是 7 000 辆轿车，比日本丰田公司一年的产量还多。但他并没有盲目复制美国模式，他在自己的本子上慎重地写下"这里还有改进的可能"。

"二战"后的日本，资金缺乏，技术缺乏，人才同样缺乏。但就是在这样一种逆境中，丰田走出了自己的道路：利用丰田生产制造方式，秉持着绝不浪费的精神，将有限的资源加以充分利用。通过这种生产管理方式的熏陶，丰田培养了大批具有改善精神和专业素质的人才队伍，创造了后来属于丰田公司的传奇。相较美国的大批量生产模式，精益生产有以下几个特点：

（1）对待上下游企业的态度不同。大批量生产方式源于美国，基于美国的企业间关系，强调市场导向，每个企业以财务关系为界限，优化自身的内部管理。而关联企业，无论是供应商还是经销商，则以对手相对待。

精益生产方式以整个大生产系统为优化目标，一方面，降低协作供应链企业的交易成本；另一方面，保证稳定需求与及时供应。丰田精益思想视供应链中所有企业的浪费为整个系统的浪费，强调如果浪费不是被消除而是被转移到供应商端，并不是真正消灭了浪费，"浪费"本身还会以不同的形式（如质量缺陷、交期延后、成本提升等）反馈到企业自身。这种强调协作和共赢的理念，对于现阶段内耗严重的我国制造业产业来说具有很大的启发。

（2）对待库存的态度不同。大批量生产方式的库存管理强调"库存是必要的恶物"。在批量生产中，材料的"富余"是保证连续生产的基础，虽然认识到库存属于资金的占用，但生产方式决定了其对库存的依赖。

精益生产方式的库存管理强调"库存是万恶之源"。精益生产方式将生产中的一切库存视为"浪费"，同时认为库存掩盖了生产系统中的缺陷与问题。所以，通过不断降低库存以消灭库存本身产生的"浪费"，且不断暴露生产中各个环节的矛盾并加以改进。基于此，精益生产提出了"消灭一切浪费"的口号，追求零浪费的目标。这种追求零库存的管理方式如果能够施行，将会大大提升企业的流动资金总量，保证企业在技术革新、扩大市场占有率上获得先机。

（3）对待人的态度不同。传统的大批量生产方式的用人制度基于双方的"雇佣"关系，在业务管理中强调个人工作高效的分工，强调严格的层次关系。对员工的要求在于严格完成上级下达的任务，人被看作附属于岗位的"设备"，越是无条件服从越好。

精益生产源于日本，深受东方文化的影响，在专业分工的同时强调相互协作，尽量发挥人的能动性。这种方法将员工视为企业团体的成员而非机器，强调管理流程精简，充分发挥基层员工的主观能动性。

例如，在传统大批量生产方式中，一旦工人导致了生产线停止，就毫无例外地要被责罚，因为工人没有被授予可以停止生产线的权力，所以，大家都害怕停止生产线的运转。但是在丰田，公司希望尽可能地将问题暴露出来，再加以解决。例如，安灯系统（ANDON）就鼓励大家在发现生产线上的质量问题或设备问题后立即停止产线并拉动安灯报警，将问题及时暴露出来。丰田汽车的创始人丰田喜一郎曾说过一句话："人员是我社最大的财产。"

随着精益改善项目的推行，企业内部相关人员可借此机会与企业一同成长，真正由"人材"变成"人才"，乃至变成企业的"人财"。精益生产这种强调人才培养、将企业发展与人员能力提升深度绑定的模式，对于传统制造业中外部人才引进有困难的行业来说无疑是对症良药。相比1950年的丰田，我国制造业的环境还没有那么恶劣，但居安思危是每个企业家必备的素质。随着市场竞争的逐渐激烈，面对人力成本的逐年提升等种种问题，制造业企业如何快速应对变化，如何在未来多变的市场环境下培养富有战斗力的人才群体，正变得迫在眉睫。

丰田的成功，给我们指明了一条道路。中国制造业企业需要通过精益生产变革，利用精益生产的指导思想，运用其包含的技术手段和工具，加速企业的敏捷创新，提升利润率，提升人才培养效率，使我们能够与外国同行充分竞争。因此，精益生产逐渐成为我们必然的选择。

第 2 章

为什么成功推行"精益"的企业这么少

在全球化的背景下,不少企业都想引进国际上先进的管理手段来提升企业竞争力,最典型的便是丰田生产制造系统。但往往请了专家、做了培训,得到了部分改善,一阵风过去,一切又回到了原样。

有的公司听说"看板拉动"是个好东西,企业可以通过这个模式节省大量的资源投入,增加现金流,于是就轰轰烈烈地开展起了拉动生产改造。大量原来工位中的半成品库存被清空,然后替换成计算出来的可控数量半成品超市,接着上下道之间采用看板进行信号传递。这种心血来潮的"搞运功"式精益生产改进项目很多,刚开始确实会有一些效果,但是时间一长,一些当初预料不到的问题就会逐渐浮现出来。例如,某台关键设备损坏了,而设置的超市库存不足以支撑客户需求;看板遗失或放错看板,后道物料紧缺导致的停工,前道接不到需求而停机等待;客户每日需求发生变化,却没有及时更改看板数量,导致物料拉动时缺乏看板而无法传递信息等。每当这个时候,很多领导者就会打退堂鼓,觉得"看板拉动"是一个华而不实的东西,不但无法真正帮助企业,还平添了很多麻烦。

上述案例可以反映出很多问题,其中最明显的就是很多时候我们在行动之前,并没有理解精益改善的逻辑和具体的知识细节。就以看板拉动为例,千万不要觉得看板拉动系统是"伽马刀",哪里出问题一旦上了看板就会变好。其实看板更像"X 光机",它的作用是探测出企业到底哪里有问题,然后运用具体的改善策略去解决这个问题,以保证看板拉动模式的正常进行。我们感觉到的那些"麻烦"其实是看板这个"X 光机"探测出来的企业存在的问题。不能因为做了体检,查到了问题,就觉得是体检仪器导致的问题。问题一直在那里,X 光机只是告诉你指标不对,而你却觉得如果不用 X 光机检查,身体就没问题了,这个逻辑就太可笑了。

如果从大量的精益推行失败的案例中去一一探究原因,会得到一份几乎没有尽头的长卷。如果反其道而行之,看一看那些成功的企业是如何推行精益的,那么可以展开一条清晰的成功路径。到底推行精益生产的诀窍在哪里?为什么我国制造业领域直到现在也很少听说谁真的把自己做成丰田的样子了呢?下面就来讨论这个问题:为什么成功推行精益的企业这么少。

本章将从战略、文化、技能、体系 4 个维度探讨丰田公司的精益生产到底有何不同,看一看应该如何去推进精益生产。

2.1 战略维度——自上而下,贯彻"精益革命"

变革管理专家 Eric Schoeniger 说过:"三分之一的组织在变革,但少有成功。四分之三的变革靠领导,而非管理。"精益专家今井正明在他的《现场改善》一书中也提到"如果没有领导力,一切都是徒劳"。

现实中,许多企业都想搞改善、推精益,但从结果来看,成功者寥寥。究其原因,各式各样,但其中最重要的一点就是企业的领导者是否有决心去**推行精益生产变革**。

> 作为领导者,是否意识到,你必须把自己拉出舒适区,你自己必须有做出改变并且迎难而上的意愿,否则,就不要搞精益改善。
>
> ——《精益思想》

1. 一把手工程

精益生产是"一把手工程",只有企业的"一把手"具备了精益思想和足够的行动力,才有成功的可能。

为什么这么说?

因为推行精益大多数时候不是从"成功"开始的,而是从"失败"开始的。

想象一下,一家企业以前的生产方式是批量库存式生产,公司内部从原材料到设备备件,从半成品到成品都有大量库存,企业运转稳定,最起码没有发生过由于物料缺乏而停线的问题。可一旦开始推行精益生产,各个环节的最小库存批量都要严格定义,提前生产也被取消了,现场本来富余的"机动"人员被重新按工作量分配了。于是,一旦生产发生了波动,如设备损坏、人员受伤、物料不良、换型时间超时等,现场难免会有混乱、停线甚至影响交付的事情发生。这时,基本上五成的管理者就会退缩了,毕竟只要不停止给客户交付产品就有钱赚,再加上已经熟悉了旧的流程方式中的生产人员、设备人员、物流人员、财务人员的惯性抵制,肯定会回到原来的模式,以稳定为主。**高层的压力会直接导致现场的精益推进人员寸步难行,精益生产往往由此夭折。**

现场人员已经习惯了用原来的方式处理问题,他们也坚信那是处理问题的唯一方式。他们确信,一旦发生改变,就会遇到大麻烦,所以,他们一定会抵制这种改变。

制造部的人会告诉你,库存不能降低,否则就会断线;市场部的人会告诉你,客户不希望看到库存的降低;物流部的人会告诉你,他们的人手本来就很紧张了,再削减就来不及运输物料了。此外,由于精益的推进是一个通过不断解决问题而渐进式带来现场提升的方法,很多时候我们无法在出现问题的当月就展示精益效果,可能需要到下一个月或几个月之后才看得到效果。在这种状态下,企业负责人的全力支持就显得十分重要。

2. 大野耐一的故事

大野耐一通过不断的努力，使丰田成为世界上成本最低、效率最高的汽车制造企业，他将丰田推向了世界顶峰。他有着明确的目标和坚定的决心，在领导丰田的过程中承担了"创造知识者"的角色。但大野耐一的暴躁脾气也让他成为世界上最难相处的领导者，并以"无情的变革者"的称谓而闻名。

丰田公司的一位管理者林南八曾说："大野身材魁梧高大，脾气暴躁，爱踢东西也爱踢人，甚至拿起手边的东西就砸向我们。"后来担任社长的张富士夫也说过："他想推广的生产方式近似残酷，他的办事方法也闻所未闻，所以在初期没人愿意跟他合作。"幸运的是，丰田公司当时的掌门人丰田英二承担了"绝对支持者"的角色，他对大野耐一的激进做法予以体谅和支持，并且依靠自己的影响力让员工体谅和支持大野，调和员工和大野耐一之间的矛盾，使得大野的想法得以顺利实施。最终，通过以大野耐一为首的改善团队的不懈努力，丰田生产制造系统得以成型，并极大地促进了丰田公司的快速发展。

企业负责人千万不要抱着怀疑的态度去推行精益生产，把所有事情推给精益改善团队，自己手里却攥着十二道金牌。如果看到现场部门的抱怨，便立刻召回在前线冲锋陷阵的"精益大军"，这样是永远无法使精益变革得到施行的。

3. 自上而下推动精益

> 大多数高层管理者，职位升得越高，就会变得越愚蠢。因为组织就像一个金字塔，增值工作都发生在金字塔的底层，所以，一个人离这些底层的增值工作越远，那他对于底层发生的事了解就越少。另一方面，位于底层的员工为了尽量保住饭碗，是不会把不好的消息告诉这些金字塔顶端的人的，所以，这些高管听到的几乎永远是那些好消息。
>
> ——《现场改善：低成本管理方法的常识》

从高层管理者开始实施改善，是一个企业能够提高整体绩效水平和企业价值的唯一途径，只有高层管理者认同精益的价值，了解精益的思想，企业的精益改善才能真正推进。

詹姆斯·沃麦克教授曾在《精益思想》一书中这样描述：企业管理者应该让精益成为企业战略，亲自实践，做一个改善狂人。迅速果断地执行改善行动，做好企业大翻新的准备，无论阻力多大，不接受任何关于某个精益目标不可能在我们企业实现的借口。

精益变革不是小打小闹的"运动"，而是一场"革命"，一场会颠覆以前传统工作方式，甚至是利益分配方式的革命，只有兼具破釜沉舟的勇气和卧薪尝胆的韧性，才能将其持续下去。精益变革一旦开始，便不是可选项，必须按照其理论和原则严格地操作下去。一切幻想着不得罪人还能把精益搞好的想法，是注定会让精益变革夭折的。

> 做还是不做，这里没有试一试。
>
> ——《星际迷航》

案例分享

延锋公司赴日本丰田公司的精益学习之旅

延锋公司是汽车零部件行业一家国资背景的头部公司。2009年，为了进一步提升企业效率，在公司范围内推行精益战略，该公司的负责人深刻意识到，必须将公司高层的思想统一。只有公司所有高层深刻认识到精益生产的巨大作用，认识到自身企业与精益管理先进企业的巨大差距后，主动推行精益生产，公司的精益变革才能有稳定的基础。于是一场详细策划的，涵盖了公司总部高层领导、下属各分公司主要领导和制造基地厂长的精益标杆学习计划轰轰烈烈地展开了。他们学习的目的地，便是精益生产的发源地，位于日本名古屋的丰田汽车公司。

这是一次覆盖了全公司高层的大规模轮训，总参训人数达到了90人，他们分批前往日本丰田公司进行为期一周的精益生产专项培训。课程包含了由丰田内部改善专家授课的精益理论知识、高强度的晚自修模拟改善实操练习、丰田产业馆和丰田汽车公司的实地参观交流。培训结束后，每个参训的高层领导都被要求认真提交一份学习反馈报告，并且在自身的 KPI 中增加推进精益改善相关的事项。与此同时，该公司成立了由公司最高层领导组成的"精益委员会"，将推进精益生产拔高到公司战略层面，构建了整个公司推进的精益生产最坚固的政策基础。各工厂经理在见过丰田式的生产方式后，所带来的冲击更巨大。有的工厂经理明确表示，已经准备好把自己从一个"花岗岩脑袋"转变成精益改善专家，随时做好面对新挑战的准备。后续，集团所属工厂纷纷上马了一系列精益改善项目，并且将精益管理制度和精益人才培养提上了日程。

由于高层对精益的理解和重视，精益生产在该公司的推行十分迅速和稳固，集团年均精益降本带来的直接收益超过 1 亿元。该公司在精益变革成果的推动下，连续超过十年完成了销售和利润双增长，逐渐从一家国内知名企业成长为在国际上具有相当竞争力的领先企业。

2.2 文化维度——自下而上，营造"改善氛围"

1. 不能被忽略的"人"

我们经常听到这样的言论："我们要学会听取最基层员工的意见，因为他们对工作知道更多"。所谓他们"知道更多"，是指他们对原有环境及本岗位操作技术的了解多，而非改善和变革的相关知识。孤立的工作场所和长年累月的单调性工作内容，使基层员工无法从系统和流程层面思考问题，往往善于提出"救火"方案，而不能真正永久性地解决问题。因此，在一线员工群体中普及精益知识，尤其是在一线员工中间建立精益文化推广机制，是精益变革能否持续下去的重中之重。根据丰田公司的说法，他们之所以能够成功地维持追求卓越的文化，凭借的就是其战略中的两大支柱——"改善"和

"尊重人性",丰田称之为"丰田之道"。所以,**现场改善应该是一个以人为本的系统,也只有以人为本时才会起作用**。

很多公司将改善的重点放到改善工具和技术上,但忽略了对人的培养,这样的做法就是"缘木求鱼",注定无法将精益变革持续下去。因为只有当员工士气高涨,懂得自律,并且具有自主改善意识时,他们才会真正做好维持及改进现行标准的工作。员工一旦参与了改进工作,反过来还会影响他们的想法和行为。例如,在现场实施了健全的 5S 过后,员工就会自觉遵守他们所承诺的事情,同时其发现和解决问题的能力也会提升。

2. 学习型组织

现代企业管理理论中有一个"学习型企业"的概念。一个学习型企业,就是企业中每个人都不断学习,并且分享知识、技能,从而使得组织持续发展,不断获得竞争优势。为了建立改善的基础,需要在现场建立一个包含管理层和工人在内的学习型企业,来实现共同的目标和价值。使员工明白,改进是一种生活方式,员工应该为自己的工作感到自豪,同时改进也是一个能够实现满足感与自我成长的途径,员工可以通过改进,不断提高自己的技能。当然,要想建设精益组织,除了这些需要深入思考的大道理,还需要严格遵守一些准则。

1) 聚焦流程而不是指责员工

丰田公司对失败采取的不是指责态度,而是利用失败不断学习和改进。他们认为,异常现象或问题既不是积极的也不是消极的,处理问题时需要把焦点从员工身上转移到整个流程上,绝大部分问题是员工所在的系统造成的,而不是员工个人,要深入考虑的是"哪些因素阻碍了操作员按照标准开展工作"。但要注意,不指责并不意味着不关注,仍要非常关注这些问题和员工的解决方式。

2) 关注员工的成长比关注绩效更重要

对于丰田公司来说,改进的程度不是最重要的,他们感兴趣的是在目标的实现过程中，现场人员所学到的改善经验。

丰田公司在 2004 年的年度报告中有这样一句话："作为丰田的长期优势之一，重点关注底层员工的成长，有助于管理层所做出的决策能和实际情况紧密相连。因为管理层的决策能很快地在实际工作中得到体现，而同时，一线工作人员也能对管理策略及时反馈。"

曾经有一批参观人员在丰田公司内部目睹了一位车间工人向厂长大喊大叫的状况。通过翻译问明原委后得知，那位工人因结婚休了 5 天假，但在这 5 天公司没有安排人员替他保养他操作的设备。在通过改善文化建立起来的企业内，保持设备状态的完美不是公司的要求，也不是股东的，而是操作人员的。一旦员工步入改善的正轨，推行精益就会变得容易很多。只有当一个企业认识到精益生产的最终目的是培养精益的人的时候，才算真正踏入了精益的大门。

3）将改善的收益与员工分享

必须相信，变革并不是随意发生的，也绝不会一劳永逸地持续，只有在强有力的改善组织长远规划下，通过具体的行动计划和管理规范才能使变革发生和持续。在这些行动计划和管理规范的运行中，**让参与其中的基层人员主动维护这些规划和制度、让参与其中的人"得利"是关键的难点。**

案例分享

合理化建议积分体系

合理化建议是一种比较常见的在生产现场推行精益文化的工具，通常是指以书面的形式，针对生产制造和业务流程中的安全、质量、材料、工艺、技术及成本等方面，清晰地阐明具体问题、目前状况、改进办法和潜在收益的建议形式。

合理化建议的提出人一般都是一线的操作工和班组长，作为现场最重要的价值输出单位，这部分人的支持在推进精益改善变革的过程中是不可或缺的，而企业为了鼓励这种自发的改善行为，也会给予其相应的物质奖励。但是在施行过程中，常常存在合理化建议的提出者局限于自身的精益水平，无法提出高质量的建议，无法直接估量所提出的建议的经济价值，甚至有些建议本身还可能造成现场其他地方浪费的问题。于是不少企业便采用一刀切的鼓励方式，例如，每条合理化建议给 5 元的奖励。慢慢地，员工便逐渐对这个奖励失去了兴趣，企业也对付出成本能够带来的收益存在疑虑，合理化建议也就变成了鸡肋，员工为了完成指标而敷衍的现象时有发生。原本为了营造精益改善氛围而推行的合理化建议，却成了工人抵触的累赘。

针对以上问题，专注于汽车安全产品生产的百利得公司创新性地实行了合理化建议积分政策。

该公司首先对合理化建议的"提出"这一环节进行了改进，开发了计算机端和手机端都能进行合理化建议提报的电子化平台，使得一线人员随时随地针对所遇到的问题快速提出合理化建议。由于平台有提醒功能，工人提出的合理化建议将会第一时间推送给现场精益推进人员进行报告初评，现场精益推进人员可以针对一线员工提出的合理化建议进行判断，是否值得进入下一步骤的改善阶段，或者对优秀建议进行指导。这样就防止了大量无效建议的干扰和纸质文件的信息汇总麻烦等诸多问题。

这项改进还有一个亮点，就是无论建议是否被技术人员放行，技术人员和一线员工都会获得相应的改进积分。而且提出建议的"含金量"越大，所获得的积分越多，甚至有些优秀的长效合理化建议，还能每年从改善项目的持续资金节约中获得"分红"。这些积分可以在公司换购书籍、饮料、日用品、电子产品等。就这样，该公司成功地将改善的成果真正与提出精益改善意见的员工进行了分享。

不仅如此，为了营造改善氛围，该公司还拨出专款，鼓励一线员工尝试主导自身提出的改善项目，在生产一线形成了人人提建议、个个争改善的火热氛围。

2.3 技能维度——认准方向，掌握"精益套路"

1. 具备"方向感"

耐克森电线电缆公司是一家著名的生产机车电缆的生产厂家，其生产的阻燃机车电缆在市场上竞争力非常强，其产品的生产工艺首先是在导体外部绕包阻燃云母带，待绕包工序完成后进行绝缘挤出。然而，在试制时，挤出工序经常发生导体"卡模"而导致生产中断的现象。

经调查分析，直接原因是最近几天一直下雨，空气湿度高，绕包了云母带的导体在生产现场长时间存放的过程中，云母带受潮导致表面摩擦力增大，绕包导体经过模芯时与模芯摩擦起皱、破损，然后卡死。现场团队经过讨论，提供了如下4种解决方案：

（1）建一个封闭恒湿仓库用来存储绕包后的半成品。

（2）将绕包云母带后的导体线盘用缠绕膜包起来，隔绝空气。

（3）定做一个尺寸大一点的模芯，使二者不会发生摩擦。

（4）更换一家虽然价钱贵但云母带不易受潮的供应商。

想一想，如果你是老板，你会如何选择呢？这里先卖个关子，我们来说另一个事情。

在社会上，有很多培训师会给企业讲："什么是精益？精益就是改善，想做好精益就要不断改善。"很不幸，这个结论是错的，请注意，**"改善"不等于"精益"**。具备减少浪费的理念和行动是很重要的，但对企业的运营水平提升来说这还远远不够。当我们无法识别出哪些是重要的，哪些是正确的方向时，某些改善会在损害一方面效率的情况下实现另一方面效率的最大化，同时，**把浪费从一个地方转移到另一个地方，而不是整体上实现优化和协调**。

某工厂根据"小批量，高频度"的精益理念，决定在现场只保留生产两个小时的零件数量，要求物流通过不断补货的形式来供货，以达到节省原材料库存占地的目的。生产部门是喜欢这种设计的,因为现场的面积大了,可供操作的空间大了,需要管理的物料少了,同时小批量物料也可以放在离生产线更近的地方,减少了操作员取料的搬运浪费。但是物流部门却不高兴了,他们觉得减少了每次供货批量,供货次数就多了,而不像以前只需要一趟或两趟。同样是浪费,如果参照"精益等同于减少浪费"的概念,每个人都是正确的,问题出在哪里呢?仔细思索,其实这里所缺失的是一种"方向感",如图2.1所示。

现场管理能力的提升,实际是在我们朝着某个具体方向前进时才会发生的事情。具有方向感的精益改善才能帮助我们实现长远的愿景。

> 你在做小事的时候一定要考虑大事,这样的话所有小事才能朝着正确的方向。
>
> ——阿尔文·托夫勒

图2.1　方向感

2. 用"瘦"去解决问题

变革的终极方向到底是什么?如何才能保证采取的改善措施是朝着正确的方向呢?让我们回到"精益"这个词的出处上来。

"精益生产"(Lean Production)是詹姆斯 P.沃麦克和丹尼尔 T.琼斯两位教授在对丰田生产制造方式进行总结归纳时发明的词汇。"Lean"这个单词在牛津词典中作为形容词使用时的含义是"精瘦的""瘦且健康的"。答案出来了，精益改善的方向是什么呢？是"瘦"，健康地"瘦"。**精益生产就是用"瘦"的方式去解决现场问题，让一切没有价值的物资、动作、流程消失。**

回到前面说的电缆公司导体卡模的案例。如果仔细观察现场讨论给出来的4个解决方案，会发现它们有一个共同点，就是都在往现场"加"一些东西。有的是增加了一个房间建设成本和占地面积，有的是增加了一个多余的工序（绕包缠绕膜），有的是增加了一个新的模具，有的是增加了采购成本，总之，都是用"胖"的方式在解决问题，这与精益思想是背道而驰的。

① 建一个封闭恒湿仓库用来存储绕包后的半成品——增加场地。
② 将绕包云母带后的导体线盘用缠绕膜包起来，隔绝空气——增加工序。
③ 定做一个尺寸大一点的模芯，使二者不会发生摩擦——增加模具。
④ 更换一家虽然价钱贵但云母带不易受潮的供应商——增加采购成本。

那么，如果用精益思想解决这个问题，应怎么操作呢？

《精益思想》一书中总结了企业进行精益变革所需遵循的五大基本原则："价值""价值流""流动""拉动"和"完美"。其中，"流动"思想就是让有价值的点在生产流程中直接相连，消灭中间的等待、调整、搬运等不增值环节，使"价值"与"价值"直接相连。

案例中，绕包环节和挤出环节都是客户愿意付钱的增值环节，而"存储"环节却是不增值的环节，问题恰恰就出在存储环节。如果消灭了绕包半成品这一库存浪费，将绕包工艺和挤出工艺直接相连，由存储环节带来的问题不就迎刃而解了吗？因此，真正精益的解决方案应该是重新调整流程，想尽一切办法将绕包好云母带的导体第一时间送至挤出机进行挤出生产，从以前的库存式生产转变为连续式生产。通过提高周转频率、减少库存数量、缩短周转时间来解决云母带受潮的问题，这种方式才是用"瘦"的方法解决现场异常的精益思路。

当然，相对于前面传统的4种解决方案，这种"瘦"的精益改善方案需要花费更多的精力。例如，需要调整设备布局，使绕包设备尽量靠近挤出生产线；需要修改操作流程，使下线产品可以直接进行挤出作业；还要提升质量控制水平，从终端产品检验变为通过全面质量保全来实现过程稳定性控制，减少由于检验带来的半成品滞留等。但要认识到，简单的通过采购抽湿机、变更绕包带、采购模具等解决措施并不能使企业的管理水平得到提升，更无法使参与改进的相关人员的能力得到增强。只有利用精益思想，通过缩短库存周转周期，加强流程稳定性和连续性，才能达到企业和人员水平的提升。

3. 掌握精益工具背后的改善逻辑——"丰田套路"

丰田公司的这种通过远景目标设定，不断以精益思想进行持续改善，逐渐逼近远景目标的管理方式正是所谓的"丰田套路"，如图 2.2 所示。

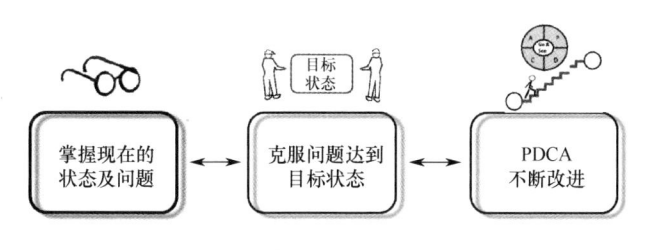

图 2.2 "丰田套路"

在定义目标远景时，可能还不确定如何去实现，这很正常。**不要使用**"效益÷成本"（投资回报率）来决定目标状态是什么。目标状态是早已经确定的（"零库存""JIT""零浪费""拉动生产"等），这些确定的目标状态往往更难完成，但这种挑战对于企业来说才真正有意义。当然，目标状态必须在预算内实现，但这通常需要花费更多的资源才能在限制条件内实现。这些不可谈判、不能妥协的远景状态，在丰田内部称为"真北"（True North）。真北本来是地理学上的一个概念，用来表示绝对的指向北极的方向，这里引申为绝对不可变的信条和原则。当用真北思想来解决问题时，往往会表现出与往常不一样的行动路径。

以客户需求突然提升导致生产线加工能力无法满足客户需求的情况为例。当客户需求超过了现场正常生产能力时，我们会怎么做呢？这里有两个方案：一是加班，增加生产时间，提前备库，用库存式生产满足客户需求。二是进行设备改造，提升设备的加工能力以满足客户需求。

对于这两个方案，相信很多公司会选择第一个，因为这样最省力，"成本"最低。

这种常规思想解决问题的思路如下。

（1）要满足客户的产能需求，但现在还达不到。

（2）现在有两个方案：加班和设备改造。

（3）相比较，"加班"方案耗用时间短，费用低，风险少。

（4）大家选择"加班"。

这就是惯常的思维，选择加班，然后周而复始。企业得到了哪些变革和提升呢？似乎没有。由此可以推出，从一开始我们就知道如何去执行的建议，往往意味着工作系统没有实际的改进，只是对目前做事方式的调整，或者从一方面的浪费转移到了另一方面。

依照丰田公司的"零库存"原则，第一个方案是靠增加库存来平衡客户需求波动，违反了"零库存"的目标。第二个方案通过设备的改进，既解决了供货不足的问题，又提高了设备的加工能力，达到了现场管理水平的一次提升。所以，正确利用真北思想解决问题的思路如下。

（1）要满足客户的产能需求，但现在还达不到。

（2）现在有两个方案：加班和设备改造。

（3）哪个方案符合"真北"。

（4）"设备改造"，通过改造可以让设备的加工能力提升，使价值流动顺畅。

（5）好的，那就设备改造问题来讨论一下会遇到什么困难吧。

（6）改造时间长，改造费用较高，存在改造失败的风险。

（7）好的，那讨论一下如何解决这些困难吧。

（8）经过协商和分工，生产部门负责寻找替代生产线临时生产以满足生产线改造时间，客户部门负责和客户去协调分担产线改造费用，设备部门和质量部门负责就改进过程中可能发生的问题提前进行风险分析和风险防控。

注意，在运用"真北"思想进行改善的过程中有一个很重要的步骤，就是确认目标状态，即"真北"。一旦目标状态被确认后，下一步的讨论方向就是如何解决这些阻碍，以达到目标状态，而不是再去讨论这个目标要不要去做。这就是丰田公司在解决现场问题时，独特的"丰田套路"。可以把这种"套路"简化成如下 5 个问题。

（1）我们希望的目标状态是什么？
（2）目前的真实状态是什么样的？
（3）哪些因素在阻碍我们实现目标状态？
（4）下一步应该怎么做去克服这些障碍以达到目标状态？
（5）我们能从这些方案中学到哪些经验？

这 5 个问题是相互关联的。把目标状态定义得越准确，越能准确地评价当前的状态；对当前状态评价越准确，越能找出障碍；找到的障碍越准确，越能准确地确定下一步怎么做，这便是丰田式问题的解决路径，如图 2.3 所示。

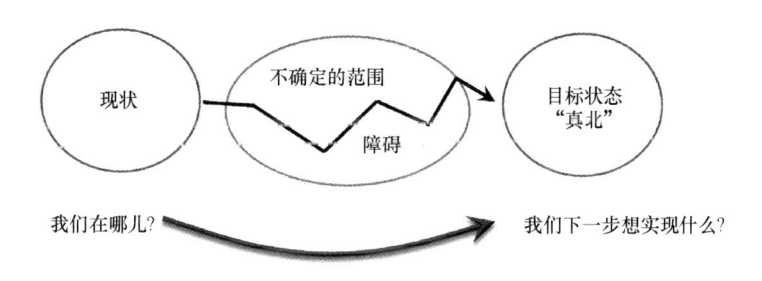

图 2.3 "丰田"式问题解决路径

这个顺序可以帮助我们获得一种处理任何流程或状况的思维模式，同时还可以帮助我们完善企业的改进模式。记住，**我们的目标不是解决问题，而是通过正确地解决问题，不断提高组织的能力，以具备持续改善、变革和满足多变客户需求的能力**。

案例分享

汽车门内饰板工厂 JIT 供货系统建设

海纳川汽车门内饰板工厂给整车厂供应 AC 型号浅色门板，客户对产品表面洁净度有严格的要求，但 AC 浅色门板由于存放时容易吸附灰尘，引起了客户的投诉。为防止客户抱怨，该产品每次出货前必须花费大量时间擦拭灰尘，擦拭干净后再出货到客户处。但有时到客户的工厂后，若客户排产不及，一部分产品又会吸附灰尘，需安排人员赴客户工厂返工擦拭，导致在此产品上产生了大量的人员浪费。

为解决该问题，该公司成立了问题解决项目组，项目组给出了初步对策：将生产完成后的产品每件都用 PE 薄膜袋包装好再出货，如图 2.4 所示。

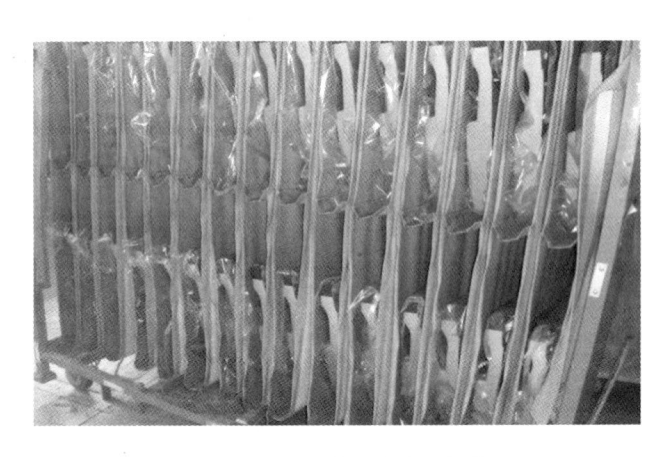

图 2.4　用 PE 薄膜袋包装好的产品

不过该措施在施行一段时间后又被客户投诉了。原来客户在进行门板组装时需要拆除新增加的 PE 袋子，且拆掉的 PE 袋子导致客户现场 5S 的混乱，于是该工厂不得不重新进行方案的设计。

项目组为了彻底解决该问题，邀请了专业的精益改善专家作为"外脑"

参与讨论。最后，经过专家的指导和项目组的沟通，确定了采用 JIT 供货的方式来从源头上解决该问题。专家给出的思路如下：既然灰尘是由存储导致的，且库存是精益生产中严格定义的"浪费"之一，那么改善重点就应该从事后隔离转为减少产品停滞时间。如果生产速度可以和客户的消耗速度相匹配，生产出来的产品就可以第一时间运输到客户端生产线进行组装，那么由于产品积灰而导致的质量问题就迎刃而解了。

项目组按照以上思路，尝试与客户进行协调，将客户组装线的排产信号直接接入生产现场的门板组装线，并建立内部拉动式生产系统。

在实际生产中，客户的要料需求经过生产前置期换算后，第一时间发送至该内饰工厂的总装线，然后总装线根据客户的排产信号进行门板总装生产，所需半成品通过拉动系统向上游拉动物料超市进行提取，同时超市的补货需求再拉动原材料投产，如图 2.5 所示。

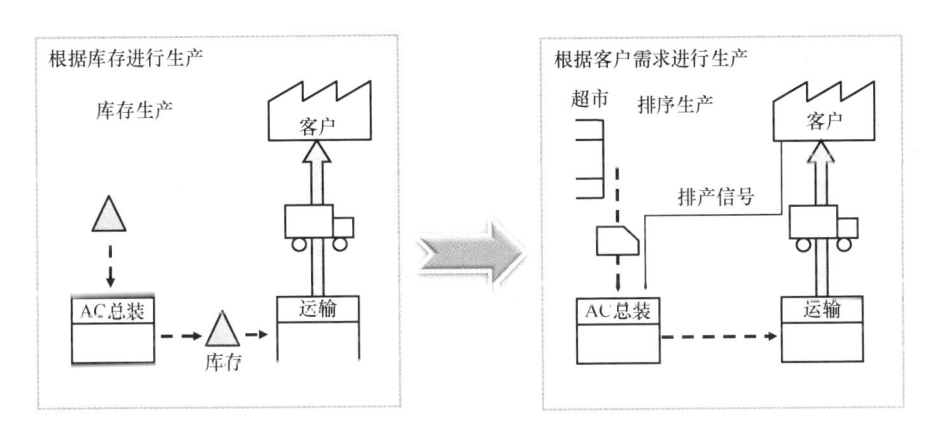

图 2.5 "库存式"改进为"拉动式"

通过这个改善，生产出来的 AC 门板可以第一时间供货至客户生产线，彻底解决了物料滞留和门板存储脏污的问题。不仅如此，由于 JIT 拉动系统的建立，该工厂的库存减少了 50%，人员需求减少了 20%，工厂运营费用大大降低，整个工厂的管理水平得到显著提升。

2.4 体系维度——完善法制，搭建"制造系统"

任何一个现代化的规模企业，一定需要从"人治"向"法治"转变，对于制造企业来说，生产现场完善"法制"的代表便是搭建"制造系统"。

1. 华为的故事

华为集团的任正非曾在批复"华为基本法"提纲时说过："要在动力基础上健全约束机制，否则企业内部会形成布朗运动。"也就是说，有规则、无动力，企业会变成一潭死水；但有动力、无规则，企业则会散发成无序的布朗运动，难以形成核心能力。因此，转型期的华为曾花费数十亿元的学费全面学习 IBM 的管理模式，并在应用层面上经历了"僵化—优化—固化"这 3 个步骤来实现华为的蜕变。

首先是照搬模式，僵化吸收。华为消化和细化了 IBM 的管理模式，初步构建了自己的管理体系。任正非强调：变革的推行首先是"削足适履"，严格遵循 IBM 标准的要求，用相当长的时间逐步变革，让员工从抵触逐渐转变为接受。

其次是不断探索，优化应用。在实际运行中不断摸索并解决与现场的对接问题，实现管理体系的本地化改造，让管理"硬件"与"软件"的配合更加协调。

最后是固化思维，简化创新。华为总结并创新了不同领域的管理模式，以形成从 B2B 的市场转向 B2C 需要的更灵活的战略思维，所以，才有了华为针对各种终端新型业务的"华为"模式。

2. 生产制造系统的搭建

大野耐一研究了诸如泰勒的"方法研究"理论、吉尔布雷斯夫妇的"动作研究"理论、梅纳德等人的"方法时间测量"概念、通用电气的"价值分析"等理论和技术后,结合丰田公司的制造模式和思维逻辑发展了自己的理论并加以验证。1971 年,大野耐一宣布,综合了质量管理、工业工程技术及日本制造产业大量实践经验的丰田生产制造系统初步完成。生产制造系统的完善使得丰田公司变得越来越强大。

1973 年,因中东战争导致的第一次石油危机爆发,更省油且价格更为低廉的日本汽车在美国的销量大增。于是美国汽车商开始争先恐后地效仿日本汽车商的做法,并纷纷与日本公司结成了合作关系,尽可能地尝试去模仿日本公司的成功做法来建立自己的成功模式。这些基于丰田生产制造方式的成功模式也逐步演变成了现在通行于世的各种"制造系统",比较知名的有通用汽车全球制造系统(Global Manufacturing System,GMS)、德尔福制造系统(Delphi Manufacture System,DMS)、江森自控制造系统(Johnson Controls Manufacture System,JCMS)等。

所谓制造系统,是指包含了共同愿景、管理哲学、指导理念和实践标准的目标管理体系,可以利用其评估和改善管理绩效。制造系统主要由核心理念、基本原则、评估模型和行动计划 4 大部分组成。下面以丰田生产制造系统为例进行介绍,如图 2.6 所示。

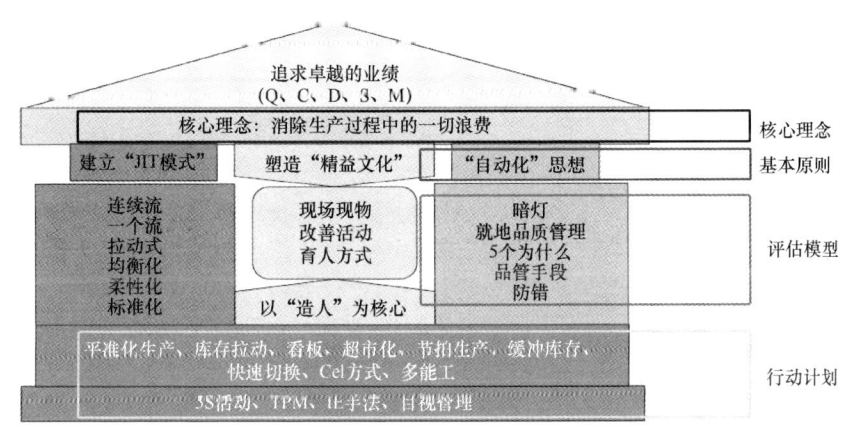

图 2.6 丰田生产制造系统

丰田生产制造系统的核心理念是消除生产过程中的一切浪费。以此为目的开发出了"准时化"（JIT）和"自动化"两个大原则。将"准时化"原则加以分解便是"连续流""拉动式"等系统要素，"自动化"思想的延伸则形成了"暗灯""5个为什么"等系统要素，底层的是 5S 活动、TPM 等针对相应环节的改善工具。这些基础工具的运用不仅保证了系统要素的达成，还能够提升参与其中的"人"的主观能动性，结合两大原则，共同推动卓越绩效的达成。这种整体架构的搭建，既有长远目标上的把握，又有现实中能够落地的行动路径和实操工具，使得企业的制造体系完善且高效，这便是搭建整体制造系统的魅力所在。

3. 审核体系的搭建

制造系统的搭建完成后，必须有相应的审核机制以保证工厂运行的过程指标和结果指标符合系统要求。

通常以制造系统内的原则分类，将其中每个要素对应的核心要求进行详细描述，并按照现场表现的状态设立等级，最终设计出表 2.1 所示的审核标准文件。

表 2.1 制造系统审核标准

原则	持续改进	审核企业名称：	
要素	持续改进流程	工厂地址：	
定义	一个改进的过程，通过认识、接受、创造和使用持续改进，来达到新的业务挑战和目标，消灭浪费		
目的	对业务环境变化保持灵活性，并始终致力于利益最大化		
序号	核心要求	L1 量级	L2 量级
1	持续改进氛围：创造一个有助于促进持续改进，并在所有层次使用培训和员工发展技巧的氛围。建立一套激励机制，鼓励员工的不断参与，认可细小的持续改进的价值	（1）领导层促进和支持正式和非正式的持续改进活动。（2）非正式活动包括渐进式的持续改进，使用的工具诸如班组层次的 5S 和标准化工作	（1）员工的改进结果应被表扬，适时和易见的反馈流程鼓励更多的持续改进想法。（2）在组织的所有区域内，正式活动可包括 CIP 工作坊、合理化建议流程、5S 工作坊、快速制造、价值流程图、产能提升流程

第 2 章 为什么成功推行"精益"的企业这么少

续表

序号	核心要求	L1 量级	L2 量级
2	浪费的概念：在确定改进机会时要考虑 7 种浪费（纠正、过量生产、搬运、动作、等待、库存、过度加工）	（1）所有层次都能将所在区域内的浪费识别与改进机会联系起来。 （2）设置各类活动以训练参与者并区分所有浪费类型	对瓶颈的改进应使用一些具体指标来量化，例如，TT 和 ATT 之间的差距（Overspeed）、SAT(工位独立生产能力)、周转库存、非计划性加班、OEE 等
3	改进计划与实施：持续改进活动基于业务实施计划的目标和指标。从相关功能区域和所有班次中选择持续改进活动的参与者（不只包括制造部门）。实施并监控改善方案或计划，采取对策，确保有效	（1）业务计划用来确定改进指标和目标。 （2）改进小组应该根据需要由来自所有支持部门的相关人员构成（生产、维修、质量、物流、工程等）以达成改进目标。 （3）改进小组采用合适的 CIP 工具来达成改进需求	领导层回顾 CIP 活动的状态，车间和小组的检测成果，持续改进有效性和文件化确保了持续改进的有效性和及时性

接下来需要设计奖惩制度并征召审核员，培训其制造系统的内容及审核标准，然后以固定周期对整个工厂的各项制造标准进行审核，将不符合项进行记录并上报，同时督促现场管理人员进行问题整改，如表 2.2 所示。

表 2.2 制造系统评审表

原则	持续改进		审核企业名称：		校正员：	发布日期：
要素	持续改进流程		工厂地址：			版本号：
定义	一个改进的过程，通过认识、接受、创造和使用持续改进，来达到新的业务挑战和目标，消灭浪费			观察员：		当前条款汇编负责人： 原则负责人：
目的	对业务环境变化保持灵活性，并始终致力于利益最大化			企业原则负责人：		
序号	核心要求	L1 量级	L2 量级	审核结果	校正情况概述及校正意见	
1	持续改进氛围：创造一个有助于促进持续改进，并在所有层次使用培训和员工发展技巧的氛围。建立一套激	（1）领导层促进和支持正式和非正式的持续改进活动。	（1）员工的改进结果应被表扬，适时和易见的反馈流程鼓励更多的持续改进想法。	L2	1. 客观情况说明： 2. 校正员评价、意见及建议。	

续表

序号	核心要求	L1 量级	L2 量级	自评状态	校正情况概述及校正意见
1	励机制，鼓励员工的不断参与，认可细小的持续改进的价值 Reference:	（2）非正式活动包括渐进式的持续改进，使用的工具诸如班组层次的 5S 和标准化工作	（2）在组织的所有区域内，正式活动可包括 CIP 工作坊，合理化建议流程，5S 工作坊，快速制造，价值流程图，产能提升流程		
2	浪费的概念：在确定改进机会时要考虑 7 种浪费（纠正、过量生产、搬运、动作、等待、库存、过度加工） Reference:	（1）所有层次都能将所在区域内的浪费识别与改进机会联系起来。 （2）设置各类活动以训练参与者并区分所有浪费类型	对瓶颈的改进应使用一些具体指标来量，例如，TT 和 ATT 之间的差距（Overspeed）、SAT（工位独立生产能力）、周转库存、非计划性加班、OEE 等	L1	1. 客观情况说明： 2. 校正员评价、意见及建议：
3	改进计划与实施：持续改进活动基于业务实施计划的目标和指标。从相关功能区域和所有班次中选择持续改进活动的参与者（不止包括制造部门）。实施并监控改善方案或计划，采取对策确保有效 Reference:	（1）业务计划用来确定改进指标和目标。 （2）改进小组应该根据需要由来自所有支持部门的相关人员构成（生产、维修、质量、物流、工程等）以达成改进目标。 （3）改进小组采用合适的 CIP 工具来达成改进需求	领导层回顾 CIP 活动的状态，车间和小组的检测成果，持续改进有效性和文件化确保了持续改进的有效性和及时性	L2	1. 客观情况说明： 2. 校正员评价、意见及建议：

续表

序号	核心要求	L1 量级	L2 量级	自评状态	校正情况概述及校正意见
4	巩固改善成果：通过修订现有标准以巩固改善成果 Reference:	（1）进行持续改善活动后的工位应该被验证。 （2）根据变化，相应的文件已经更新	（1）工厂/组织应持续改进 BPD 计划以更新目标、指标和方法。 （2）当（结果）可以更优秀，而（原）目标变得容易时，应修订并促使其获得更好的结果	L2	1. 客观情况说明： 2. 校正员评价、意见及建议：
		结果：		L0	0
				L1	1
				L2	3
		总条款数			4

如此，便可借助 PDCA 的循环，以"审"带"训"，推动企业整体管理水平的提升。需要注意的是，审核标准要根据现场水平及技术的变化及时调整，每 2～3 年要对核心要求进行回顾和更新，以确保系统要求能够走在实际表现的前面。

案例分享

江森公司精益制造体系规划

江森汽车座椅公司是一家业界知名的汽车座椅制造厂商，在实施了多年精益生产变革后，发现企业的各项运营指标和员工工作积极性并未达到理想效果，于是邀请了专业的咨询公司对工厂精益推进现状进行测评。咨询公司对该企业进行了全面调研后，发现该工厂在之前的精益变革中过分强调了工具的运用，但忽略了系统的建设。随后，咨询公司为该公司设计了一整套精益制造系统战略。

首先该公司结合企业战略和自身产品特点，重新确认公司的 4 个核心理念："客户关注""稳定的运营环境""拉动生产"和"浪费零容忍"，如图 2.7 所示。

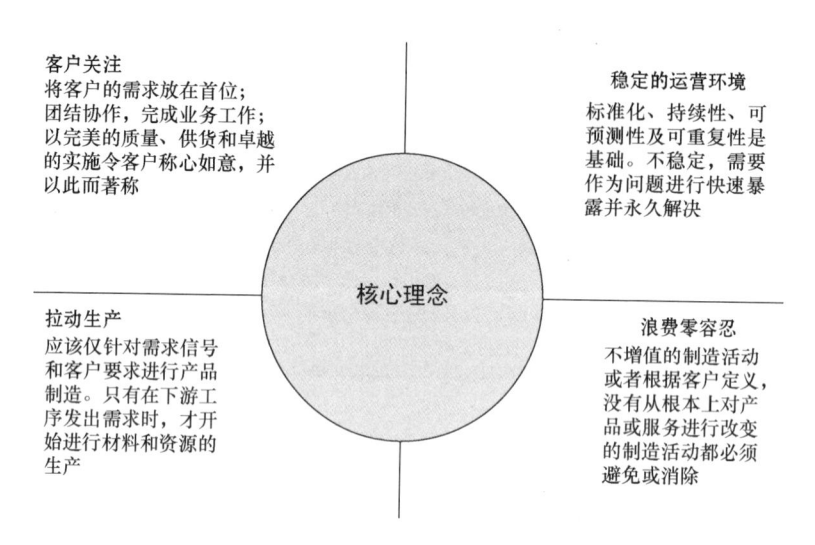

客户关注
将客户的需求放在首位；团结协作，完成业务工作；以完美的质量、供货和卓越的实施令客户称心如意，并以此而著称

稳定的运营环境
标准化、持续性、可预测性及可重复性是基础。不稳定，需要作为问题进行快速暴露并永久解决

拉动生产
应该仅针对需求信号和客户要求进行产品制造。只有在下游工序发出需求时，才开始进行材料和资源的生产

浪费零容忍
不增值的制造活动或者根据客户定义，没有从根本上对产品或服务进行改变的制造活动都必须避免或消除

图 2.7　制造系统核心理念

接下来以 4 个核心理念为基础，规划 9 个具体的制造原则，如图 2.8 所示。

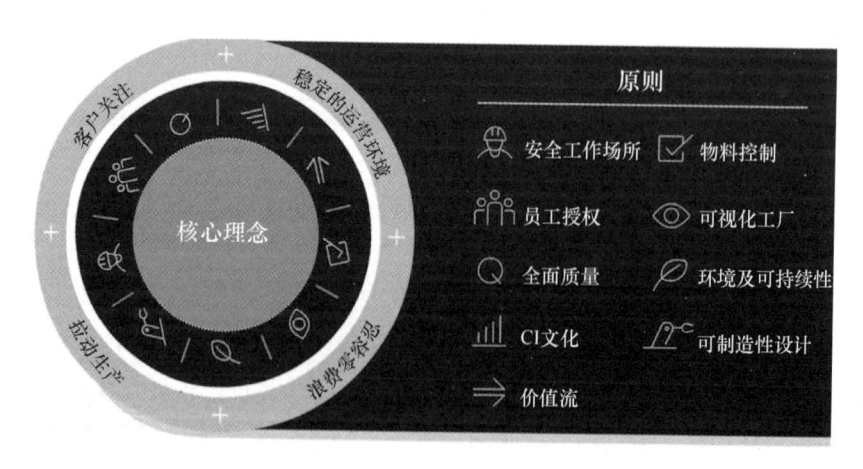

原则
- 安全工作场所
- 物料控制
- 员工授权
- 可视化工厂
- 全面质量
- 环境及可持续性
- CI文化
- 可制造性设计
- 价值流

图 2.8　制造系统实施原则

然后将每个原则拆分成可以实施和测量的操作要素，如图 2.9 所示。

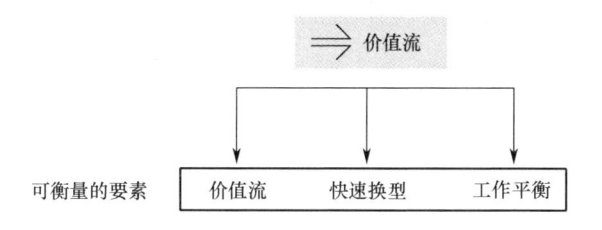

第 2 章 为什么成功推行"精益"的企业这么少

```
              ⇒ 价值流
           ┌─────┼─────┐
           ↓     ↓     ↓
可衡量的要素  价值流  快速换型  工作平衡
```

图 2.9　制造原则拆分成的制造要素

最后将每个要素拆分成可直接评估的制造实践表现和可审核的具体管理行为表现，如图 2.10 所示。

要素1 价值流	
制造实践（MP）	管理行为（GB）
级别1	
MP1：具备一个工厂产品家族的矩阵	GB1：产品家族矩阵是一张这样的匹配表格：行是各个产品家族，列是工艺流程步骤或设备
MP2：管理层正式地接受了价值流图的培训	GB2：查培训跟踪记录表，管理团队需要具备足够的知识来驱动整个工厂价值流的改善活动
……	……
级别2	
MP1：中层管理者正式地接受了VSM的培训	GB1：查培训记录表，中层管理团队需要具备足够的知识来驱动整个价值流在工厂内部的管理
MP2：50%的产品族具备价值流图VSM的协调员和价值流牵头人	GB2：回顾岗位职责及工厂组织架构图中的价值流协调员和牵头人的角色。查看他是如何管理整个价值流流程的，查行动计划是否每月进行了更新，并反映了所有的改善活动
……	……
级别3	
级别4	
级别5	

图 2.10　制造系统现场评估手册

在制造系统完善过后，设计图 2.11 所示的精益制造成熟度模型，以供企业未来的发展需要。

精益制造成熟度模型是根据精益变革的发展成熟度，将工厂精益变革程度划分成工具层面、制度层面和文化层面 3 个阶段，然后将目标工厂的实际运营状态与成熟度模型进行匹配，找出差距，规划后续行动路线，辅助其完善精益变革路线图，如图 2.12 所示。

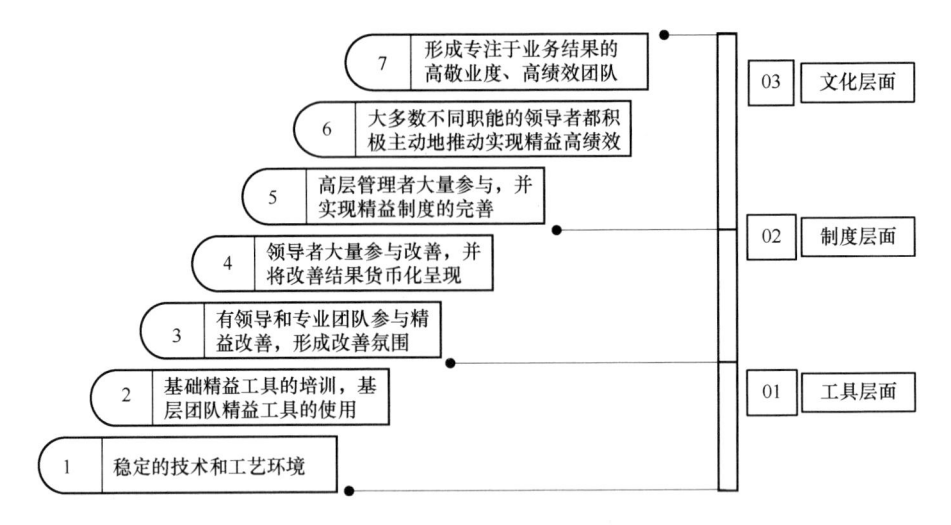

层级	阶段	描述
03 文化层面	7	形成专注于业务结果的高敬业度、高绩效团队
	6	大多数不同职能的领导者都积极主动地推动实现精益高绩效
02 制度层面	5	高层管理者大量参与，并实现精益制度的完善
	4	领导者大量参与改善，并将改善结果货币化呈现
	3	有领导和专业团队参与精益改善，形成改善氛围
01 工具层面	2	基础精益工具的培训，基层团队精益工具的使用
	1	稳定的技术和工艺环境

图 2.11　精益制造成熟度模型

奠定基础 → 制定战略重点 → 启动精益设计 → 施行 → 持续改进

图 2.12　精益变革路线图

最终该企业通过路线图的重新规划，明确了企业发展的路径，并依照相应路径完善了制造系统、对标机制、人才发展战略和精益校准制度等，帮助企业达成了精益变革的目标，逐渐成长为行业领头羊企业。

小结：本章从 4 个维度详细讲解了如何推进精益变革，可以将这一套从 4 个维度整体推进精益变革的方法称为"四维模型"，如图 2.13 所示。

如果将进行精益变革的企业比作一艘航船，那么四维模型便是成功远航的保证（见图 2.14）：自上而下战略级别的行动贯彻如同动力系统，源源不断地提供前进的动力，保证企业可以将精益变革持续进行下去。自下而上精益文化的氛围烘托则如同水一般，是航船得以平稳行驶的基础保证。要想保证航船不会偏航，准确到达目的地，就需要把握企业的改善方向，确保一切变化遵循精益的"套路"原则。最后，这一切架构、体系和具体的操作方法都需要以成体系的制度条款来约束和保证。

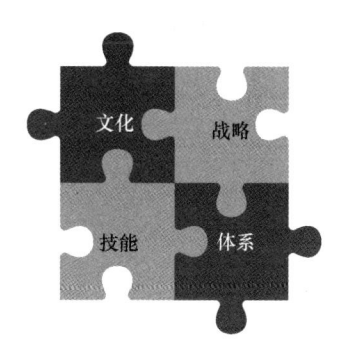

图 2.13　精益变革"四维模型"

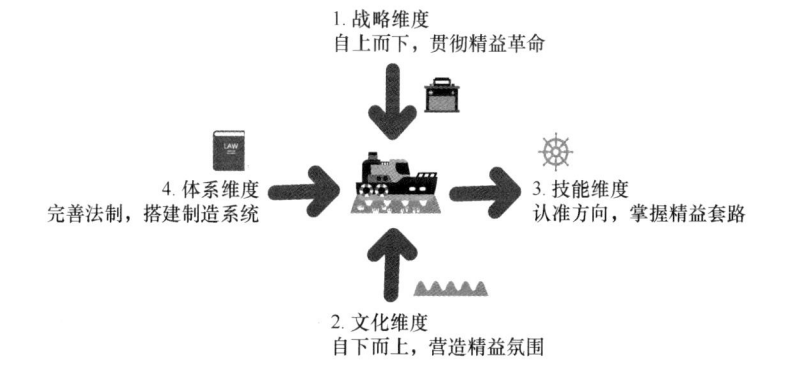

图 2.14　"四维模型"的运行机制

随着竞争的不断加剧，精益变革已经不再是做不做的事情，而是怎么做的事情。毫无疑问，精益变革已经帮助诸多企业走向了卓越，在精益这条路上一定要坚定信心并采取正确的行动，让精益生产的模式真正在中国企业内生根发芽。

工 具 篇

精益生产之所以成为现代工业企业广为推崇的"显学",很重要的原因就是其具有极强的实践指导性。其方法和思想带动了过去几十年制造业的突飞猛进,而且在当今社会仍然具有非常强大的生命力。

苹果公司的创始人史蒂夫·乔布斯和现在的掌门人蒂姆·库克是两位风格截然不同的领导者,但他们因为对精益生产的共同追求而一起共事。据《蒂姆·库克传》一书的描述:库克曾在IBM供职长达12年,负责IBM的PC部门在北美和拉美的制造和分销,后来他转投康柏公司,负责康柏公司的材料采购和产品存货管理。库克在康柏公司短短半年任期内,就帮助公司从库存式生产方式过渡到按订单生产的制造模式。这种起源于丰田精益生产的准时化生产模式,将康柏公司的设计、制造和分销、服务的效率都大幅度提升,并且降低了大量的生产成本。此时,苹果公司正迫切需要彻底变革其混乱的生产流程,于是乔布斯开始寻找解决方案,也在寻觅能够扛起这份重任的人,幸运的是,乔布斯遇到了库克。后来乔布斯对友人说:"我发现,我们看问题的方式是一样的。我在日本参观过很多采用JIT生产模式的工厂,也曾为MAC和Next建立过这样的工厂。我知道我想要什么,然后就遇到了库克,他和我想的一样。"后来库克接受乔布斯的邀请加入了苹果公司,彻底变革了苹果公司制造和销售计算机的方式。两位因精益思想结缘的天才共同创造了今天伟大的苹果公司。

精益生产理论的诞生本来就是从实践中总结来的,该理论的推广也伴随着很多相关改善工具的引入。本篇将依照由整体到细节的思路,从企业自我诊断的工具入手,逐步将生产现场人、机、料、法、环等要素所涉及的各种精益改善工具结合实际案例进行详细讲解。

第 3 章

认识你的企业

正所谓"知己知彼，百战不殆"，在进行现场管理时，一定要弄清楚这些问题：我真的了解自己的企业吗？我的企业盈利状况如何？客户需求如何？哪道环节在增值？哪些地方存在浪费？改善又该从哪里开始呢？

本章从"知己""知彼""知强""知弱""知限"5 个角度，结合精益管理领域的 5 个工具来帮助大家更好地理解自己的企业，同时更好地理解精益生产。

3.1 知己——利用财务报表了解企业的成本

要想了解企业的成本，可以从财务角度入手。

1. 利润表

利润表又称"损益表"，是依据"收入-费用＝利润"这一原则来编制的，它主要反映一定时期内企业的营业收入减去营业支出之后的净收益。

"利润表"主要告诉我们企业在过往一段时间内收入多少、花费多少，以及创造了多少纯利润。读懂了利润表，就读懂了企业的盈利能力及经营状况等。

在编制利润表时，企业会先计算一个阶段内企业的净销售额和销货成本，得到这两个项目的数据后就可计算出毛利（**Gross Profit/Loss**）。

- **计算毛利的方法：**

毛利 = 净销售额（Net Sales）-成本（Cost of Goods Sold）

净销售额=销售额（Sales）-销货退回与折让（Sales Returns and Allowances）

这里的成本是指卖出去的东西的成本价，它的本质是生产成本。毛利是一个很重要的财务指标，它代表了企业的盈利空间。

将收入毛利和费用支出的总和相减后就可得到营业利润或亏损（Net Income/Loss）。

- **计算营业利润和纯利润的方法：**

营业利润 = 毛利-三大费用（销售费用、管理费用、财务费用）

纯利润 = 营业利润-税收

整合以上公式可以得到一个实用的公式：

企业纯利润 = 净销售额-生产成本-三大费用-税收

通过以上公式可以看出，企业若想实现纯利润增长这一目标，可以从以下4个方面着手：

① 开源，加强市场销售工作，把生意做大，使销售收入增多。

② 降低生产成本，从而增加毛利。

③ 削减三大费用，从而增加营业利润。

④ 加强资金管理与税收筹划，减少利息与税收支出，从而增加纯利润。

把降低生产成本、削减三大费用和加强资金管理与税收筹划3个方面结合起来，就是全面成本管理。

虽然可以从不同的角度来增加纯利润，但不同措施的实施难度和达成的效果也是不一样的。如表3.1所示为一家企业的3种备选改善方案的对比。

该企业上个月的销售额为100 000元，成本为80 000元，毛利率为20%，营业利润为14 000元。为了增加企业利润，现在有3种备选改善方案。

改善方案1：增加50%销售额。

表 3.1 3 种备选改善方案对比

	当前状况	改善方案 1: 增加 50%销售额	改善方案 2: 削减 50%的管理费用	改善方案 3: 降低 20%的生产成本
销售额	100 000	150 000	100 000	100 000
成本	−80 000	−120 000	−80 000	−64 000
毛利	20 000	30 000	20 000	36 000
三大费用	−6 000	−6 000	−3 000	−6 000
营业利润	14 000	24 000	17 000	30 000
利润增加	/	71.4%	21.4%	114%

改善方案 2：削减 50%的管理费用。

改善方案 3：降低 20%的生产成本。

经过计算，可以看出，对营业利润的增加最显著的是改善方案 3——降低 20%的生产成本。另外，相对于增加 50% 销售额和削减 50% 管理费用来说，降低 20% 的生产成本也是最容易达到的目标。因此，**通过降低生产成本来提升利润的方案必定会成为广大企业的最佳选择**。

那么，如何降低生产成本呢？先来看看生产成本的构成。

2. 生产成本的构成及改善

简单来说，生产成本=料+工+费。

1) 料

"料"指的是直接材料，即构成产品的直接物料支出，包括原料、辅料与包装物料。

物料成本的降低可以考虑如下步骤：

(1) 建立采购价格信息体系。

- 建立价格网络收集系统——中国价格信息网、阿里巴巴等。
- 建立价格咨询系统——专业的价格咨询公司。
- 建立价格资料查询系统——建立企业自己的价格资料查询系统。
- 价格趋势分析——针对期货波动进行预测分析。

(2) 对主销产品的成本结构进行优化。

- 寻找替代材料——符合要求的新材料、成本更低的辅材、不影响性能的回收料二次利用。

- 优化设计尺寸——更精确地设计余量、符合标准的最小尺寸。
- 控制材料浪费——控制切换浪费、开机浪费、不合格品的浪费等。

(3) 对库存物料进行严格控制。

- 库存控制 ABC 法——针对费用占比更大的重点库存进行重点关注。
- 库存控制的三角形原理——营销部、运营部及财务部三方持续沟通、协作及执行决策，以实现有效的库存管理。
- 建立标准库存模型——根据实际消耗拉动物料采购。
- 加速库存周转——以小批量、高频度形式进行物料采购和生产发运。

2) 工

"工"指的是直接人工成本，也就是生产部门在现场直接从事生产活动的一线员工和一线生产管理人员的工资福利支出（一线管理人员包括班组长、生产主管、车间主任等，但不包括生产部门经理，生产部门经理属于管理层，他们的工资福利算在"管理费用"中）。

现在，人工成本占企业总成本的比重越来越大，因此，人工成本的控制对企业直接利润的获取有很大的意义。

人工成本的降低可以归纳为"少人化"与"多能化"两大步骤。

(1) 少人化。

"少人化"即人员数量优化，目的是让更少的人做同量的事，这里列举两个方法。

① 精简组织。精简组织就是优化管理人员数量，把合适的人放在合适的位置，实现"人尽其才"，而不是"人浮于事"。其主要目的不是降低人工成本，而是在公司范围内营造一种真正重视成本、全员参与成本控制的氛围，从而有利于公司转变成能有效控制成本的组织。

组织机构精简一般遵循如下 3 个原则。

- 存在价值：因人设岗还是因事设岗，是否真的需要某个部门/职位。
- 管理幅度：人数的界定取决于组织的规模及管理者的能力差异。一级管理规模 7～10 人为宜。

- 管理层次：不应出现上令不能下传、下情不能上呈的情况。最影响利润的部门其经理直接向总经理汇报，如采购经理与人力资源经理。简化管理层次，采用扁平化管理。

组织机构的分析至少每年进行一次。在制订公司年度经营计划时，很多欧美企业都会更新组织机构，以确保新的组织机构既能满足业务发展的需要，又不至于随着业务的发展而变得臃肿。每年重新评估组织机构，就可以避免或消除"人员缓慢增加"的现象。

② 工作抽样。工作抽样是让操作层人员优化，给合理的工作负荷搭配合适的人员数量，其主要目的是实现人员效率最大化。工作抽样的具体方法又称"瞬时观察法"，是指利用统计学中随机抽样的原理，按照等概率性和随机性的独立原则，对现场操作者或机器设备进行瞬间观测和记录，调查各种作业事项的发生次数和发生率，以必需且最小的观测样本，来推定观测对象总体状况的现场观测的分析方法，是工业工程中动作研究与时间研究的一部分。

在对众多的观测对象进行调查时，工作抽样具有省时、省力、调查费用低、调查结果可靠等优点。

(2) 多能化。

"多能化"就是人员素质提升，使其掌握多种操作技能，目的是让更少的人做更多的事情。 主要通过岗位培训提升员工技能水平，并且发展多技能，从而提高劳动力效率。多能工培训可以采取成人教育三步法来进行：课堂培训、现场讲解、现场实操。

根据员工技能掌握水平，现场可采取正圆四分法的形式来标识员工的多技能掌握状况。

四分之一级：理论知识合格，表示员工经过一定时间的理论培训，能够基本掌握岗位的基础知识。但此时员工不可以上机操作，只能现场观看学习。

四分之二级：现场操作合格，表示员工经过一定时间的实操培训，能够基本掌握岗位的操作技能。此时员工不可以独立操作，需要在带教师傅的指导和监督下操作。

四分之三级：能够独立上岗，表示员工经过实际操作培训和现场指导后，能够达到岗位任职的基本要求，能够保证按时、保质完成要求。

四分之四级：全面掌握，表示员工经过一个阶段的岗位实际操作，不但能满足独立上岗操作的要求，还对生产工序、设备、质量和现场改善有了一定程度的掌握。这意味着该员工在此岗位上具备了带教能力，可以带徒弟了；同时也意味着该员工应该重新启动其他岗位的知识学习了。

可以通过如表 3.2 所示的员工多技能状况表来对每个员工的多技能掌握水平进行记录，同时也应该建立如表 3.3 所示的企业多能工岗位达标标准来进行多能工评价的标准化管理。

表3.2 员工多技能状况表

序号	工号	姓名	班组	岗位名称	挤塑	挤塑A线	挤塑B线	编织	绕包	笼绞机A	复绕	包装	终检
1	102312	张三	A	班长	●	●	●	●	●	●	●	●	●
2	102313	李四	B	操作工						●		◐	◐
3	102314	王五	C	操作工	◐	◐		◐	◐			◐	◐
4	102315	赵六	D	操作工						◐			
5	102316	孙九	A	操作工						◐		◐	

表3.3 多能工岗位达标标准

被考核者姓名		所属部门			
职位名称		考核者		考核期	
考核指标	权重	评分标准	区间	得分	资源来源
岗位知识技能		多能工能够熟练操作 3 个及以上岗位	91~100 分		质量部
		多能工能够熟练操作 2 个岗位	81~90 分		
		多能工能够熟练操作 1 个岗位	71~80 分		
产品交验合格率		$A \geq 99.9\%$	91~100 分		质量部
		$99.7\% \leq A < 99.9\%$	81~90 分		
		$99.6\% \leq A < 99.7\%$	71~80 分		
		$A < 99.6\%$	51~70 分		

续表

考核指标	权重	评分标准	区间	得分	资源来源
单位小时产量完成率		$B \geq 99.8\%$	91～100 分		生产部
		$95\% \leq B < 99.8\%$	81～90 分		
		$90\% \leq B < 95\%$	71～80 分		
		$85\% \leq B < 90\%$	51～70 分		
工时完成率		$C \geq 35$（h）	91～100 分		生产部
		30（h）$\leq C < 35$（h）	81～90 分		
		24（h）$\leq C < 30$（h）	71～80 分		
		$C < 24$（h）	51～70 分		
服从生产调动情况		完全服从	91～100 分		生产部
		一次不服从	81～90 分		
		二次不服从	71～80 分		
		三次不服从	51～70 分		

3）费

"费"指的是制造费用，主要包括厂房、机器、仓库等固定资产的折旧费用，还包括工厂的水电气等能源费用、质量检验与保障费用、设备维护与维修及零配件消耗费用、工厂员工衣食住行及办公行政费用、安全健康与环保费用、低值易耗品的支出等。

制造费用的节省是一个全面工程，需要整个工厂在管理水平上的整体提升，包括但不限于全员生产性维护、全面质量管理、精益布局、精益物流和价值流分析等大量手段的综合运用，以保证企业整体运行效率的提升。

3. 资产负债表

接下来介绍成本分析中另一个很重要的工具——资产负债表，如表 3.4 所示。

表 3.4 资产负债表 单位：万元

类型	费用
固定资产	170
有形资产	10
无形资产	5
投资	
固定资产合计	185

续表

类　型	费　用
流动资产	208
库存	337
应收账款	18
其他	2
现金	55
流动资产合计	620
流动负债	80
应付账款	20
应计费用	12
应付红利	7
税款	60
透支	
流动负债合计	179
长期负债	15
银行贷款	25
抵押	
长期负债合计	40
资产减去负债合计	586
股东资金	220
股本	301
净利润	65
其他准备金	0

资产负债表表示企业在一定日期（通常为各会计期末）的财务状况（资产、负债和业主权益的状况）。

资产负债表根据资产、负债和所有者权益（或股东权益）之间的关系，按照一定的分类标准和顺序，把企业一定日期的资产、负债和所有者权益各项目予以适当排列。它的作用是反映企业资产、负债和所有者权益的总体规模和结构。

也就是说，资产负债表主要告诉我们，在出报表的那一时刻，公司内资产及负债情况如何，企业整体上是"穷"还是"富"。

通过资产负债表可以看出某一日期资产的总额及其结构，表明企业拥有或控制的资源及其分布情况。也就是说，有多少资产是流动资产，有多少资产是长期投资，有多少资产是固定资产。

1）资产

资产按照流动性可以分为**固定资产**与**流动资产**。

(1) 固定资产是指厂房、机器设备、仓库等设施。固定资产不管是否使用都会发生折旧，折旧是制造费用的一部分，从而构成了生产成本。固定资产的利用率越高，折旧的分摊就越小，生产成本也就降低了。固定资产利用率通常用每平方米的销售收入或利润来表示。

(2) 流动资产主要包括应收款、库存与现金。应收款与库存都是非现金流动资产。值得一提的是，库存既然作为流动资产，那么就要让它流动起来。物流中的"物"代表库存，"流"代表库存管理的思想——"流动"，库存流动的速度就是"钱生钱"的速度，自然是越快越好。如果库存流动太慢，那就不叫物流，而是要叫"物留"了。让仓库瘪下去，钱袋子才会鼓起来。

2）负债

负债按偿还的期限可以分为**短期负债**与**长期负债**。

资产总和减去负债总和等于**所有者权益**。如果资产大于负债，说明资产得到保值或者增值，所有者权益就增加了；如果资产小于负债，说明资产贬值，所有者权益就受损了。

4. 从资产负债表中能看出什么

通过资产负债表可以对企业的资产、负债及股东权益的总额及其内部各项目的构成和增减变化有一个初步认识。结合利润表和企业现状，可以从中读出不少的东西。

（1）如果企业应收账款过多，占总资产的比重过高，说明该企业产品受经济环境的影响更为严重，企业结算工作的质量有所降低。应收账款的账龄越长，代表其收回的可能性越小。

（2）如果企业的现金过少，代表企业的流动资产并没有完全得到转化，应该抓紧时间进行库存变现和账款催收，当现金为零时，企业将会面临资金链断裂乃至倒闭的风险。

（3）净资产比率=股东权益总额/总资产。该指标主要用来反映企业的资金实力和偿债安全性。净资产比率的高低与企业资金实力成正比，如果该比率过高，说明企业财务结构不合理。该指标一般应在50%左右，但对于一些特大型企业而言，该指标的参照标准应有所降低。

（4）资本化比率=长期负债/（长期负债+股东权益）。该指标主要用来反映企业需要偿还的及有息长期负债占整个长期运营资金的比重，因而该指标不宜过高，一般应在20%以下。

资产负债表的功用除了企业内部纠错、经营方向调整、风险预警，最实际的就是可以让所有阅读者在最短时间内了解企业实际的经营状况。

在现实中，有许多企业非常重视产品销售，在制订年度经营计划时把市场销售计划做得非常详细，什么品牌、什么品类、卖到哪个区域、开发哪类客户、什么时间卖等都清清楚楚。然而，通过利润表和资产负债表可以发现，降低成本其实对利润增长的贡献更大。可许多企业一提到降低成本，往往只是泛泛地说"要比去年同期下降5%或10%"，但并不会认真规划这5%或10%从哪些地方来、针对哪些产品、有哪些具体的行动。这样的后果就是，成本降低年年讲，最后什么成效也没有。记住，降低成本所涉及的相关细节问题必须在年度经营计划中体现才会有效果。

很多人认为控制成本主要是财务部门的事，和其他部门关系不大。但事实上，要真正做好成本控制，需从生产运营的每个环节抓起，只有生产运营过程控制好了，产生的成本节省才会卓有成效。因此，降低成本的工作必须由负责生产运营的部门来主导。

3.2 知彼——利用"KANO模型"识别客户眼里的价值

按照马克思主义政治经济学的观点，价值就是凝结在商品中无差别的人类劳动。这些劳动从固化的商品中体现其使用价值（多么有用）和交换价值

（多么值钱）。然而，每种物品都是许多属性的总和，在这些属性中，有的属性对特定人是有用的，有些属性可能没有用，有些属性甚至是有害的。而从商业角度所说的价值，就是指那些对特定的人有用的属性。

简单来说，价值是指事物针对需求者所具有的有用性。因此，精益生产理论认为：产品（服务）的价值只有满足客户需求才有存在的意义。也就是说，产品（服务）的某种属性是否有价值只能由用户来决定。

在制造业中，企业经营主要以出售产品和配套服务为主，本身具备多种属性，如长度、厚度、强度、表面光洁度等产品属性，还包括交货周期、售价、保质期等服务属性。那么，如何在众多的属性中找出目标顾客的真正需求，识别使顾客满意的价值所在呢？KANO 模型就是一个非常实用的工具。

KANO 模型是东京理工大学教授狩野纪昭（Noriaki Kano）受行为科学家赫兹伯格的双因素理论启发而发明的。KANO 模型是针对用户需求进行分类的工具，以探讨不同质量因素对客户满意度的影响，体现了不同属性的产品特性和用户满意度之间的关系。

KANO 模型的理论基础如下：消费者的满意度取决于他们将企业所提供的产品和服务的事前期待与实际（感知）效果进行比较后，形成的开心或失望的感觉。也就是说，如果客户在实际消费中的实际效果与事前期待相符合，则感到满意；超过事前期待，则很满意；未能达到事前期待，则不满意或很不满意。实际效果与事前期待差距越大，不满意的程度也就越大，反之亦然。

KANO 模型将产品服务的质量特性划分为以下 5 类。

- 必备质量——Must-be Quality/ Basic Quality。
- 一维质量——Onc-dimensional Quality/ Performance Quality。
- 魅力质量——Attractive Quality/ Excitement Quality。
- 无差异质量——Indifferent Quality/Neutral Quality。
- 逆向质量——Reverse Quality。

1）必备质量（Must-be Quality/ Basic Quality）

这些质量特性对客户来说是必不可少的，手机能够通话、电灯能够亮、结构件满足要求的强度、提供必备的售后服务等。

> 过硬的必备质量是一切的基础。

如图 3.1 所示，虽然必备质量的充足性并不会带来客户满意度的明显提升，但是必备质量是产品的最基本保证，需要全力以赴地进行满足，若必备质量特性不充足，则会导致客户满意度极大降低。

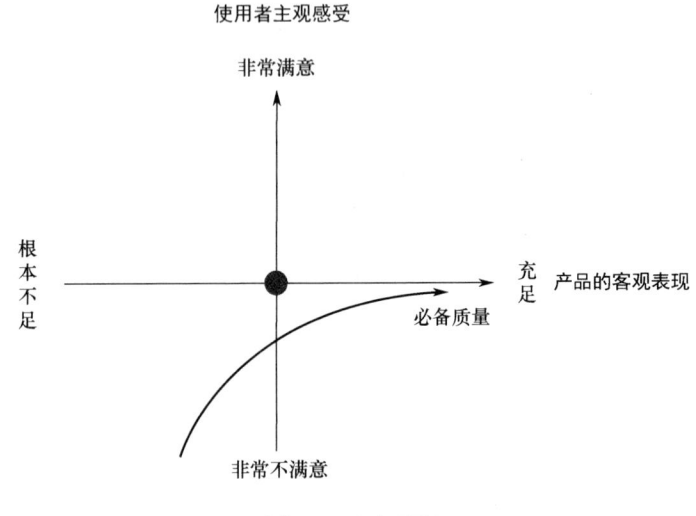

图 3.1　必备质量

2017 年 3 月，在天涯经济论坛中，一篇题为《西安地铁你们还敢坐吗》的网帖引发热议，并不断被网友转载。在网帖中，一名自称是陕西奥凯电缆有限公司的员工称西安地铁 3 号线存在严重安全隐患，整条线路所用电缆"偷工减料，各项生产指标都不符合地铁施工标准""电缆的实际横截面积小于标称的横截面积"等问题。后公安机关介入调查，西安地铁 3 号线电缆的确存在严重质量问题。经法院宣判，为该条地铁线提供电缆的陕西奥凯电缆有限公司进行了大量的经济赔偿并遭到了查封，法定负责人也因为生产、销售伪劣产品罪受到了法律的严厉制裁。

俗话说，质量是企业的命脉，这里的质量通常指的是"必备质量"。由于制造业大多属于微利行业，于是有的企业便把节省成本的心思花费到了偷工减料上。这种做法是绝对错误的，客户对必备质量的需求常常是一票否决制，其敏感程度决定了每次必备质量方面的"不充足"都将导致客户和行业信任度的降低，甚至流失客户。一个连必备质量都无法保证的企业更别说在一维质量和魅力质量上带给客户更高性价比和"惊喜"了。不仅如此，这种漠视规则、漠视标准的态度也会给企业内部员工以消极的暗示，驱逐他们工作的积极性和荣誉感，最终将演化成企业的整体溃败。

2）一维质量（One-dimensional Quality/ Performance Quality）

如图 3.2 所示，一维质量特性对顾客来说是越多越好，越充足越好。不充足时，顾客不满意；充足时，顾客就满意，并且顾客的满意度随着该质量特性的逐渐充足而逐渐提升。

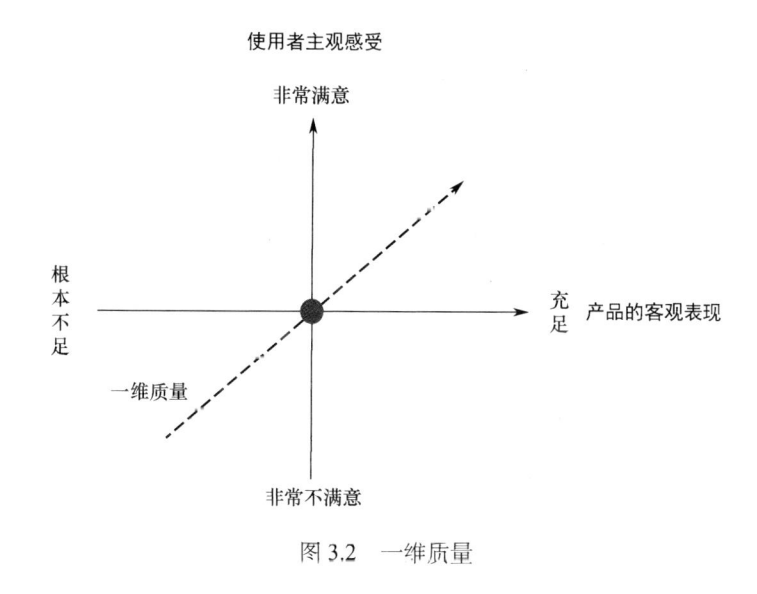

图 3.2 一维质量

满足一维质量特性的有交货的及时性、满足质量要求下更低的产品价格、售后的响应速度、产品寿命等。

> 高性价比的一维质量是企业竞争的焦点。

根据新古典主义经济学的理论，物体的价值就是该物体在一个开放和竞争的交易市场中的价格，因此，客户所认可的价值主要取决于自由市场中该物体的"性价比"。

一维质量随着质量特性的提升可以带来客户满意度的提高，但相对应付出的成本也会更大。如果这些成本转移到客户身上，必然导致客户满意度的降低，成本自己"吃进"则会带来利润的降低。因此，如何在同样成本的前提下，采取合适的方法提升一维质量，保证产品的性价比（不仅是指价钱更低，还包括更好的服务和更短的响应时间）是非常关键的。

某汽车配件生产厂商希望提升交付速度，对整车公司提供及时的供货服务，于是在汽车主机厂旁边开设了一家新厂以保证JIT交付。但是，由于新建工厂的费用分摊导致其产品价格始终竞争力不足，两年后该厂由于成本问题被其他供应商替代。与之相比的另一家供货商则通过与当地该汽车企业的其他供应商联合共用物流渠道，采用"Milk Run（循环取货）"的方式进行高频度产品配送，既提升了交货及时率又节省了物流费用，从而获得了客户的好评。

丰田公司生产现场有一条标语——"勿花钱、用智慧"，提倡无论在日常工作中还是在改善时，优先通过运用合理的方法、优化流程、调整布局等方式去提升效率。

丰田公司并不提倡用最新的设备、最先进的技术，而是采用"最合适"的方法。很多企业在参观丰田公司前都会觉得丰田公司是有钱的大企业，对自己没有太多参考价值。但是，到了现场后会发现，他们企业中早就淘汰了的机床还在丰田公司正常运转，只不过以更合理的节拍、更合适的物流形式参与到了丰田公司的生产中。

3）魅力质量（Attractive Quality/ Excitement Quality）

魅力质量特性能够给顾客带来惊奇或惊喜。如图3.3所示，当魅力质量不充足时不会引起客户不满，但充足时则能够引起顾客极大的满意。

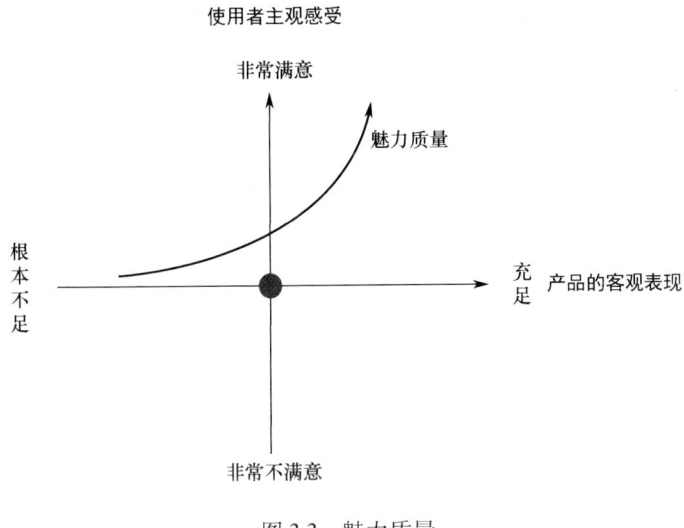

图 3.3　魅力质量

魅力质量特性的体现也很多，如创新性的功能设计、完备的质量跟踪和回访计划、主动发布最新的促销内容、为顾客提供更便捷的购物方式、高性能创新材料的应用等。

> 魅力质量来源于细节，魅力是"短暂的"。

一个优秀的产品，必须给顾客提供一些完全出乎意料的产品属性或服务行为，具备某些"人无我有"的特色，使顾客产生惊喜。但是要注意，这种"魅力"会随着时间的推移和频度的增多逐渐降低效果，蜕变为一维质量或必备质量。所以，只有不断创新，时刻保持对客户的关注和创新意识，才能使客户的"惊喜"持续下去。

2010 年，苹果公司的 iPhone 4 发布，彼时还正处于智能手机的发展初期，许多用户都还用着诺基亚的塞班机。iPhone 4 的横空出世如同破开混沌的一把大斧，惊艳了全世界。iPhone 4 诞生前，大家对智能手机的印象还是笨重、操作复杂、BUG 多，远没有功能机用着省心。而 iPhone 4 的问世彻底打破了这一印象。该款手机采用前后双玻璃设计，金属边框，并且是当时世界上最薄的手机，极具设计美感的造型，在发布会亮相的时候甚至引起了众人的尖叫。iPhone 4 第一次在 iPhone 上采用了前置摄像头和闪光灯，陀螺仪的加入也让手机有了更高的可玩性。不管是工业设计，还是操作体验、硬件配置，iPhone 4 都达到了当时工业技术的极致。iPhone 4 让更多的人知道了苹果这家伟大的科技公司，也助力苹果更快地享誉全球。

4）无差异质量（Indifferent Quality/Neutral Quality）

无差异质量特性对顾客来说"没有价值"，不影响顾客的主观感受，无论充足与否都不会造成满意或是不满意的变化，如图 3.4 所示。

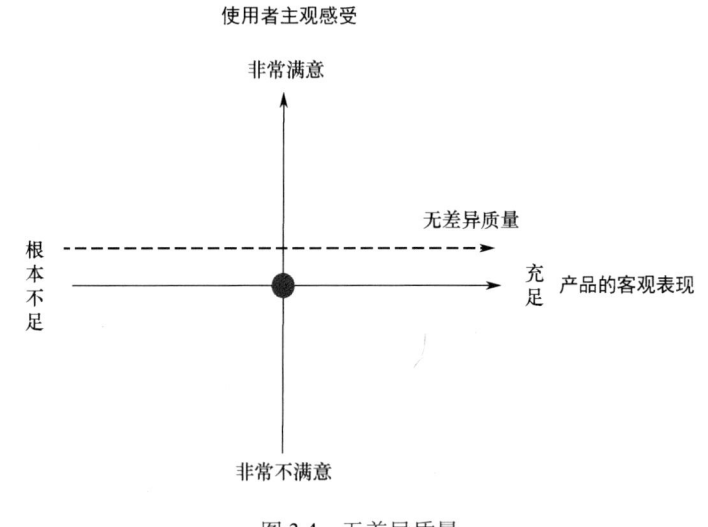

图 3.4　无差异质量

无差异质量特性如产品交付前检查的次数、不影响使用和客户观感的微色差、满足产品参数要求前提下的过大余量、送货车的品牌等。

无差异质量存在于现场的方方面面，客户并不会在意其存在与否、充足与否。这些质量特性客户不在意而我们却花成本去提升的话，这种"自作多情"会带来生产资料、时间精力的极大浪费。

某电缆企业在新品机车电缆生产过程中发现电缆表面护套偶尔有 0.5 mm 左右的焦料凸起。质检员本着"客户至上"的原则，虽然各项检测指标都合格，还是要求必须对此现象进行在线遏制。由于凸起点过小，测径仪等自动化设备无法检出，当班工人需要时刻在线手摸识别焦料并返修，耗费了大量人工并造成多次生产停顿。后有技术员赴机车厂沟通后了解到，该电缆属于机车内部铺设，无外观要求，且客户线缆铺设过程中造成的表面划痕比线缆本身焦料凸起严重得多，客户根本就对此问题没有关注。所以，类似这种模棱两可的质量特性，一定要与客户进行沟通，确认客户的真实需求，防止"干活不由东，累死也无功"的现象发生。

5）逆向质量（Reverse Quality）

逆向质量特性对顾客来说是多余的，是"累赘"，当逆向质量充足时反而引起顾客不满，不充足时顾客才感到满意，如图 3.5 所示。

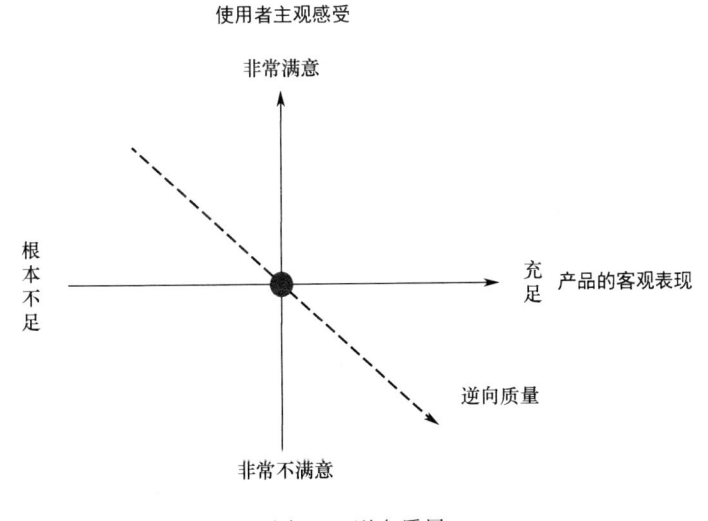

图 3.5　逆向质量

超过设计需求的尺寸、不必要的外包装层数、过大的产品质量等都属于逆向质量。逆向质量带给客户的往往是"冗余"和"不便"的感受，生产中要学会辨识逆向质量，并运用合理的方式去消灭它。

有一个为日本客户提供铸铁件的公司，担心海运过程中零件表面生锈的问题，于是自作主张给每个零件套了一个防水袋。客户收到货物后，不仅没有感谢，反而将此供应商大骂了一顿："我们的生产线是流水线，这个零件是要在流水线上按照生产节拍进行组装的，现在你套了个袋子，我不仅要花人力去除它，而且严重影响整条生产线的生产节拍，你们必须赔偿我的损失。"

这种吃力不讨好的现象在生产中比比皆是，例如，过早或过多完成某件产品的生产，如果下游的客户暂时还不需要，它就会变成库存，增加了占地面积，还增加了质量劣化的风险。一切价值的判断标准在客户方，只有客户认为有价值，才是真正有价值。

案例分享

客户拜访计划

彼欧集团是世界顶级的汽车燃油系统及废物容器解决方案供应商。为了保持自身的竞争优势、更高质量地服务客户、识别客户价值，其开展了**客户拜访计划**的项目，将客户拜访流程化、制度化。通过对客户的拜访和深度交流，及时识别了主要客户的各种潜在需求，使得产品特性和服务特性都更加贴合客户需求，获得了极好的市场回报。

1. 流程目的

将工厂中的客户参与流程标准化。积极践行客户至上理念，快速识别客户的真实需求，构建良好的合作伙伴关系。

2. 责任分工

工厂经理：

- 负责确定需要拜访的关键客户及拜访计划（需要精确到人名、部门和职位）。
- 工厂经理每年根据安排的日程对前 10 位客户至少正式走访 4 次（至少包含 4 个客户，每个客户访问 1 次），包含结构化的议程。
- 工厂经理负责确定关键客户的本地业务策略、需求和期望。让关键客户积极参与流程，提升客户的意识与响应性，并支持销售团队的策略，从而维持业务成长。

质量经理：

- 确定并让客户参与响应与服务有关的问题。
- 与一半以上的客户（一年至少 4 次）进行保持联系的基本呼叫。

3. 拜访内容

拜访内容包含质量、新项目、指标、商务和其他 5 部分内容，对重要客户每年至少有一次主题为质量的拜访。

质量内容：

- 客户近期关注的问题或者产品安全问题。
- 往期客户拜访中客户提出的建议或需求。
- 往期客户满意度调查中客户提出的要求。
- 上一年度客户审核及第三方审核问题跟踪。
- 需要长时间跟踪关注的历史问题。
- 产品或过程变更中涉及需要与客户交流的内容。
- 需要客户支持的内容。

新项目内容：

- 项目开发进度及主要问题。
- 往期客户拜访中客户提出的建议或需求。
- 近期客户审核问题跟踪。
- 产品或过程变更中涉及需要与客户交流的内容。
- 需要客户支持的内容。

指标内容：

- 一段时间内客户关注的重要指标及主要问题回顾，可包含制造、交付、产能问题。

商务内容：

- 支持销售团队的策略，为维护公司业务成长，需要向客户展示的信息。

其他内容：

- 工厂的重要事件、改进计划或其他客户需要了解和关注的内容。

4. 记录反馈

工厂经理需要指定专人记录维护如表 3.5 所示的客户拜访日程，记录并推动行动方案的完成，并确保客户拜访及行动方案按照计划实施，一旦拜访或者行动计划没有按计划进行，必须制定纠正方案。如客户提出解决质量问题的要求，则需使用 KANO 模型、8D 等方法进行问题的识别和整改。

表 3.5　客户拜访日程记录

客户拜访日程&记录								
走访客户名称（Customer Name）				电话确认日期（Phone Confirmation Date）				
工厂人员（Plant Personnel）				走访客户日期（Visit Date）				
访谈内容（Visit Content）	内容来源（Content Source）	期待结果（Plant Expectation）	访谈结果（Visit Result）	客户/内部需求（Customer/Internal Expectation）	行动方案（Action Plan）	完成时间（Completion Date）	反馈客户时间/方式（Feedback Date/Method）	

3.3　知强——利用价值流图梳理企业增值点

我们见过很多规模庞大的企业由于经营不善、资金不足而倒闭，却少见路边卖鸡蛋卷饼的摊贩由于资金不足而停工。路边摊可能没有那么严密的流程和现代化的设备，但由于其超好的"流动性"（按需生产、不提前投入、没有库存、无须等待、没有多余动作、生产过程中不需要来回走动），使其运营费用非常低。甚至在极端情况下，只需要一个人、一口锅、一个鸡蛋、一张饼所需的面就可以源源不断地利用销售出去的饼钱采购下一张饼的原材料，保证自己的"企业"有源源不断的现金流。

做企业也是同样的道理，只要能保证足够短的交付周期和足够低的运营费用，就能立于不败之地。所以，要尽力让企业内部的增值点紧密相连，消除其中阻碍产品在增值点上直接相连的动作和过程，保证没有停顿，没有过量，没有不合理动作，让连续流能够实现。如果生产中这些耗用现金费用的浪费点消失了，那么企业也必将立于不败之地。

从企业的角度来说，由于产品工艺的纷繁复杂，客户需求多种多样，物流线路又各不相同，因此，需要一种工具来帮助我们形象化地描述生产过程中的物流、信息流及价值流状态，并作为管理人员、工程师、生产制造人员发现浪费、寻找浪费根源的通用平台。价值流图（Value Stream Mapping，VSM）便是这样一种非常实用的工具。

1. 价值流图

价值流是指从原材料到成品交付的整个过程中，制造某一产品或提供某一服务的主要流程所涉及的所有活动（包括增值的和不增值的活动）。

价值流图是形象化地通过图标和箭头描述生产过程中的工艺流、物料流、信息流和价值流的工具。价值流图可以帮助企业管理者更直观地理解和改进生产流程，以达到消灭浪费的目的。

企业管理者需要整体价值流的改进，又需要工序的改善，两者相辅相成，价值流改进的作用正在于此，如图3.6所示。

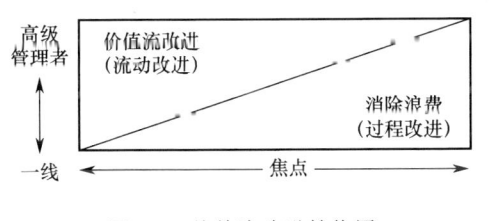

图3.6 价值流改进的作用

2. 价值流图的绘制

价值流图主要由现状图、未来图和行动计划3部分组成，其改善步骤如下。

1）选定产品族

在绘制价值流图前，首先要做的是选定产品族，即选定希望重点研究的产品系列。所谓产品系列，即一组不同的产品，它们的生产过程类似，并使用相同的生产设备。根据"二八法则"，工厂里80%的利润来源一般是20%的产品品类，也就是说，只要完成20%的关键产品的价值流改善，就解决了工厂80%的问题。

如果公司的产品族相对复杂，可以利用如表3.6所示的产品—工序矩阵表来帮助我们确认产品族。

表3.6 产品—工序矩阵

产品系列	工序1	工序2	工序3	工序4	工序5
A	注塑	抛光	打孔	装配	包装
B	注塑		打孔	装配	包装
C				装配	包装
D	注塑		打孔		包装
E	注塑			装配	包装

注意，在选定好产品族后，由于价值流图的绘制涉及现场生产、物流、工艺、设备、质量等多个部门，一定要由一个熟悉整个产品系列的人来领导跨部门沟通，推动价值流图的绘制并引导改善，以防止一群人盲人摸象，最后拼凑出来的价值流图失真的现象发生。通常将这个掌控整个价值流项目的人称为"价值流经理"。

2）描述当前状态，绘制"现状图"

确认好产品族后，就要进行"现状图"的绘制了。通过对现场的观察与测量，将生产现状利用价值流图的形式反映出来。

在绘制之前，首先要掌握一些基本的价值流图示符号，如图3.7所示。

接下来，通过一个案例来学习"现状图"的绘制方法。

昕讯电缆厂是一家业内著名的通信电缆生产厂家，其主要产品为射频稳相电缆（见图3.8），用作相控雷达、矢量网络分析仪等电子设备中的连接馈线。

名　　称	图示符号	含　　义
生产过程	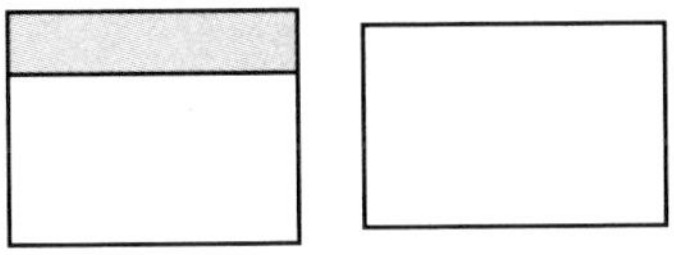	表示产品的生产过程或工艺流程
客户/供应商	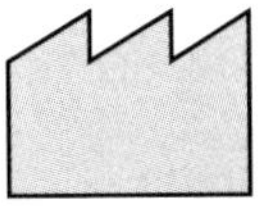	表示外部资源，即客户或供应商
库存	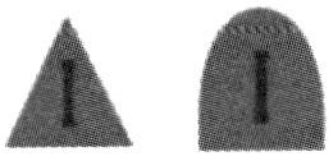	表示成品库存数量
运输箭头		表示与外部（客户、供应商）的物流运输
推动箭头		表示公司内部推动生产的物流流动
电子信息	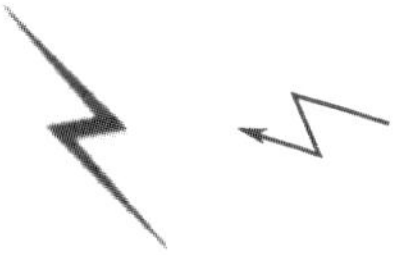	表示电子信息流
人工信息		表示人工信息流
数据表	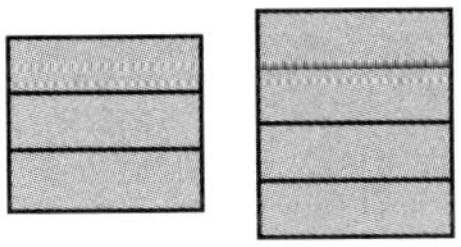	有数据框、数据表、数据箱、数据盒等多种说法，表示各种数据
看板公告		表示收集和存放看板的地方
负荷量	 OXOX	用于平衡数量
FIFO	 FIFO	表示先进先出，顺序流动
改善标志	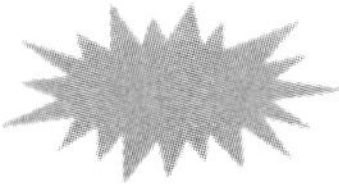	用于强调需要改善的地方

图 3.7　价值流图示符号

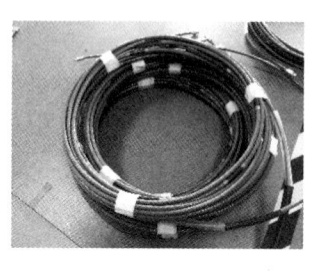

图 3.8 射频稳相电缆

该款电缆的工艺流程如下：

（1）绝缘层是采用在铜导体外绕包微孔聚四氟乙烯薄膜的加工形式。

（2）绝缘生产结束后用镀银铜箔绕包。

（3）镀银铜箔绕包后再通过编织机进行外导体编织。

（4）编织结束后进行 FEP 外护套挤出。

（5）原线生产结束后，根据客户需求，截成长度为 17 米每根的产品线后进行套管标识操作。

（6）套管结束后，进行安装头的装配和产品相位检验，检验合格后进行包装，然后按照客户需求发运。

下面以此产品为例，进行价值流图的绘制。

第一步，从客户开始画起。

《精益思想》一书中强调，改善最重要的是从客户的角度来确认产品的价值，所以，绘图要从客户的需求开始。将客户的名称填入"客户"图标，并在下面的"数据箱"中记录客户的需求。

将该电缆的客户定义为 A 企业，其对产品数量的需求为 500 根/月，每月分 2 次送货，每次 250 根。

由此可以先将客户绘制出来，然后在客户图标下面绘制相应的"数据箱"，并将客户需求信息填入，如图 3.9 所示。

第二步，画出工艺流，即整个生产流程。

首先用一个工序框来代表不同类型的工序，再将这些工序按照产品生产顺序进行排列。

该电缆的生产根据工艺要求可以划分为绝缘绕包、铜带绕包、编织、护套挤出、截线&套管、装配、包装和发运 8 个工序。绘制顺序为沿着价值流倒推，即先画与客户最接近的工序，这里就是"发运"环节，如图 3.10 所示。

图 3.9 绘制"数据箱"并填入客户需求信息

客户A

总需求：500根/月

送货频次：2次/月

17米/根

第3章 认识你的企业

| 客户A | 总需求：500根/月 | 送货频次：2次/月 | 17米/根 |

发运 ← 包装 ← 装配 ← 截线&套管 ← 护套挤出 ← 编织 ← 铜带绕包 ← 绝漆绕包

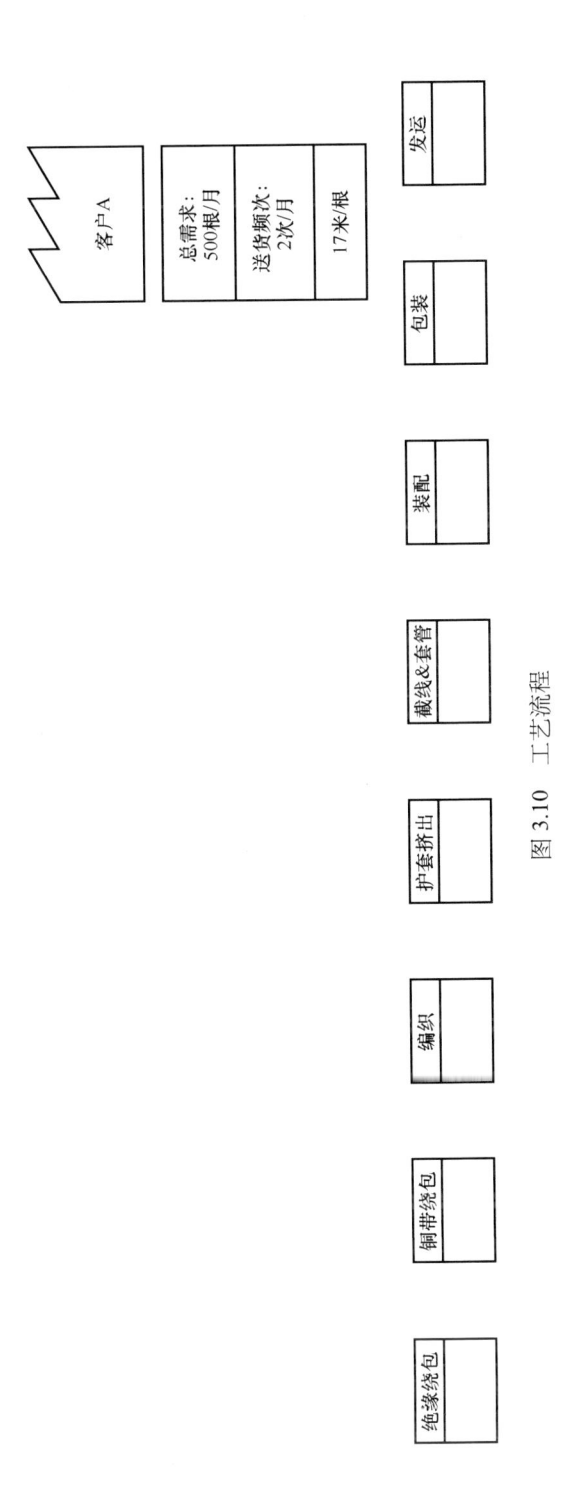

图 3.10 工艺流程

第三步，将每道工序的关键数据用数据箱的形式标识在价值流图上。有以下几个要点需要特别注意：

（1）由于客户的需求是以 17 米为一个最小可接受包装的形式，即"最小批量为 17 米"。需要将各道工序的生产速度按照客户的需求进行换算，换算单位就变成"秒/每 17 米"，即每生产 17 米的电缆需要耗用的秒数。

由于电缆行业属于"连续流程型"行业，与按"件"生产产品的"离散型"生产企业不同，在处理"最小周转批量"和"最小交货批量"这些概念时，由于多数时候客户并不会给具体的规格要求，因此，一般都需要企业自己定义。不少企业在定义周转批量时一般都是按照周转线盘的最大绕线米数来定义的。注意，这并不是最小批量，而是"习惯批量"。原则上，**最小周转批量应该是客户可接受的最小长度**，只不过为了减少切换或减少线盘耗用等原因，将周转批量人为扩大了。

（2）如果一条加工线上多个工位属于严格连续的，也就是"流水线"的形式，可以将此条流水线上所有的工位"打包"，看成一道工序，连硫线就是如此。绘制价值流图时，可以把整条连硫线看作一道工序，也就是说，整条连硫线具有唯一的节拍和 OEE、FTQ 等特性。只有当某个独立作业与下游工序之间有停顿或以批量传递时，才把它看作单独的工序。

（3）价值流可能有流程分叉、交汇的情况发生。对于这种情况，我们用平行排列的形式绘制，等主干流程结束后，再添加分支。如果这些分叉影响比较小，也可以忽略不画。

（4）每道工序的数据箱内，数据可以按照绘图的详细程度包含不同的信息，通常涉及的数据类型如下：

- 生产周期时间（C/T）。
- 设备综合效率（OEE）。
- 机器正常使用时间（Up Time）。
- 产品批量大小（Batch Size）。
- 工人数目（Head Count）。
- 换型时间（C/O Time）。

- 最小包装量（Minimum Packing Quantity）。
- 一次合格率（First Time Quality）。

通过对现场仔细调研和测量后，工艺流就画好了，如图 3.11 所示。

第四步，画出工序间的库存。

在进行现场调研时一定会发现一些库存，这代表的便是现场价值流动的中断，可以用一个"警告三角"图标来标识库存的位置和数量。库存的单位根据产品类型可以用米、千克、个、立方米等，特殊情况可直接以天为单位标明库存。

电缆行业的库存有时很具有欺骗性，它通常并不一定以固定堆放的货物的形式堆在某一个区域，而是以我们习以为常的状态"藏"在公司。

以该公司的绝缘绕包和铜带绕包两道工序为例，我们看到现场绝缘生产流程结束后，操作工人便马上将绕好绝缘的线缆盘运到铜带绕包机上进行铜带绕包，似乎这中间并没有物料的等待。但是，请注意一个概念，**"哪怕是在设备里面正在生产的产品，同样是在制品库存"**。该公司在绝缘绕包生产时使用的是 500 米一盘的铜导体，当 500 米的导体全部被生产为绝缘半成品后，才将此盘绝缘线运输到下一流程。这就意味着，在绝缘绕包和铜带绕包两道工序之间其实存在 500 米的库存。同样的道理，在后面的编织和挤出环节都存在库存。因此，把库存画出后的价值流图状态如图 3.12 所示。

第五步，画出供应商。

同样选取外部资源图标，并将供应商的相关信息写在数据箱中。在这里不需要将所有材料的供应商画在图中，只需要画出对生产成本影响大的主要材料供应商即可，如图 3.13 所示。

这里将电缆产品最重要的两种材料——铜导体和绝缘材料的供应商画入价值流图。由于该企业采取的是拿到订单后再进行原材料采购方案，所以，两种物料的采购都按照客户的单批次需求采购，即每 15 天采购 250 根电缆所需要消耗的量，采购周期为 1 天，材料到厂后便直接进行生产。

第六步，画出物料流（见图 **3.14**）。

客户A

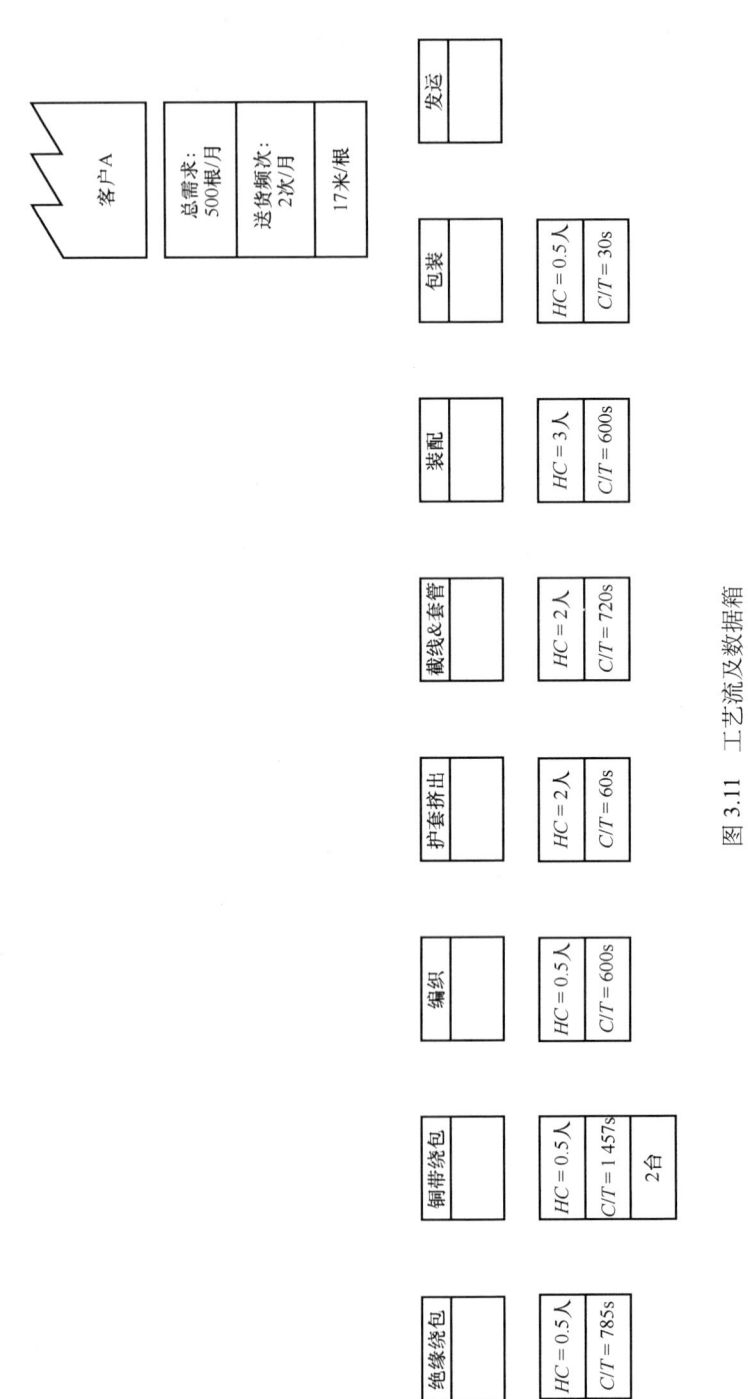

- 总需求：500根/月
- 送货频次：2次/月
- 17米/根

工序	HC	C/T
绝缘绕包	0.5人	785s
铜带绕包	0.5人	1 457s (2台)
编织	0.5人	600s
护套挤出	2人	60s
截线&套管	2人	720s
装配	3人	600s
包装	0.5人	30s
发运		

图 3.11　工艺流及数据箱

第3章 认识你的企业

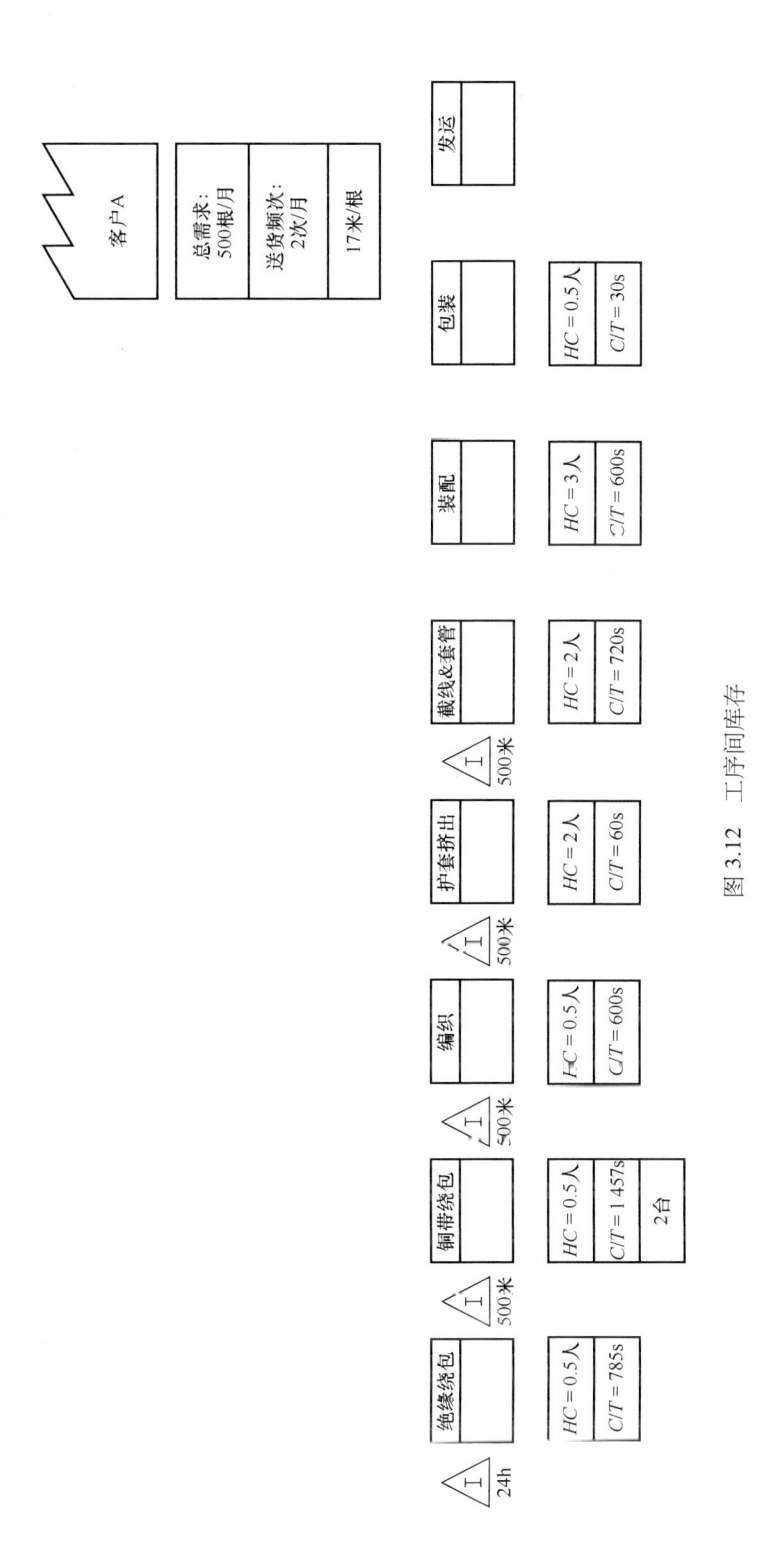

图 3.12 工序间库存

图 3.13 添加供应商

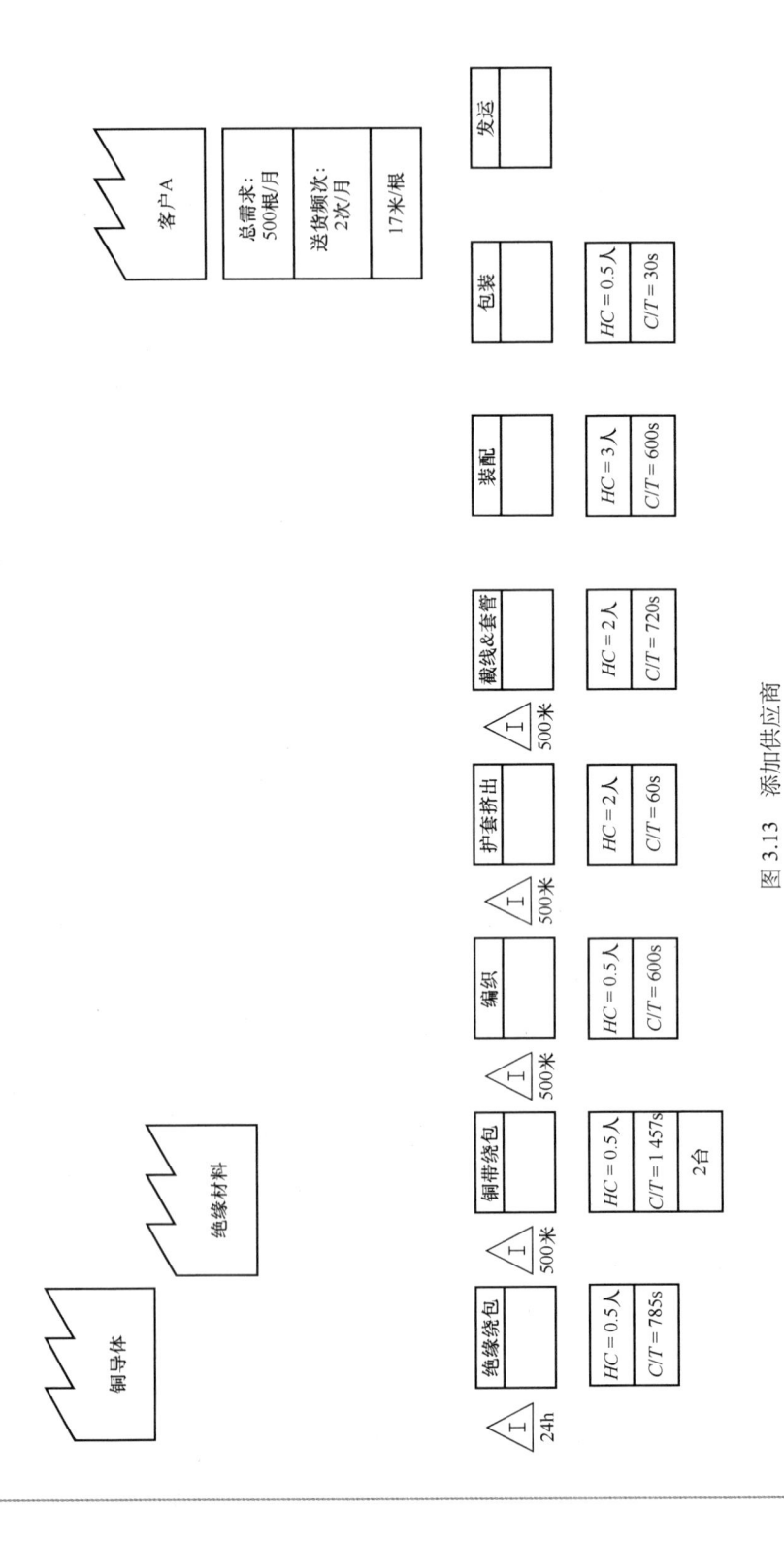

图 3.14 物料流

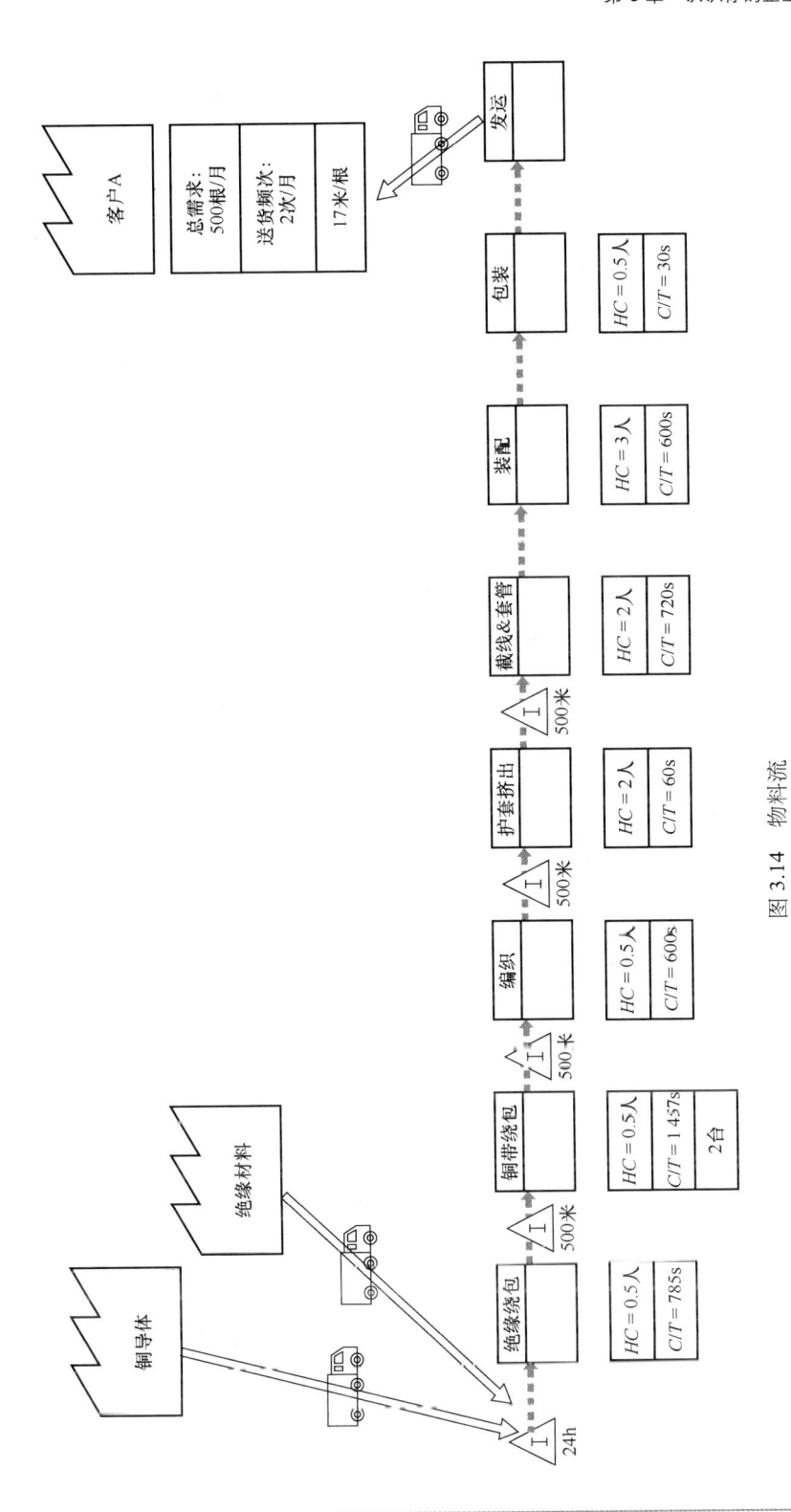

物料流包括"外部物料"和"内部物料"。其中,外部物料用粗箭头表示,并标明运输工具、频度等情况。内部物料的流动分两种:内部推动和内部拉动。推动式生产即生产计划从前道开始,前道生产结束后以一定批量推送到后道生产,后道被动接受前道的产品,一般用条纹箭头表示。拉动式生产则是将生产计划下发给后道生产,通过后道生产的消耗数量来确定前道生产的投入量。这种以实际消耗来拉动生产资源投入的方式称为拉动生产,用圆弧箭头表示。

该厂的生产计划一般都会发给工厂的所有部门,大家根据上游半成品到位情况来安排自身工序的生产,是典型的推动式生产。

第七步,添加信息流(见图 3.15)。

用方块图表示生产计划部门,用直线箭头表示人工信息流,用折线箭头表示电子信息流,同时标明"信息流"的频度(天、周等)。

该厂内部没有制造管理系统,所有订单计划需要依靠工单和人对人口头传递。对外采用传真和邮件方式来确认客户和供应商信息,属于电子信息流。

第八步,添加时间线,并计算交付周期(见图 3.16)。

通过观察和调研,将整个价值流的框架画好后,在工序框和库存三角的下面画出一条"时间线"来代表生产的交付期。交付期是指一件产品从原材料进货,通过生产车间,到交付给客户全程所需的时间。生产交付期越短,代表从支付原料采购费,到可以回收货款的时间就越短,从资本结构上讲,以"现金"形式存在的流动资产就越多。

在这一步,时间线的低水平线为工艺过程消耗时间;高水平线为库存周转时间,该参数的计算采用库存与最终客户消耗速度的比值来确定。因为无论下游节拍如何,现场的库存最终还是会被客户消耗完的。

当所有的时间线绘制完成后:

(1)将所有的周转时间加到一起,便得到了该产品的交付周期(Lead Time)。交付周期是完成一件产品所需要的加工周期,包括循环时间(Cycle Time)和加工过程的步间半成品(WIP)停留的时间。有时,我们也用产品生产周期(Total Product Cycle Time)来表示。

第3章 认识你的企业

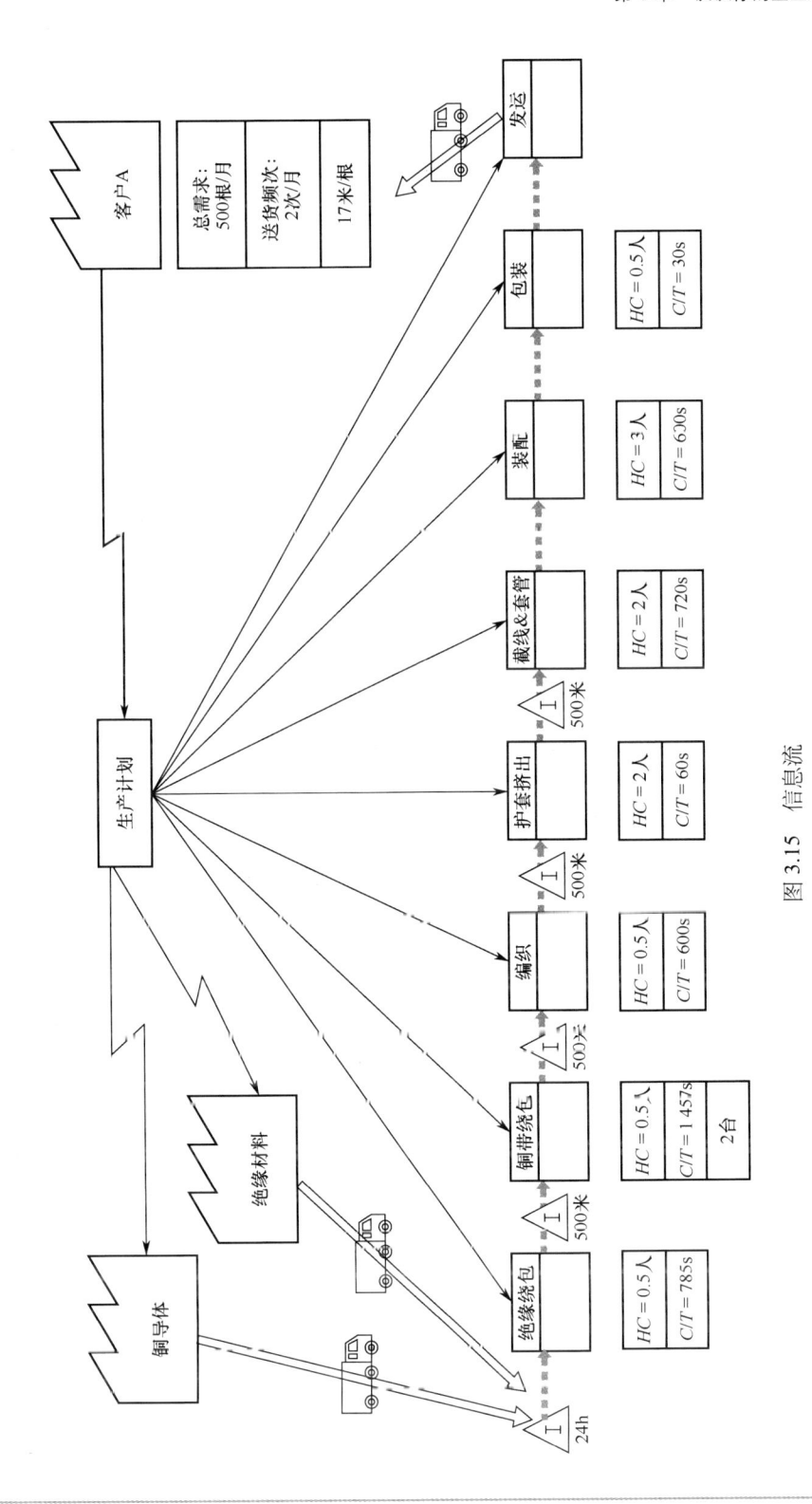

图 3.15 信息流

图 3.16 时间线及交付周期

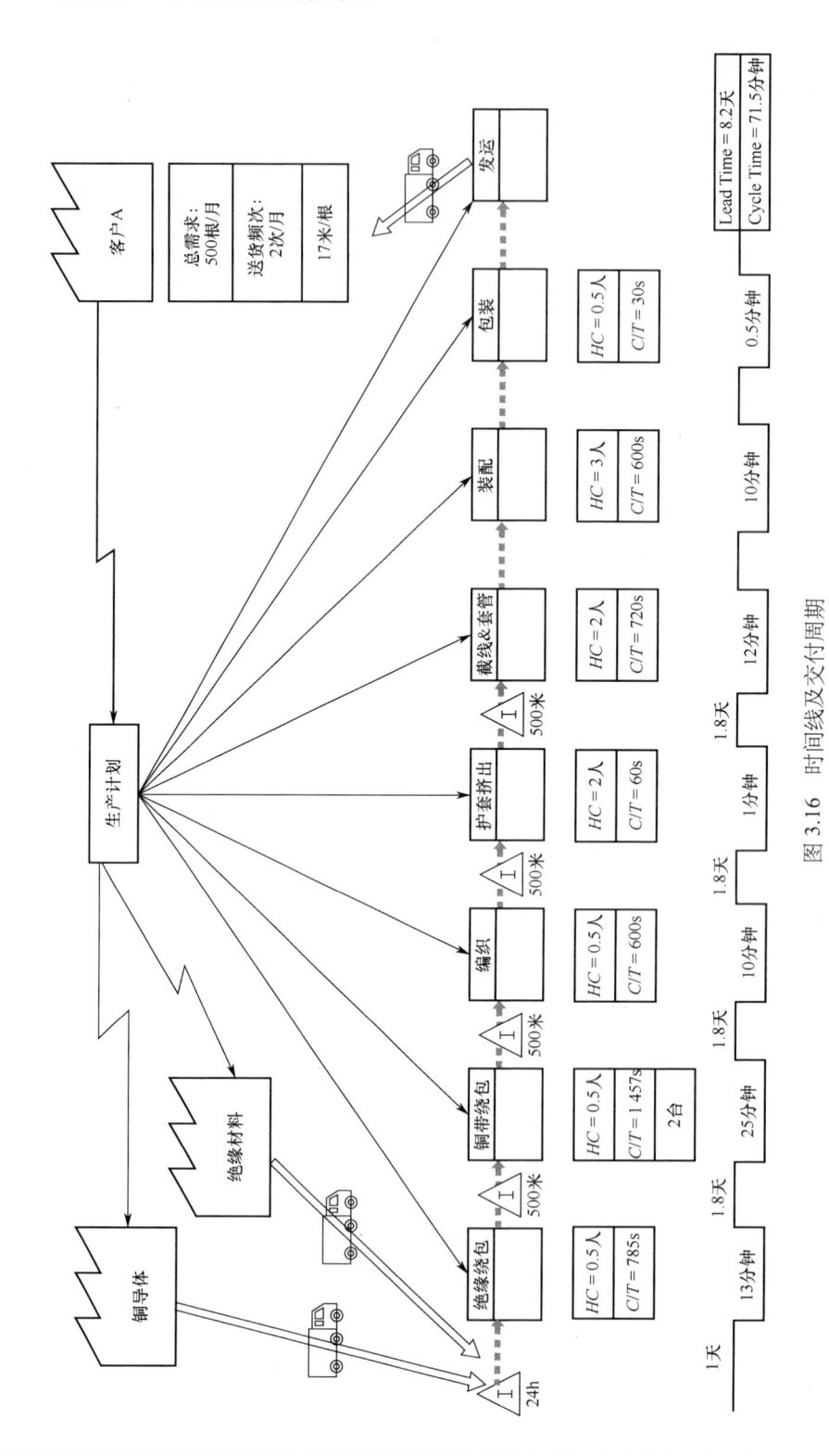

(2) 把所有的"低水平"数据加到一起，便可得到该产品的循环时间总和。生产线中的工序处理完成一个订单或上游制工序产成品所需要的时间，就是循环时间。

通常，增值时间<周期时间<交付周期。为了操作方便，可以假设周期时间近似等于增值时间，用周期时间除以交付周期，即可得到该产品线的增值率。

以任意500米的半成品库存为例，已知客户需求为500根/月，换算成"米"即8 500米/月。那么，500米半成品库存的周转时间为500/8 500 = 0.06月，即1.8天。其余工序周转周期单位也换算成"天"或"分钟"，并标注在对应工序上。最终得到该型号电缆的交付周期为8.2天，循环时间为71.5分钟。通过计算，该产品的增值率为71.5÷（8.2×24×60）= 0.6%。也就是说，该工厂在整个电缆生产制造过程中，增值活动的占比仅为0.6%。

3. 价值流的改善

通过"现状图"摸清了生产状态后，接下来就该考虑怎样让工厂精益起来了。首先如何使价值流"精益"呢？下面先介绍一些精益价值流的准则。

准则1：按照节拍生产

在理想状态下，生产节拍最好完全符合客户的需求节拍，即按客户需求生产，避免过量生产。按节拍生产，说起来容易，实施起来却有很大的难度：首先，要确保整条生产线上的瓶颈工序节拍要快于客户需求；其次，发生任何意外故障的排除时间也要确保在客户需求节拍之内；最后，要排除现场所有的流动不顺畅的环节（如换型带来的等待）。这要求企业不但要有"速度"，还要有"稳定度"，既能在正常生产情况下满足对客户的及时交货，还能通过体系维持这一交货模式的持续稳定。如果这种现场可以实现，那么产品的生产提前期可以大大缩短，周转速度将会加快，并实现没有过量生产的现场，最大限度地减少资源的投入，从而使企业的运行费用最小化。

准则2：建立连续流动

连续流动是效率最高的生产方式。尽可能将离散的工序连接起来，使其能够连续生产，这样就会消灭两道工序之间的在制品库存。

建立流动的目的，就是使创造价值的各个步骤直接相连，创造"连续流（Contiguous Flow）"的现场。注意，这里用的是"Contiguous"而不是"Continuous"。Continuous 常指逻辑上的连续，如连续剧，虽然间断播出但是整体逻辑流程是连续的。Contiguous 是指物理上的连续，精益生产中强调的便是这种真正的价值点的物理相连，没有间隔与阻断，并非日常逻辑上的挤出工序，然后是绕包工序，接着是编织工序，这种逻辑连续，而是挤出后产品直接在线进行绕包，没有等待，没有过量，没有检验，没有运输，让价值与价值直接相连。

大野耐一曾把批量式生产的理念比喻成农民的耕种（一年一度的批量生产）和存储（收粮入仓），这种仿佛生来就有的"常识"使我们丢掉了如猎人那般一物一猎的明智。

例如，在案例中我们可以通过技术改造，使该工厂绝缘绕包和铜带绕包两道工序在一台绕包机上连续进行，这样两道工序之间的半成品库存便消失了，由此产生的 1.8 天等待浪费也就被消灭了。如果能够将"编织"工序也纳入连续生产，即绕包后的产品不下线，直接进入编织机进行编织，那么又消灭了 1.8 天不增值时间。

在这个案例中，可能会觉得工序间 500 米半成品的成本不高，不值得进行改造，但假如产量达到现在的 10 倍呢？5 000 米线缆半成品所占用的流动资金就会是一笔很大的数字了。

准则 3：假如连续流动无法实现，退一步考虑建立如图 3.17 所示的"超市"看板拉动系统以控制生产

在价值流中，可能有些地方确实不能实现连续流动，不得不采用批量流动的方式，例如：

- 流程中部分生产过程太快或太慢（流水线不平衡），且需要产品换型。
- 制造周期太长（如烘烤、电镀）或产品质量、设备状态不稳定，连续流动直接与其他过程相连不现实。
- 有些过程以连续流的方式每次运送一件产品不现实（如从供应商处）。

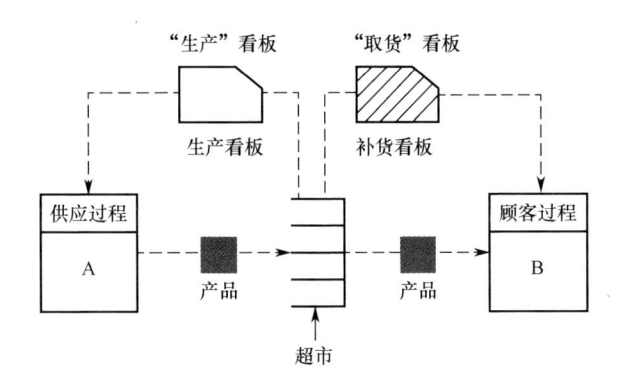

图 3.17 "超市"看板拉动系统

也要考虑将流动的批量尽量减小，以实现半成品库存的最小化。可以考虑建立"超市"的模式来实现这一目标。

所谓"超市"，是在生产现场的拉动供货系统中，一系列经过计算的最精益数量的在制品库存。拉动系统，是由下游客户的拉动和需求来控制上游生产投入的运营模式。"超市"内产品的库存数量是生产波动所耗用时间长度的产品消耗量。WIP（Work In Process）超市的库存设计必须合理，以满足正常状态下游生产需要。

1) 标准"超市"模型

标准物料超市在设计时，需要定义其"宽度"与"深度"。"宽度"是指不同零件号的零件种类数。"深度"是指每个种类零件的数量，如图 3.18 所示。

"宽度"的计算一般根据中间品的种类进行设计。

"宽度"的关联因子如下：

- 同一零件家族的零件种类。
- 产品需求品类。

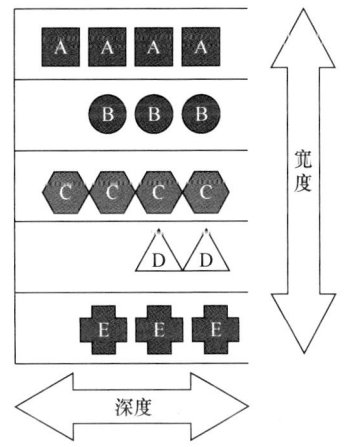

图 3.18 超市的"宽度"和"深度"

"深度"即"超市"中每类产品的在制品库存数量，其计算方式可以参考标准"超市"模型，如图 3.19 所示。

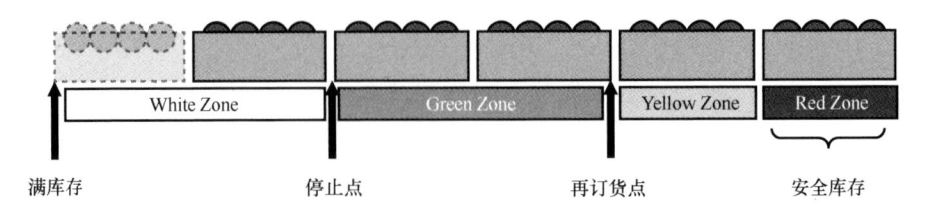

图 3.19　标准"超市"模型

"深度"的关联因子如下：

- 客户需求。
- OE 的损失。
- 上游 ATT。
- 下游 ATT。
- 拉料频率。
- 标准包装数量。
- 延迟。
- 补货时间。
- 不同班次配比差异。
- 多线同时需求次数。

标准"超市"模型中的"安全库存"是为了防止设备的突然损坏，无法及时供货造成客户停线而准备的。该部分的数量，以能够覆盖设备抢修时间的客户需求为准。由于电缆行业通常都是订单式生产，很少 JIT 供货，短时的设备故障不会影响客户的即时需求，故为方便管理，这部分库存可以设置为零。

模型中的"再订货点"是通常所说的"超市"库存的最小值，即 Min 值。该值又称触发点（Trigger），表示一旦库存消耗到该点，就需要向上游传递补货信号，进行库存的补充。

当库存数量补充至停止点时，停止补货，此点就是通常说的库存最大值，即 Max 值。考虑到此时可能有在途物料的存在，在库位设计时还需要比

Max 值多设计一部分库位来存放在途物料。算上在途物料库位，超市的极限库位便计算出来了。

标准"超市"模型的各个参数的计算方法如图 3.20 所示。

安全库存 = 可预测最大停机时间/下游消耗工序节拍

最小库存 = Min { 安全库存+最小周转包装
                安全库存+补货时间/上游生产节拍
                安全库存+取料时间/下游消耗工序节拍 }

最大库存 = Max { 每日客户需求
                （上游每日稼动时间-下游每日稼动时间）/下游消耗节拍
                最小库存+最小周转包装 }

满库存 = 最大库存+补货时间/上游生产节拍

图 3.20　标准"超市"模型计算公式

标准"超市"建立后，可以使用卡片和电子信号等可视化工具传递上下游的物料需求信息，通常将这种能够触发动作的可视化卡片称为"看板"。

"看板"（Kanban）一词来源于日本，其中 Kan 表示"可视化"，ban 表示"卡片"。看板就是"可视化卡片"，它能够作用于拉动机制，由下游客户的拉动和需求来控制流程的步骤。

通过以上几个准则，可以建立未来图。未来图是消除浪费，实现精益的蓝图。其目标是尽量将单个工序通过连续流动或拉动（"超市"）的方式建立精益生产链，使每道工序尽可能挤近，仅在需要时生产需要的品种和数量。

这样，针对案例工厂，可以大胆假设未来图，如图 3.21 所示。

在新的工厂规划中，在绝缘绕包和铜带绕包两道工序间建立了连续流，将"绕包""编织""护套挤出"工序的周转库存都减小为 250 米，即编织每生产 250 米后就将其下线并传递到下一道工序。

经过计算，按照新规划的价值流，总生产制造周期缩短到了 3.7 天，即仅通过上述计划的实施，该厂生产中的增值活动比例便提升了超过一倍。

2）制订行动计划

根据现状图和未来图之间的差异制订相应的行动计划。

图 3.21 未来图

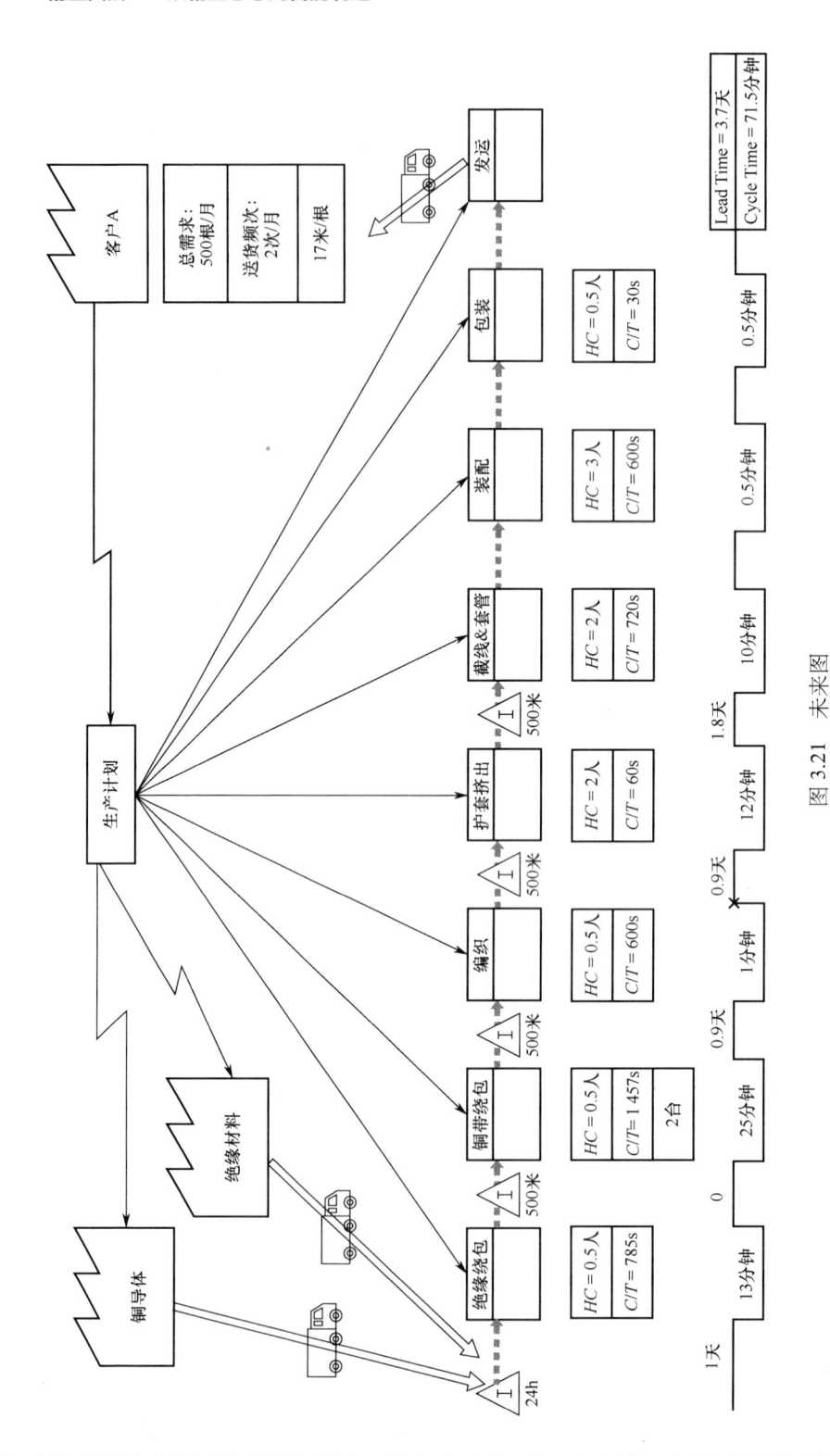

建立价值流改进计划时的要旨如下。

- 抓住达到未来状态的最重要的改善行动点。
- 制定标准，制订详尽的改善计划。
- 将改善分解成一些步骤。
- 对各种活动进行排序。
- 制定改善的时间框架（6个月较为理想，不要超过1年）。
- 一定要可测量，不断总结取得的进步和成绩。
- 明显的检查点，包括负责人及完成时间。

在改善时一定要注意改善顺序，即计算客户需求节拍>建立连续流>建立拉动式生产>上游各环节改进>平衡生产线这一主线。注意不要过多地陷在工艺改进上，先实施连续流或拉动系统，工艺改进对价值流改善的贡献有限，但如果实施连续流或拉动看板时，必须改善某工序，此时，工序改善就非常重要了。

通过价值流图将整条生产线工序间的流动建立起来后，就可以继续寻找一些更加细小的工序中的改进点，甚至细小到信息传递方式。

中长期计划如下。

- 对精益理念的领导者/员工进行有效的精益培训。
- 高层推动以促进并领导推行文化变革和精益方法的落地。
- 训练/观察/行动三步走，建立专业的改善团队。

精益价值流改善实施过程中的注意事项如下。

- 注意在价值流现状图中展现当前价值流的问题点。
- 重视价值流经理的作用，并充分授权其进行价值流改善的协调工作。
- 绘制价值流现状图时，亲自收集数据很重要。
- 避免急于求成、价值流改善一步到位的想法。

小结：价值流图是一个观察现场、改善现场的很好用的工具，在使用此工具时一定要把精益生产中的"流动"思想吃透，要致力于打造价值紧密相连、没有浪费的生产现场。

3.4 知弱——利用"七大浪费"寻找现场的浪费点

3.4.1 大野耐一圈

丰田公司的大野耐一在培训其手下经理能力时有一个特别的方法，具体做法如下：在生产现场画一个圈，要求受训人员站进去。需要一张能够书写超过 30 行字的纸，以及可以用来书写的笔，还有用来摆放纸的记录板。要求人不能出圈，站在原地观察现场 30 分钟，并在 30 分钟内找出 30 个需要改进的地方，把它们记录下来。接下来再利用 30 分钟实施至少一项记录下来需要改进的地方。其他需要改善的地方，可以在以后 3 个星期的工作中分配给相应合适的人。这便是丰田公司著名的"大野耐一圈"，如图 3.22 所示。

图 3.22 大野耐一圈

大野耐一这种培养方式的目的，一是强调现地、现物、现实"三现主义"的重要性；二是要给员工灌输一个理念——看似完美的现场其实充满了浪费。

根据丰田公司的定义，只有依照客户需求，改变了操作对象的几何形状、尺寸、性能，使其发生物理或化学的变化，或者进行必要的包装活动，才是增值活动。**浪费就是不为产品增加价值的事**，即一切不利于生产、不符合客户要求的任何事情，顾客不愿付钱由你去做的任何事情，即便增加了价值，但超过了"绝对最少"的界限，也属于浪费。

大野耐一根据自己多年的经验，将现场的浪费总结为 7 类，简称"七大浪费"，如下：

① 等待浪费。

② 多余动作浪费。

③ 过度加工浪费。

④ 过量生产浪费。

⑤ 库存浪费。

⑥ 搬运浪费。

⑦ 不良品浪费。

在制造型企业里，七大浪费存在于现场的方方面面。一个看似忙碌的现场，人人都在努力工作，设备都在不停运转，然而真正对增值起作用的时间通常不超过总生产周期的 5%。显然，在不到 5%的空间里去做改进意义不大，精力应该放到解决现场另外 95%的浪费问题上，将不增值活动消灭，以增加现场活动的增值率。

3.4.2　七大浪费的现场识别及解决方法

接下来，就举例分析下七大浪费的现场表现及解决方案。

1. 等待浪费

定义：等待浪费是指人员及设备等资源的闲置。

表现形式：等待浪费主要表现在**人员等待**和**设备等待**两个方面。

1）人员等待

人员等待浪费指现场问题导致的人力资源的浪费，包含人等人、人等机、人等物料、人等计划等。

(1) 人等人。

① 由于节拍不平衡导致上下道的等待。某组装流水线需要两道连续工序，每道一人。操作工 A 的操作节拍为 10s，操作工 B 的操作节拍为 8s，最终结果必然如图 3.23 所示，操作工 B 每次都有 2s 的时间因为等待浪费掉了。不要小看这 2s 的等待浪费，这代表着操作工 B 相对于操作工 A 损失了 20%的效率。如果这种生产线有 5 条，则等于该现场浪费了整整一个标准操作工人的成本。

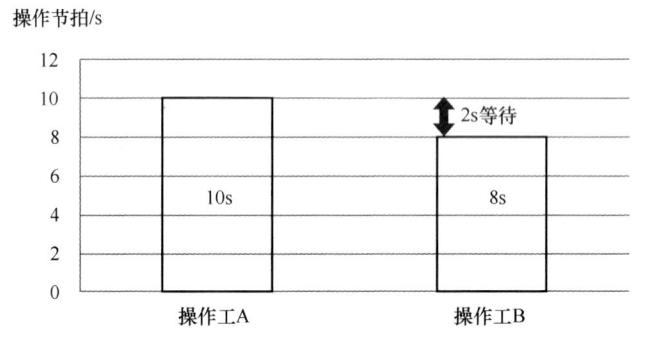

图 3.23 "人等人"形式的等待浪费

② 需要双人配合的操作，一个人等另一个人。例如，物流人员搬运重物时两个人一起进行的搬运；挤出机开机调偏心时一个人喂料，一个人调偏心；冲压设备换模具时一个人控制吊机，一个人换模具；等等。类似的操作过程，若其中一个人操作受到阻碍，则会导致另一个人无法操作，造成等待浪费。

(2) 人等机。

① 人机配合工位机器节拍慢。

② 不增值的设备看守。

如在编织机运行时，为了防止编织丝卡模断线，派专人看守编织机，造成大量不增值的等待浪费，如图 3.24 所示。

③ 机器故障导致的人员等待。

④ 换产过程导致的人员等待。

(3) 人等物料：物料配料不及时、物料发送错误导致调换、原材料质量问题调换等。

图 3.24　不增值的设备看守

（4）人等计划：工单发放不及时、临时调整生产计划、无生产任务等。还包括其他各种协调、寻找等作业中断导致的人员等待。

2）设备等待

设备等待是指现场问题导致的对设备资源的不充分利用，包含机器等人、使用效率未最大化、计划外停机（由于临时计划调整导致本应生产的设备停止）等。

① 人机配合工位由于人的节拍慢导致设备等待。

② 现场设备故障导致设备等待。

③ 换型操作导致设备等待。

④ 由于质量问题或操作人员熟练度问题导致的设备降速。

假如焊接机采购时生产节拍为 35 秒/件，后来由于频繁出现焊点脱焊现象便降低生产节拍至 40 秒/件。类似这种由于质量问题导致设备实际生产速度低于设计生产速度的情况，同样属于等待浪费。

如何消除等待浪费？有以下几种方法。

（1）产线平衡。

针对人等人的等待浪费，可以采用产线平衡的方法。

涉及多人合作进行的作业，通过简单地调换操作顺序是无法消除等待浪费的，必须采取产线平衡的方式。操作原则也很简单，就是将动作要素多的人员的部分工作分摊给工作负荷少的人员，使各个操作人员的工作量保持平均，这样才能够保证最大效率的产出，消灭由于"人等人"导致的等待浪费，如图 3.25 所示。

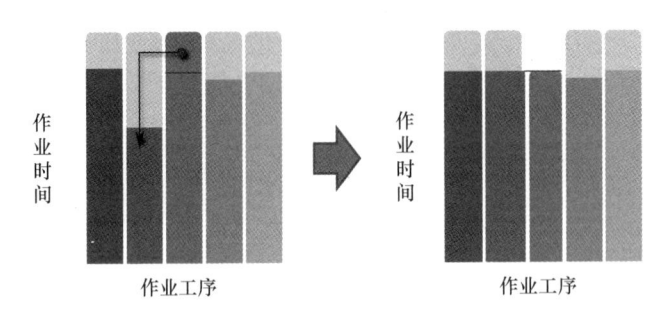

图 3.25 "线平衡"方法消灭等待浪费

(2) 人机分离。

针对人等机的等待浪费，可以采取人机分离的方法。

丰田公司在创立之初就有一个很重要的理念——**人不做机器的看守人**。我们之所以应用机器就是为了解放人的劳动力，提高效率，但现实中很多企业由于设备不稳定、质量控制水平差等原因，经常安排专门的人员对设备进行"人盯人式防守"，将过程质量的保证放到人的身上。这样不仅存在质量风险，并且无谓地增加了大量人员等待的不增值活动。

因此，应尽可能地运用"防错"技术，通过设备的"自动化"（自动化是有人字偏旁的，强调的是人机最佳结合，而不是单单用机械代替人力的自动化）来实现人机分离。

注意，丰田公司所谓的"自动化"与一般意义上的自动化不是一回事，丰田公司的自动化是让设备或系统拥有人的"智慧"。当设备或产品出现不良时，设备或系统能即时判断并自动停止，节省监控设备运行的看护人。如设备停机报警功能、生产现场在线测径仪的尺寸超差报警、织布机增加张力超差报警等方式节省不必要的人工。

(3) 全员生产性维护（TPM）。

针对设备损坏导致的等待，推荐采取 TPM 的方法来应对。TPM 理论认为，应该对设备问题负责的人并非仅设备部门，而是全体员工。

例如，现场操作工需要在日常生产过程中对设备进行正确操作、日常点检和问题反馈。设备维护技师需要进行周期性设备维护和各种困难部位检查、润滑等工作，设备工程师需要根据设备使用状态和使用时长进行预测性和预防性保养计划的制订，并通过改良性维护提升设备的使用寿命。

这样上下一心，以整个团队的力量防止设备产生故障，将故障消灭在萌芽之中。即使有了故障也可以第一时间发现并进行劣化复原，保证生产，最大限度地消灭由于设备问题导致的等待浪费。

(4) 切换的改善（SMED 快速换型）。

针对切换过程导致的等待浪费，可以采取快速换型的方法。

快速换型技术是日本丰田汽车公司摸索的一套在高频度切换情况下提高换型速度的技术。快速换型技术通过对换型活动进行分析，拆分成内部动作（生产线需要停止才能进行的动作）和外部动作（可以在生产同时进行的动作），并通过相应技术手段将内部动作转换成外部动作，减少内部动作来降低换型对生产的影响，减少由于切换导致的人员和设备的等待。

例如，某电缆生产厂家在产品切换时，每次都需要将切换后的机头预热 30 分钟以达到挤出温度，之后才能进行调模生产，严重影响生产能力。后经过改善，利用模温机提前将准备调换的机头进行离线预热（见图 3.26），这样装配上去的就是一个温度接近挤出温度的机头，预热时间缩短到了 3 分钟，

图 3.26 机头离线预热

换模效率得以极大提升,生产等待时间大大减少。

小结:在对现场等待浪费进行改善时一定要注意,我们的目的是让增值的活动直接相连,所以,需要消除生产中影响价值流动的停顿。切勿错误地认为让生产现场"忙"起来,人人都在干活,设备都在运行就是精益。假如这些人和设备的运动并没有产生价值,或没有按照需求的时间产生价值,那么从客户的角度来讲同样是浪费,一定要警惕那些在现场装作很忙的"没事找事"的操作。

2. 多余动作浪费

定义:生产操作过程中因动作上的不合理而导致的浪费。

多余动作浪费多体现在生产过程中的每个细节,一些我们平常习惯的操作方式中常常隐藏着大量的浪费。

多余动作浪费的表现形式如下。

① 多余的调整、翻转等动作。

② 工具摆放不合理导致的寻找。

③ 大量的弯腰、抬头、侧身、转身取物。

④ 设备和物料距离过大引起的走动。

⑤ 需要花时间的确认或辨认。

⑥ 无效的重复(一次拿取未成功导致的二次拿取)。

如何消除动作浪费?有以下几种方法。

1)动作经济原则原理

(1)减少动作数量。某塑料厂在装配工序模具切换时的流程如下:两个人抬起原模具,移动至模具存储间,然后从模具存储间领取新模具抬回,再进行安装,耗费大量人员动作成本。后经过改善,组装台改为翻转式平台,将两种不同的模具集成在操作台的两面,每次更换模具时只需要翻转一下就可以完成模具切换,大大减少了动作所需数量,提升了切换效率,如图3.27所示。

图 3.27　操作工弯腰取料

（2）降低动作级别。尽量使作业的动作级别降低，按照能用手指不动手腕，能用手腕不用小臂，能用小臂不抬大臂，能抬大臂就不侧身，能侧身就不转身的原则，总之，想办法以最小的能量消耗完成所需动作。

人体不同运动部位的动作级别如表 3.7 所示。

表 3.7　人体不同运动部位的动作级别

级　　别	运动枢轴	人体运动部位
1	指节	手指
2	手腕	手指及手腕
3	肘	手指、手腕及小臂
4	肩	手指、手腕、小臂及大臂
5	身体	手指、手腕、小臂、大臂及肩

如图 3.28 所示，将标签机的位置由桌子下面提升到小于高度，取标签的过程就消除了"弯腰"的作业，节省了时间，减轻了员工疲劳度。

（3）追求动作平衡。使工作平分到两只手上，两手同时动作最好呈对称性。

（4）缩短动作移动距离。通过合理的作业姿势设计，缩短动作移动距离以达到消除动作浪费的目的。如图 3.29 所示，物料与操作者的距离越小，进行简单操作时的耗时就越短。所以，在设计工位时要尽量保证物料和操作者之间的距离，不超过其正常直立站姿下小臂可达的范围，这样就会大大减少每次物料取放的时间。

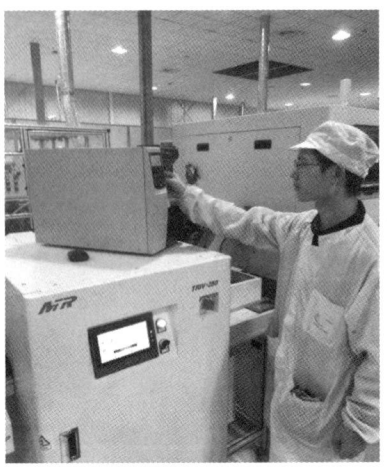

图 3.28 标签机摆放位置调整

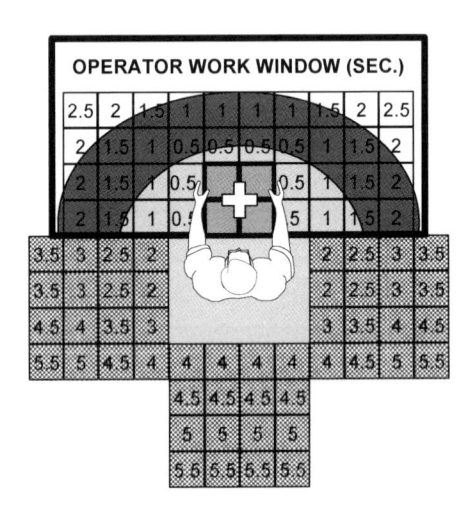

图 3.29 简单作业损耗时间与物料位置关系矩阵

2) 坐姿作业姿势设计

坐姿作业的适用情形如下:

① 不需要用手搬移物品。

② 平均高度不超过工作面以上 15cm 的作业。

③ 不需要作业者施加较大力量,如搬运重物不超过 4.5kg。

不同作业类型坐姿作业高度设计如表 3.8 所示。

表 3.8　不同作业类型坐姿作业高度

作业类型	男　性	女　性
精细作业（如钟表装配）	99～105cm	89～95cm
较精密作业（如机械装配）	89～94cm	82～87cm
写字或轻型装配	74～78cm	70～75cm
重荷作业	69～72cm	66～70cm

坐姿作业膝部与腿部空间设计如图 3.30 所示，需要预留腿部和膝部空间。

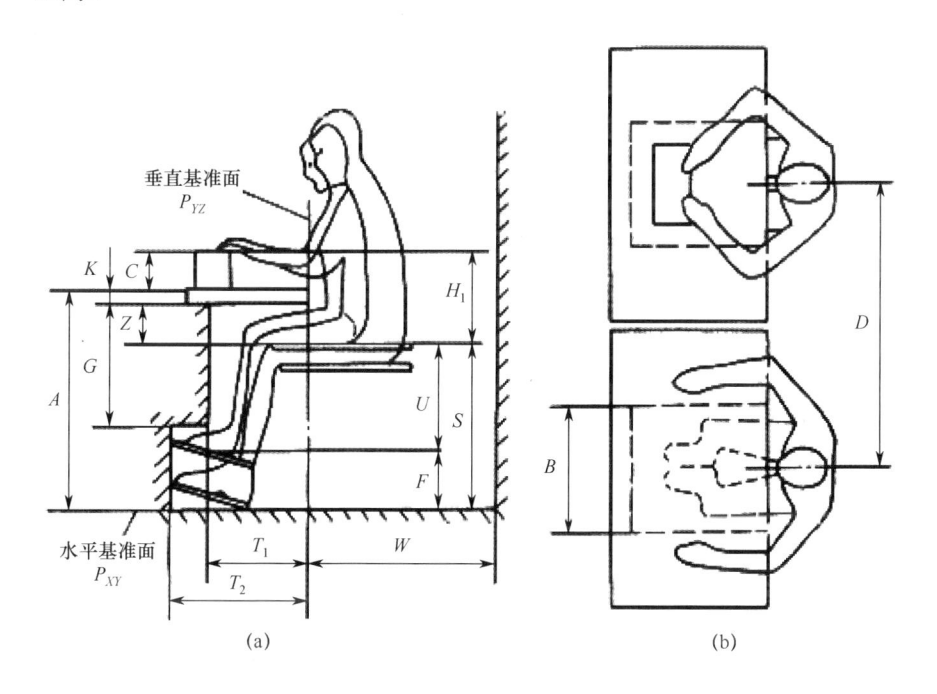

尺寸符号	坐姿工作岗位	立姿工作岗位	坐立姿工作岗位
横向活动间距 D/mm	≥1 000mm		
向后活动间距 W/mm	≥1 000mm		
腿部空间进深 T_1/mm	≥330 mm	≥80mm	≥330mm
腿空间进深 T_2/mm	≥530mm	≥150mm	≥530mm
坐姿腿空间高度 G/mm	≤340mm	—	≤340mm
立姿脚空间高度 I/mm	—	≥120mm	—
腿部空间宽度 B/mm	≥480mm	—	480mm≤B≤800mm 700mm≤B≤800mm

图 3.30　坐姿作业膝部与腿部空间设计

3）站姿作业设计

站姿作业的适用情形如下：

① 作业空间不具备坐姿操作所需容膝空间。

② 作业过程中，常需要搬运超过 4.5kg 的物料时。

③ 作业过程中常需要在其前方的高低或延伸范围内作业。

④ 操作位置分开，并需要在不同岗位间移动。

站姿作业的问题如下：

- 身体重量均由人体脊椎及腿部承担。
- 相对坐姿作业体力消耗大，故仅在必需时采用。
- 长时间站立作业，造成体液向腿部积聚，导致腿部浮肿。
- 不适合长时间精密、细致的作业动作。

站姿作业高度选择如图 3.31 所示。

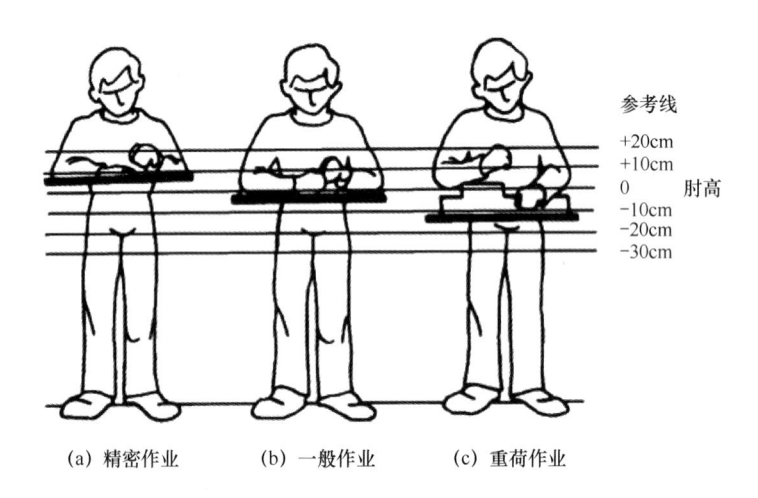

(a) 精密作业　　(b) 一般作业　　(c) 重荷作业

图 3.31　站姿作业高度选择

考虑到经济性和舒适性的站姿作业工位设计要求如下：

① 工位布局应保证在上肢活动范围内，考虑动作等级最低，并考虑下肢舒适性。

② 按动作频繁程度布置工具及物料摆放位置。

③ 考虑操作者群体的身体尺寸及人体尺寸，符合动作经济性及人机工程

要求。

④ 座椅、线体高度应考虑可调节性。

⑤ 工作区域考虑照明、通风换气、噪声、温度等。

小结：根据改善专家的经验，绝大多数工厂中员工有效动作水平普遍达不到 50%，即工厂中由于多余动作而造成的人员时间耗损通常超过人员所有动作时间的一半。丰田公司有句话说，"时间是动作之影。"如果能够合理运用相应工具将动作浪费消灭，则所需的操作人员数将大大减少。

3. 过度加工浪费

定义：从用户的观点看，过度加工浪费是指对产品或服务没有增加价值的努力。

过度加工浪费包含如下两层含义：

① 多余的加工或过分精确的加工造成资源的浪费。

② 设计不合理对最终产品或服务造成不增加价值的过程。

过度加工浪费表现形式如下。

（1）没完没了的修饰。很多工业产品的应用环境是很少暴露在外的，故从使用者的角度讲，不影响质量的表面轻度脏污、在设计公差内的匹配间隙、隐藏在 B 面的注塑瑕疵（见图 3.32）等并不会影响客户的使用感受。

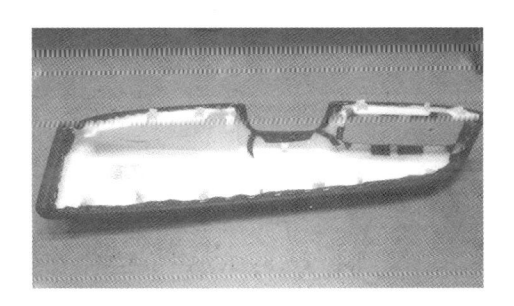

图 3.32　汽车内饰扶手 B 面

有不少工厂本着所谓"客户是上帝"的原则，一遍又一遍对产品表面进行擦拭，任何一处色差都打磨修理，以求提升客户的满意度。然而，这种质量特性是"无差异质量"，客户并未对其有任何要求和关注，不会有满意或不满意的感受，任何形式上的努力都是生产中的浪费。

（2）额外的加工工序。某电子厂由于自动焊接机的性能不稳定，导致电器原件有一定概率漏焊，于是单独增加了产品漏焊检验和补焊工位。这种本来不应该存在的额外工序不仅浪费人工，而且浪费能源，属于典型的过度加工浪费。正确的方法是对自动焊接机进行设备维修和改良，保证焊接质量，一切"异常"都会导致现场无法达到"完美"。

（3）多余的批准手续。

（4）额外的资源消耗、能源消耗。东风伟世通是一家汽车仪表板生产厂家，在进行仪表板生产时需要大量的皮料进行表面包覆。为此在生产时需要将从供应商处购入的整卷皮料以模间距 27mm 的工艺参数进行切割后再进行使用，如图 3.33 所示。后经过改善专家的分析计算，将模间距调整为 26mm，使得材料利用从每卷切 44 模提升到了每卷可以切 45 模。通过降低皮料的消耗，这一改善带来的年收益达到了 18 万元。

图 3.33　皮料切割工序

(5) 频繁分类、测试、检验。有的工厂经常将检查次数多当成质量要求严格的标志，其表现是每接到一次客户抱怨，就增加一次产品检测项，并常常将此放在现场操作工自检上。操作工人不仅要完成正常生产任务，还要额外付出大量劳动来进行检查，常常导致形式主义和人浮于事。

从质量管理的角度来说，这种事后检验属于质量管理的最初级阶段，其低效性和滞后性都不是现代质量管理推崇的方法，过多的事后检验常常带来无谓的浪费。

(6) 多余的作业时间和辅助设备。某注塑产品在工艺流程上的顺序是首先进行本体注塑，然后进行冲孔。但由于材料特性，刚注塑出来的半成品强度降低，直接冲孔会导致产品变形，因此，需要经过一段时间冷却才能进行冲孔作业，现场工艺人员根据经验安排了 4 小时的产品冷却时间。后经过专业质量人员的实验，该产品只需 2 小时的冷却时间即可达到工艺要求（见图 3.34），之前设定的时间显然存在过度加工的浪费，使得整个流程平白多了 2 小时的时间损耗。

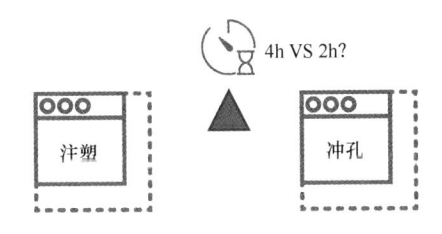

图 3.34 注塑半成品冷却时间"过度"

为了消除过度加工的浪费，在生产时可以仔细思考以下注意事项：

① 能否去除产品、工具的全部或部分？
② 能否把公差放宽？
③ 能否改用通用件或标准件？
④ 能否改善材料的回收率？
⑤ 能否改变生产方法？
⑥ 能否省略检验？

⑦ 供货商是否适当？

⑧ 是否确实了解了客户真正的需求？

小结：对于过度加工这一概念的理解，必须和客户至上区别来看，并不是所有为客户着想都是有意义的。我们需要为客户提供的是优质且具有高性价比的产品和服务，若因为你的"过度"导致了成本上升，势必影响对客户的服务。总之，始终牢记价值判断的唯一决定者是客户，不符合客户需求的行为便是浪费。

4. 过量生产浪费

定义：过量生产浪费是指前道工序的投入量超过后道工序单位时间内的需求量而造成的浪费。简单来说，就是生产多于所需或快于所需。

表现形式如下：

（1）过多的在制品堆积。

（2）过多的设备闲置。

（3）额外的仓库。

（4）额外的人员需求。

（5）额外的搬运与处理。

（6）额外的场地。

如何消除过量生产浪费？有以下几种方法。

1）减少生产批量

过量生产很多时候是由于生产批量过大引起的。由于在生产中半成品的周转基本上是以最小周转包装的批量进行的，假如最小周转包装设计过大，一旦发生后道设备故障或者换型停机，待周转的半成品就变成了库存，因此，大的生产批量就更容易造成过量生产。这就是为什么精益生产中一直强调"小批量，高频度"生产理念的原因，我们希望依靠"流动"的方式，用最小的资源投入达到最合理的产出。

某汽车喷油器生产厂家在生产时使用大的周转托盘来进行物料周转，每个周转托盘的满盘批量是 130 个。由于仓库执行满箱入库的原则，每次接到换型指令时都需要将 130 个产品生产完一个满箱才能入库再进行换型，需要消耗时间为 2 小时，极大地拖累了换型速度，并带来了大量不必要的库存。

后经过改善团队的努力，更换了周转包装形式，采取小批量周转的方式，以 8 个为一个最小周转批量，彻底解决了困扰现场的过量生产的问题，如图 3.35 所示。

图 3.35 小批量周转的改善

2）提高开工率

有时工厂过量生产的原因是客户需求量小且分散，导致开工率低，造成了启动一次便把一年产量做出来慢慢卖的情况。类似这样的情况最好建立以客户需求为中心的弹性系统，不要盲目地以设备稼动率为目的进行生产，可建立部分安全库存，但不要无节制地建立库存。

3）产线平衡

上下道工序之间的生产节拍尽量保持一致，这样可以保证上道的产品被及时消耗。另外，在生产排班上也尽量保持时间的对等（上下道开班时间一致），这样就消灭了由于净生产时间不一致导致的白班为晚班备库存的情况。

4）改善换型效率

过量或提前生产主要的原因就是大批量生产，而很多时候大批量生产的原因是换型一次的时间过长，影响生产效率。如果能够将换型时间降下来（按丰田 SMED 的标准，所有的切换都应该在 10 分钟之内完成），就可以提高转换频度，减少批量，减少提前投入的资源。

5）合理的生产线布局

假如工厂在产线布局时采用的是工艺式布局，即同样功能的设备放在同一个区域或车间，这样的布局形式就导致了产品流转时搬运距离长，生产时员工不会长距离地一件一件搬运，肯定一次大量生产，再一起周转，从而导致了生产的过量。因此，在保证工艺要求的前提下，将流程上有连接关系的设备布局成一条"产品线"，使上道工序设备的下料端靠近下道工序的上料端，减少搬运，提升周转效率。另外，在原材料仓库、半成品周转区、成品发货区域的设计上也要考虑如何以生产线为核心，缩短搬运距离，为 JIT 周转减少物理上的障碍。

6）选用合适的设备

在进行设备采购时要注意，设备的生产速度并不是越快越好。影响产品交货周期最关键的环节是"瓶颈岗位（系统中产出速度最慢的岗位）"的生产速度。"非瓶颈岗位"上过快的生产只会导致半成品的积压，并不能带来系统产能的提升，对产品的交付没有帮助，反而带来过量生产的浪费。

小结：过量生产浪费也被称为企业最大的浪费。这些提前或过量使用的资源消耗了现金，但没有带来交付能力上的提升，反而变成现场持续消耗费用的库存。丰田公司曾将过量生产的无效和浪费比喻成龟兔赛跑中的兔子，一会儿睡大觉，一会儿突然起来发力狂奔，但最终还是两手空空。丰田公司鼓励要做生产现场不眠不休的乌龟，稳定而有节奏地生产。

5. 库存浪费

库存浪费是指任何超过加工必需的物料供应及任何超过客户需求的产品产出。

表现形式如下：

（1）工厂原材料、暂存（报废区、待检区）物料、半成品、成品、生产辅助器具的堆积导致场地占用。

(2) 交付周期拉长。

(3) 现金周转速度慢，导致现金流的枯竭。

(4) 保管费用增加。

(5) 现金消耗导致的利息损失。

(6) 产品质量劣化风险。

在精益生产领域有一句话，"库存是最大的魔鬼"，还有一句话，"库存是万恶之源"。为什么精益生产人员如此重视库存的浪费呢？可以用库存暗礁模型来解释库存的存在（见图 3.36）：如果将生产过程比喻为一个大湖的话，那么湖水就是库存总量，而生产中存在的各种问题就是湖底的礁石，生产就如同湖上的船在行进。从表面来看，库存可以帮助我们平稳地生产，但在水下的"礁石"并没有解决，各种异常状况依然存在，只不过是在用流动资金掩盖生产中存在的问题。长此以往，生产中的问题将越来越严重，而占用的流动资金也将越来越多，最终将拖垮整个企业。

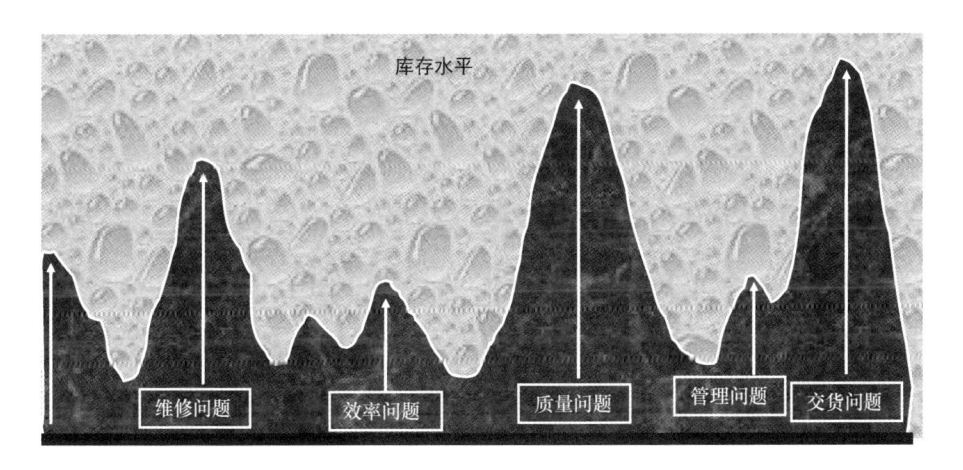

图 3.36 库存暗礁模型

如何消除库存浪费？有以下几种方法。

1) ABC 分类管理法

将库存物品按品种和占用资金的多少，分为特别重要的库存（A 类）、一般重要的库存（B 类）和不重要的库存（C 类）3 个等级，然后针对不同等级分别进行管理与控制。这样的分类管理法可以实现压缩库存总量、释放占压资金、库存合理化与节约管理投入等作用。

2）JIT 拉动管理

JIT 管理模式即"在需要的时候，按需要的量生产所需的产品"。其物料生产和配送的信号不是根据计划员的生产计划决定的，而是根据下游工位的消耗决定的。看板拉动管理是其具体的操作手段。看板即在上下游工位之间传递物料需求信息的载体，要求企业各工序之间或企业之间或生产企业与供应者之间以固定格式的卡片为凭证，由下一环节根据自己的节奏，在逆生产流程方向上，向上一环节指定供应，其主要目的是使制造计划、采购计划、供应计划能够同步进行。在具体操作过程中，可以通过增减看板数量的方式来控制库存量。

3）金额控制法

金额控制法是指对于那些品种繁多、消耗量不大、无法或很难进行数量控制的材料，统一规定总领用量不能超过某一金额。

4）定期盘点

企业日常库存控制大多为永续盘点，永续盘点是为了使库存物料在数量上保持一个连续不断的记录。每当库存物料发生变化时，就进行记录，然后将库存量与再订货点相比较，如果库存量等于或小于再订货点，就发出一份固定批量的订单；如果库存量大于再订货点，则不采取行动。由于永续盘点主要依据的是物料记录，日常生产中往往存在物料消耗和记录不一致或记录延迟的问题，同时还存在常用物料的累积误差问题（每次剩余少量的零头库存经过多次累积后变成大量库存），因此，需要定期盘点来进行现场物料控制。

定期盘点是指每隔一定的时间间隔对库存物料盘点一次，在盘点时要进行某种形式的实际清点，对重新入库的物料、业务计算的错误、丢失的物料，以及损耗物料需要进行处理。相较永续盘点，定期盘点的盘点间隔周期更长，可以盘点同一周期内多种物料的整体消耗情况统一采购，从而带来如下好处：

（1）由于多个物料是通过一份订单处理的，所以，订货成本可能会降低。

（2）对于超过一定金额的订单，供应商可能会提供折扣。而将几种物料集中成一份订单，更有获得折扣的可能。

（3）如果订货的体积比较合适，如正好放在一节车厢内，物流成本将会下降。

❖ 定期盘点具体步骤

盘点前：

（1）确认盘点计划发布的物料盘点范围与实际物料盘点表的物料盘点范围是否一致。

（2）通知生产部门完成线上的半成品的生产。

（3）生产部门完成线上的半成品的生产。

（4）生产部门将当日的生产数量汇报给物料协调员。

（5）巡视质量报废黄箱、Audit 区域、遏制区，检查是否有未处理零件。

（6）质量部门将 Audit 区域的零件盘点后提交清单给物料文员。

（7）质量部门将废品箱内的零件处理完后，将报废品清单提交给物料协调员。

（8）物料部门盘点待处理区域的物料，形成台账。

（9）对生产现场的零件进行整理，场地零件放在相对应的周转箱内，一种零件只准许存放在一个区域内。

（10）原材料仓库先将库位内的材料进行整理，相同库位的同种零件必须整理在一起，以便盘点。

（11）暂存区零件入库，不列入盘点的零件做好"该零件不盘点"的标识。

（12）物料出货班组人员完成盘点，成品库存。

（13）完成盘点清单后交给盘点组织人员。

盘点时：

（1）盘点方式为按区域进行地毯式盘点。

（2）复盘按交叉形式进行。当发现与初盘有差异时，必须进行再次确认。

（3）初盘结束后所有仓库的员工必须在仓库内集中，以准备随时进行复核，不得擅自离开。

盘点后：

（1）盘点结束后物料搬运员必须将盘点材料归回原位，确保后续生产正常进行。

（2）物料协调员认真核查本项目材料数量差异。

（3）成本控制员认真核查本项目材料库存金额差异。

定期盘点表如表3.9所示。

表3.9 定期盘点表

部门	事项	内容	完成日期	班次	负责人
工程部门	样品样件	将所有的样品样件交付给仓库			
	测试材料	试制和测试用的生产材料交给仓库，报废材料开出报废单			
质量部门	待处理材料	黄箱内待处理材料及时处理，将零件清单交给仓库			
	报废品	报废零件及时开出报废单			
生产部门	生产现场清理	零件柜、桌子各抽屉中所有材料交给各单元物料工			
		生产现场所有待处理材料移交给质量部门			
		生产结束后不允许有半成品和不成套的成品			
物料部门—物料协调员	SMRR	物料协调员检查SMRR报告是否全部开出			
	收货	盘点数据冻结前，物料协调员必须确保收货完毕			
	生产汇报	盘点前将所有生产数量汇报完毕，同时处理完计划外出库及售后物料的移库			
物料部门—生产计划	生产计划	生产计划控制确保盘点前不安排生产半成品			

续表

部　门	事　项	内　　容	完成日期	班　次	负责人
仓库—SAP	SAP 维护	SAP 人员完成所有的移库/计划外出入库及报废单输入			
财务部门	盘点库存	由成本控制员确认系统盘点库存			
物料部门—现场	盘点单据	领取盘点单据及盘点标签			
	人员分组	对现场参与盘点人员进行有效分组			
	盘点会议	对现场参与盘点人员提前一天召开盘点动员会议			
	现场零件	生产场地零件放在相对应的周转箱内，按项归到现场指定区域，做好标识			
	盘点单据	盘点前将所有盘点单据制作完毕			

小结：精益生产中有一句名言——"库存是万恶之源"。大量库存所滋生的问题不仅仅是其本身对生产资料的占用，更可怕的是库存会掩盖生产中真正的问题。库存会造成一个假象，就是生产十分流畅，因为并没有延迟交付的现象发生，让我们没有紧迫感去解决问题，这样就会使企业失去了改善的动力，慢慢走上库存越来越多、效率越来越低、流动资金越来越少的"慢性死亡"之路。如果想改善但又不知从何入手，那就"炸掉仓库"，这样问题便暴露出来了。

6. 搬运浪费

定义：搬运浪费是为完成某项作业而产生的物料搬运所造成的浪费。

表现形式如下：

（1）人员的走动。

（2）运输工具的使用、能源的消耗。

（3）额外的场地消耗。

（4）由于搬运导致的产品损坏或丢失。

如何消除搬运浪费？有如下几种方法。

1）现场布局合理规划

在现场布局时要尽可能避免搬运，一定要搬运时也要想办法使搬运距离最短。

"短"物流路线：

（1）原料要靠近生产线的始端。

（2）生产线的末端要靠近下道工序的入口。

（3）外协件库要靠近消耗工序。

（4）末道工序要靠近成品库。

某汽车转向柱生产工厂，原始布局的生产与预装区域相隔 20m，每次预装好的产品需要用料车来回运输，耗用了大量人力和时间。后经过现场改善，将预装区域与生产区域重新布局，使得预装与生产的工序直接相连，如图 3.37 所示，预装好的产品可以物流的形式直接进入生产区域进行生产，避免了半成品搬运的浪费。

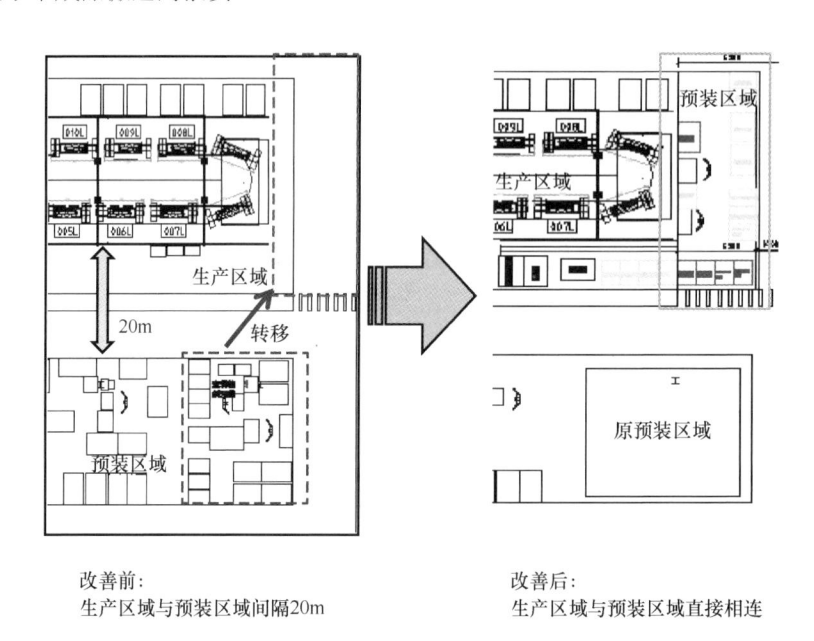

改善前：
生产区域与预装区域间隔20m

改善后：
生产区域与预装区域直接相连

图 3.37　预装区域布局改善

2）物流路线合理设计

生产线上各工序的物流要畅通，无迂回，遵循直线原则，避免紊流和对流，如图 3.38 所示。物流人员配料路线尽量设计成"带货走，带货回"的形式，减少搬运发生次数。

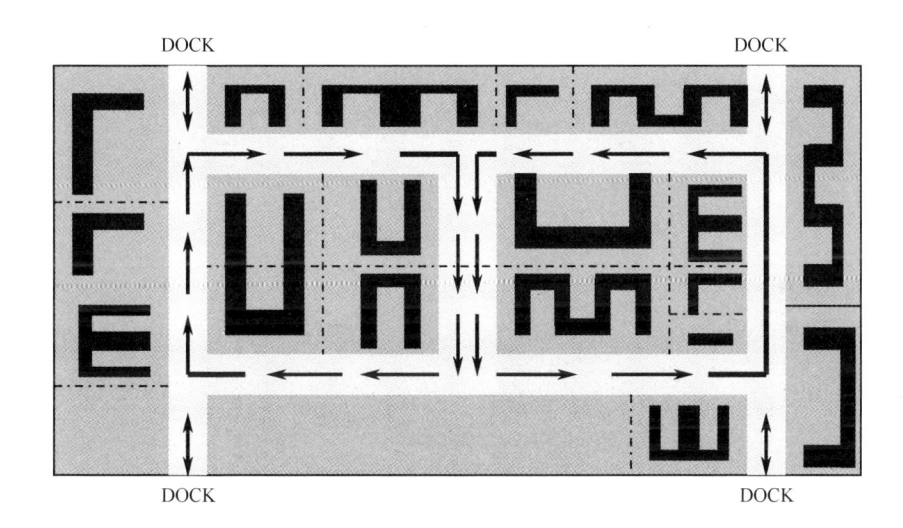

图 3.38　精益物流路线设计

3）搬运工具合理选择

安排好运送路线之后，需要确定一种合适的方式/工具将零件从仓库/存储区运送到生产工序。运送方式有很多种，需要根据工厂的实际情况进行选择，不同工具的选择，对人员的作业效率、操作人员的工作负荷也是不同的，需要区别对待。

- **步行**：重量比较轻，频度不高的物料配送，可通过步行进行送货。为了提升搬运效率，可考虑辅助工具的运用，如手动/电动液压车、专门的物料推车、专用的工位器具等。
- **站立式的电动液压车/牵引小车**：当存储点与消耗点距离较远，而运送数量又较大时，可使用站立式的电动液压车。有条件的话，建议使用牵引小车，牵引小车可以牵引多个装载零件的平板车向更多的生产工序运送，以提高运作效率。

- **铲车**：铲车只适用于批量较大、重量极大、运送频度较低的零件。由于铲车价值比较昂贵，铲车操作人员为专业人员，铲车需要较宽的运作通道，同时铲车也增加了工厂的安全隐患，所以，应将铲车的作业固定在相对封闭的收发货区域。
- **其他合适的物料运输系统**：如果工厂工艺足够稳定、生产计划均衡的话，可以考虑采用自动化输送线、AGV 自动化物料车（见图 3.39）等高效运输工具进行物流运输。

图 3.39　欧姆龙 Adept LD90 自动化物料车

小结：制造业企业不是物流企业，无法依靠物流运输获取利润。所以，一切搬运行为都是浪费，无论有必要还是没有必要。丰田公司将搬运浪费形容为"在跑步机上面上班"，公司的最高宗旨是获取利润，而"跑步"活动显然不能帮助我们实现这一目标。

7. 不良品浪费

定义：不良品浪费是指在生产过程中，因来料或制程不良造成的时间、人力和物力的浪费。

表现形式如下：

（1）产品报废导致物料、劳动力及资源的耗费。

(2) 额外的修复、鉴别、追加检查。

(3) 出货延误。

(4) 工厂信誉下降，客户满意度降低。

不良品浪费在现场往往有如下两种主要情况。

一是不良品产生了，无法修复导致报废，这类不良品我们往往都比较重视。

二是不良品产生了，可以修复或部分重新利用。这类不良品很容易引起我们的轻视，觉得这是一种生产过程的正常波动。但请注意，这种浪费往往更加隐蔽，造成的浪费也可能会更大。"返修"这一环节在精益生产中被称为"隐蔽工厂"，它虽然不在正常生产报表的数据显示中，但实实在在地消耗着人工、材料等生产资源，并造成了大量的质量缺陷风险和资源浪费。

如何消除不良品浪费？有以下几种方法。

1) 标准化作业

标准化作业，就是在作业系统调查分析的基础上，将现行作业方法的每个操作程序和每个动作进行分解，以科学技术、规章制度和实践经验为依据，以安全、质量效益为目标，对作业过程进行改善，从而形成一种优化作业程序，逐步达到安全、准确、高效、省力的作业效果。采用 SOP、标准作业表等作业管理工具，将现场操作过程、操作标准进行规范化和格式化，减少由于操作过程变异或质量要求不明晰导致的不良品产生。

2) 全面质量管理

全面质量管理（Total Quality Management，TQM）的核心是以质量为中心，以全员参与为基础，目的在于通过让顾客满意和本组织所有成员及社会受益而达到长期成功的管理途径，即要求全部员工，无论高层管理者还是普通办公职员或一线工人，都要参与质量改进活动。参与"改进工作质量管理的核心机制"是全面质量管理的主要原则之一。

企业推行的现行有效的全面质量管理常用"PDCA 循环"工作流程。"PDCA 循环"工作流程的基本内容是在做某事前先制订计划，然后按照计划去执行，并在执行过程中进行检查和调整，在计划执行完成时进行总结处理。美国人戴明把这一规律总结为"PDCA 循环"，P、D、C、A 是英文计划（Plan）、执行（Do）、检查（Check）、处理（Action）的首字母，它反映了质量管理必须遵循的 4 个阶段。

P 阶段：发现用户的要求，并以取得最经济的效果为目标，通过调查、设计、试制，制定技术经济指标、质量目标、管理项目，以及达到这些目标的具体措施和方法。

D 阶段：按照所制订的计划和措施去付诸实施。

C 阶段：对照计划，检查执行的情况和效果，及时发现计划实施过程中的经验和问题。

A 阶段：根据检查的结果采取措施、巩固成绩、吸取教训、以利再战。

3）统计质量控制

统计质量控制（Statistical Quality Control，SQC），指的是对一些检验数据进行统计分析，通过一些专业的统计工具控制过程中出现的"变异"，以此进行产品质量控制和持续改善。

4）品管圈活动

品管圈就是由相同、相近或互补的工作场所的人们自动、自发组成数人一圈的小圈团体（又称 QC 小组，一般为 6 人左右），然后全体合作、集思广益，按照一定的活动程序，活用品管七大手法（QC7 手法），来解决工作现场、管理、文化等方面所发生的问题及课题。它是一种比较活泼的品管形式，其特点是参加人员强调领导、技术人员、员工三结合。

5）变化点管理

变化点基于生产现场生产工序中的生产要素 4M（人——Man，设备——Machine，材料——Material，工艺——Method）所发生的变更和变化，这些变化会对制造品质产生影响，这些变化就称为"变化点"。变化点管理即通过对工序中的"变化点"进行适当的处置和应对，避免出现品质异常的状况。采取的措施必须满足如下 3 个条件：

（1）确认满足制造出良品的条件。

（2）确认其品质水平与发生变化前一样或更好。

(3) 确认防止不良品流入后道工序。

变化点管理一定要细致到能够确定由谁、什么时候、采取什么应对措施来进行变化的应对。

6) 三不原则

三不原则要求员工养成在生产过程中，不制造不良品、不流出不良品、不接受不良品的习惯。这三个原则需要贯穿质量从上到下的全过程。

（1）不制造不良品。每位员工的标准化意识和每道工序的标准化操作是保证不制造不良品的关键，这是"三不"理念中的重点，只要每位员工都不制造不良品，就能保证"不流出不良品"和"不接受不良品"的执行。

（2）不流出不良品。操作者或质检人员发现不良品后，应立即暂停本道工序的生产，以防不良品被输送到下道工序。为了保证及时发现不良品，员工的自检和质检人员的全检或抽检非常重要。

操作者应熟练掌握产品的各项属性及其检验方法，对自己生产的产品进行自检；质检员依具体情况而定，对每道工序的产品分别进行全检或抽检，保证不良品不被输送到下道工序。

（3）不接受不良品。操作人员在发现前道工序输送来的产品不良时，应立即通知前道工序及质检人员，请前道工序立即停工，分析产生问题的原因，彻底解决问题后再开工。

案例分享

"红兔子"检查计划

某电子厂为了检查生产线上各个岗位的员工对于产品标准的掌握和熟悉程度，以及对产品缺陷的识别能力，推行"红兔子"检查计划。

具体操作如下：

（1）由生产班长负责到生产线上收集或故意制造的、取用客户退回的、新老状态已切换的各种缺陷产品，作为红兔子抽查的产品样本（注意：在红兔子产品抽查时必须确保员工不知情，并对红兔子产品做好标记，避免与其他合格产品混淆）。

（2）将红兔子产品放到相对应的生产线上，针对岗位人员抽查其缺陷识别能力，并由班长在《红兔子抽查记录表》上做好记录，同时由质量检验员、操作员工签字确认。

（3）如果员工能够连续 3 次识别出有缺陷的红兔子产品，则认为该员工具备辨别缺陷的能力。如果员工不能识别出红兔子产品，则应对当天已生产的所有此零件号产品进行全检。如果终检人员不能识别出红兔子产品，则应对当天已入库的所有此产品进行全检。

（4）未能识别红兔子产品的员工，需要由生产班长和质检部门针对其进行产品缺陷强化训练。

小结：在质量、成本、交付等主要的几项企业指标中，质量永远是排在第一位的。无论价格和交付条件对客户多么有吸引力，如果质量出问题，就完全不可能赢得竞争。质量管理中有一句话，"错误不一定会导致缺陷，但缺陷一定是由错误产生的"，如果在生产现场发生了不良品的浪费，说明现场同时还有其他错误在发生着。消灭不良品浪费需要从全局出发，不只是不良品本身，更要关注工艺和流程中存在的问题。

案例分享

浪费识别立功竞赛活动

某机械零件制造厂为了提升现场管理水平，激发员工精益改善参与热情，专门组织了浪费识别立功竞赛活动，结合培训和项目实操，推动全员提升浪费识别能力和项目推进能力。

- 立功竞赛目标：全员学习精益工具，运用精益工具减少浪费，减少生产线非增值动作。
- 立功竞赛内容：识别浪费，减少浪费，减少生产线非增值动作。
- 立功竞赛形式：运用学习的精益工具，班组全员参与，寻找身边浪费，并运用精益工具加以改善。

- 立功竞赛要求：通过学习识别浪费，以班组为单位，开展识别浪费活动，减少浪费，减少生产线非增值动作。

竞赛分为如下 5 个步骤：培训宣导、能力提升、全员参与、措施跟踪和浪费预防，如图 3.40 所示。具体内容包括确立浪费识别主题月、组织晨会宣导、浪费识别知识学习、开发标准浪费识别工具（见表 3.10）、各区域浪费改善案例分享、岗位浪费查询标准化流程建立等。

培训宣导
- 浪费"零容忍"
- 浪费在身边分享
- 浪费点排查

能力提升
- "七大浪费"培训
- 组织现场浪费点识别
- 人机工程审核

全员参与
- 小时工、班组长、主管参与
- 激励介入
- 被动变主动

措施跟踪
- 浪费点改进措施的跟进
- 改进措施的参与
- 改进措施完成情况的汇报

浪费预防
- 现场浪费的主动识别，指标&激励的介入
- 工厂精益文化的建立和宣导

图 3.40　浪费识别立功竞赛推进步骤

表 3.10　七大浪费识别表

序号	观察地点：生产一区 记录人：××× 观察内容	过量生产	搬运	动作	等待	过度加工	库存	不良品	安全	环境	能机	空间	初步消除浪费意见
1	料箱来回搬运		√										更改料区布局，料箱直接送到工位上
2	冲压机停机检修				√								设立对口机修人员，减少检测时间
3	抹布太大										√		裁剪成小块使用
4	现场大量钢板堆积						√						拉动减少库存
5	PE 材料中有杂质								√	√			与 SQE 联系，对供应商提出要求
6	冷却水温过高									√			联系设备维护人员调整水温
7	产品检测存在误测							√					联合工艺优化参量，减少误测

经过一段时间的持续，该活动取得了良好的效果，现场浪费问题大幅度减少。

3.5 知限——利用"约束理论"确认改善切入点

在进行现场改善时是否有这样的困惑：可改的地方很多，但又不知从何处开始。在对明显产生浪费的地方改造过后，发现整个工厂的产品周转速度慢、流动资金大量占用等情况并没有得到改善，我们甚至有时会发现，一个地方经过改善得到了效率上的提升，但其他地方的效率却降低了，产生了新的浪费。

杰华公司是一个生产汽车零配件的厂家，其主要产品是 VW321 系列翼子板，生产工艺流程如图 3.41 所示。第一道工序是翼子板骨架的注塑，之后是喷胶，喷胶后的在制品经过烘房烘烤 24h，接下来是热合包覆皮料，最后装配。由于客户需求量较大，一直存在供货紧张的情况。

注塑 → 喷胶 → 烘烤 → 热合 → 装配

图 3.41 翼子板生产工艺流程

在生产一线喷胶区域的班组长为了解决供货紧张的问题，将喷胶工序的挂具进行了改进，使得每循环产出的产品由 6 件提升至 12 件，如图 3.42 所示。

可是经过改造后，供货紧张的问题并没有解决，相反还使得现场出现了大量的半制品库存，造成了物料和场地的更大浪费，如图 3.43 所示。原来，这家公司生产线的制约因素是"烘房"，烘烤工序的产能限制才是导致供货紧张的根本原因。而喷胶工序的产能提升非但没有带来积极效益，相反还带来了库存浪费。物流人员不得不将提前生产出来的大量半成品堆积在人行通道里，给现场 5S 带来了麻烦。

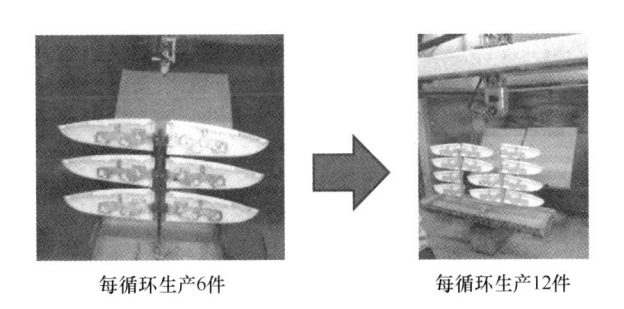

每循环生产6件　　每循环生产12件

图 3.42　喷胶挂具的改善

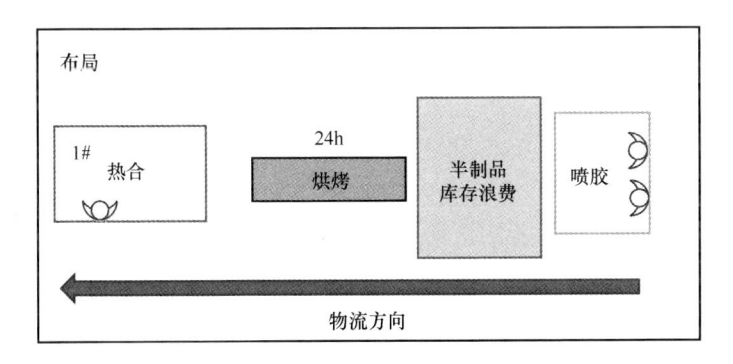

图 3.43　库存浪费的增加

这种情况发生的主要原因，是没有很好地从系统角度去理解现场，不能从全局角度去观察和识别真正的生产瓶颈，常常发生消灭一个浪费却产生新的浪费的问题。那么有什么好的方法能够帮助我们从系统角度去把握工厂的运营和改善过程呢？约束理论就是一个很好的工具。

1. 什么是约束理论

约束理论（Theory Of Constraint，TOC）的提出者是以色列物理学家及企管顾问高德拉特博士。

TOC 是用来增加产销率、实现企业文化从"成本核算型"转变为"产销率增加型"的一套有机结合的工具和技术。约束理论强调为了改进生产流程，必须找出流程中的瓶颈环节，然后突破这些环节，其结果是增加该环节的产出率，或者是应用其他的系统来绕过这个麻烦的环节。

简单来讲，TOC 就是关于如何从突破约束的角度实施改进的一套管理理念和管理原则，它可以帮助企业识别出在实现目标的过程中存在哪些制约因素，并进一步指出如何实施必要的改进来一一消除这些约束，从而更有效地实现企业目标。简而言之，TOC 就是回答任何企业改进过程中必然提出的 3 个问题：

（1）改进哪里（What to change）。

（2）改成什么样子（What to change to）。

（3）如何改进（How to cause the change）。

2."瓶颈"与"非瓶颈"

可以把任何一个制造组织看作将原材料转化为产品的系统。在这个系统中，制造资源是关键的部分。通常，制造资源指的是生产产品所需的全部资源，如机器、工人、厂房和其他固定资产等。

按照通常的假设，在设计一个企业时，会保证生产过程中各环节的生产能力相等，以达到加工能力的平衡。但这只是一个理想的状态，因为生产是一个动态的过程，随机波动时时存在，使得加工能力的平衡在实际中实现极其困难，也可以说是达不到的。因此，生产过程中必然会出现有的环节负荷过多，成为"卡脖子"的地方，即变为瓶颈。这样，一个企业的制造资源就存在瓶颈与非瓶颈的区别。

所谓瓶颈（或瓶颈资源），指的是实际生产能力小于或等于生产负荷的资源。这类资源限制了整个企业生产产品的数量，其余的资源则为非瓶颈资源。要判别一个资源是否为瓶颈资源，应从该资源的实际生产能力与它的生产负荷（或对其的需求量）来考察。这里所说的需求量不一定是市场的需求量，也可以是为保证生产，其他相关资源（上下游）对该资源的需求量。

例如，某模具加工厂生产 P 型印刷模具，A 工序为顶部盖板加工，B 工序为底座加工，C 为组装，D 为焊接。假如 A 的生产速度为 10 件/小时，B 的生产速度为 25 件/小时，C 的生产速度为 15 件/小时，D 的生产速度为 13 件/小时，而客户的需求速度为 20 件/小时，如图 3.44 所示。

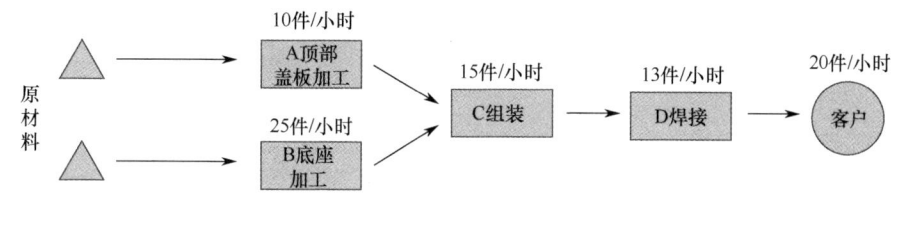

图 3.44　P 型印刷模具生产流程

问 1：该工厂能否满足客户需求、顺利交货？

答案很明显，不能。因为工厂内部存在"瓶颈"工序，制约着生产制造能力。

问 2：那么"瓶颈"在哪一道工序呢？

是 A，是 C，是 D，还是 A、C、D？到这里大家分歧就比较多了，因为很多人对工厂瓶颈的概念还没有更为"较真"的理解。我们常常认为某工序生产加工能力不满足客户需求即瓶颈，但在一个真实的工厂中，生产工序有多个，且互相之间还有关联关系，需要一个更为明确的定义来寻找工厂中真正的"瓶颈"。

假如给你一个真实的瓶子，让你定义一下"瓶颈"是哪里，你会怎么判断？

根据常识，"颈"的意思是"脖子"，是人躯体中最细的部分。那么"瓶颈"就是瓶子的脖子，瓶口以下最细的部分。同理，作为生产加工的工厂，瓶颈就是工厂里各道工序最"细"的部分。

TOC 理论中有一个最重要的定理：**一个工厂里，永远有且仅有一处是真正的瓶颈，瓶颈只能被转移，不能被消除。**

在上述案例中，虽然 A、C、D 的生产加工能力都不足以满足客户的需求，但其中 A 的产能是最小的，那么 A 工序就是整个流程的瓶颈。因为除 A 外，扩大 C 和 D 的产能并不能带来系统产能的提升，只有提升 A 的产能，整个系统产能才能提升，所以，A 才是制约整个系统的因素。因此，接下来的一切改善，都需要围绕提升 A 工序产能来进行，在 A 工序的产能没有超过 D 工序时，任何针对其他工序的改善都是徒劳的。

当通过各种改善手段将 A 的产能提升并超过 13 件/小时时，瓶颈便由 A 转移到了 D，接下来的关注点就要放到消除 D 这一瓶颈上来了，以此类推，直到整个系统里瓶颈工序的加工能力超过了客户需求，就成功地完成了消除约束、满足客户需求的工作。但是要注意，**虽然满足了客户需求，但"瓶颈"还在（瓶颈永远存在），未来若发生客户需求提升的情况，仍然需从瓶颈岗位开始进行改善。**

从此案例中可获得如下 3 个重要的认知：

（1）生产能力小于市场需求的资源，不一定为瓶颈。

（2）TOC 的管理思想首先是抓"重中之重"，使最严重的制约因素凸显出来并解决，从而从技术上消除"避重就轻""一刀切"等管理弊病发生的可能。短期的效果是"抓大放小"，长期的效果是大问题、小问题都没忽略，而且企业整体生产水平和管理水平日益提高。

（3）瓶颈资源是动态转移的，改善永无止境。

3. 约束理论的 9 条原则

TOC 的基本思想可以在如下 9 条原则上得到具体体现，这 9 条原则是实施 TOC 的基石，用于指导实际的生产管理活动。

原则 1：追求物流的平衡，而不是加工能力的平衡。

在进行新厂设计时，一般会追求加工能力的平衡，即生产流程中各工序的加工能力的前后匹配。但是当企业投产过后，特别是多品种生产的企业，必然存在切换、等待、设备停机等问题导致的节拍不平衡，这样就会有一部分半成品要积压。因此，TOC 理论主张"在企业内部追求物流的平衡"。所谓物流平衡，就是使各个工序都与瓶颈工序加工速度同步，以求生产周期最短、在制品最少。

某铝型材加工企业有两款产品 A 和 B，生产工艺为不同尺寸的铝棒切割，然后由两个不同的加工中心 a 和 b 进行加工而成。假如加工中心 a 和 b 的生产速度都为 30 秒/片，那么前道切割工序是选择采购一台可换型的、生产节拍为 15 秒/片的通用切割机，还是采购两台专门针对 A 和 B 产品尺寸

-的，生产节拍为 30 秒/片的专用切割机呢？

按照惯常思路，当然是采购一台高速切割机，因为可以节省一部分设备投资。但是要注意，如果这样选择，由于两个不同型号的产品是无法同时进行生产的，这样在两种产品同时被客户需求时，势必会造成等待的情况，因为需要更换模具和材料以满足不同型号的产品需求。同时，为了保证换型时不耽误后道生产，必然会选择提前将一部分半成品生产出来，这样就会产生大量半成品的库存。

如果换一种思考方式，按照 TOC 理论，以追求物流的平衡为目的，采购两台切割机以满足下道两台加工中心的及时供货要求，则可以保证前道挤出的产品都能第一时间直接被后道应用，消除了换型导致的库存浪费。由此可以看出来，采购两台切割机的方案虽然增加了设备费用，但减少了半成品库存的费用，也是值得考虑的方向。

原则 2："非约束"的利用程度不由其本身决定，而是由系统的"约束"决定的。

约束资源制约着系统的产出能力，而非约束资源的充分利用不仅不能提高有效产出，而且会使库存和运行费增加。

有些工厂在进行生产指标追踪时会审核设备的综合利用效率，也就是常说的 OEE（Overall Equipment Effectiveness），但是通过 TOC 理论的推导可以发现，非瓶颈岗位的 OEE 贡献对整个系统的输出并没有帮助，反而会产生更多的浪费。根据前面案例的分析，容易看出，非约束资源的使用率一般不应该达到 100%。

原则 3：资源的"有效利用"（Utilization）和"最大利用"（Activation）不是同义词。

"有效利用"是指资源应该利用的程度，"最大利用"是指资源能够利用的最大限度。按传统的观点，一般是保证"将资源能够利用的能力加以充分利用"，所以，"有效利用"和"最大利用"是同义的。

但按 TOC 的观点，两者却有着巨大的区别，因为"**做所需要的工作**"（应该做的，即"有效利用"）与"**无论需要与否，最大限度做的工作**"（能够做的，即"最大利用"）之间是明显不同的。该理论告诉我们，对**系统中"非约束"的安排和使用，应基于系统的"约束"**。假如一个非约束资源能够达到100%的利用率，但其后续资源只能承受其60%的产出，则其另外40%的产出，将变成在制品库存。此时就非约束资源自身考核，其利用率很好，但从整个系统的观点来看，它只有60%的有效性。所以，"有效利用"注重的是有效性，而"最大利用"注重的是极限性。从平衡物流的角度出发，应允许在非关键资源上安排适当的闲置时间。

原则4："约束"上一个小时的损失则是整个系统一个小时的损失。

一般来说，生产时间包括调整准备时间和加工时间，但在约束资源与非约束资源上的调整准备时间的意义是不同的。

因为约束资源控制了整个系统的有效产出，如果在约束资源上中断一个小时，是没有附加的生产能力来补充的。如果在约束资源上节省一个小时的调整准备时间，则整个系统将增加一个小时的加工时间，增加了一个小时的产出。所以，应尽量保持约束资源100%的"利用"，增大其产出。因为我们要对约束资源采取特别的保护措施，不使其因管理不善而中断或等工。

增大约束资源物流的方法有如下几种：

（1）减少调整准备时间和频率，使约束资源上的生产批量尽可能大。

（2）实行午餐和工修轮换工作制，减少约束资源因为等待所导致的时间损失。

（3）在约束资源前设置质量检查站，保证投入约束资源的工件100%是合格品。

（4）设置缓冲环节，使约束资源不受非约束资源生产率波动的影响。

原则5："非约束"节省的一个小时无益于增加系统有效产出。

因为非瓶颈资源上除了正常生产时间（加工时间和调整准备时间），还有空余时间。节约一个小时的非约束时间，往往只会增加一个小时的闲置时间，并不能增加系统有效产出。当然，如果节约了一个小时的生产时间，可以减少加工批量、加大批次，以降低在制品库存和缩短生产提前期。但这些结果能在多大程度上有益于系统追求的根本目标，依然牢牢受制于约束资源。

原则 6:"约束"控制了库存和有效产出。

因为有效产出指的是单位时间内生产出来并销售出去的产品所创造的利润额,所以,很明显它受到企业的生产能力和市场的需求量这两方面的制约,即它们是由资源约束和市场约束瓶颈所控制的。

如果"约束"存在于企业内部,表明企业的生产能力不足,相应的有效产出也受到限制;当企业所有的资源都能维持高于市场需求的能力时,那么,市场需求就成了"约束"。这时,即使企业能多生产,但由于市场承受能力不足,有效产出也不能增加。

同时,由于"约束"控制了有效产出,所以,企业的"非约束"环节应与"约束"环节同步,它们的库存水平只要能维持"约束"上的物流连续稳定即可,过多的库存只是浪费,这样"约束"也就相应地控制了库存。

原则 7:运输批量可以不等于(在许多时候应该不等于)加工批量。

车间现场的计划与控制的一个重要方面就是批量的确定,它影响企业的库存和有效产出。TOC 所采用的是一种独特的动态批量系统,它把在制品库存分为两种不同的批量形式,一是运输批量,指工序间运送一批零件的数量;二是加工批量,指经过一次调整准备所加工的同种零件的数量,可以是一个或几个转运批量之和。在自动装配线上,运输批量为 1,而加工批量可以很大。确定加工批量的大小时应考虑如下事项:

(1) 资源的合理应用(减少设备的调整次数)。

(2) 合理的在制品库存(减少资金积压和在制品库存费用)。

确定运输批量的大小时应考虑如下事项:

(1) 提高生产过程的连续性、平行性。

(2) 减少工序间的等待时间,减少运输工作量与运输费用。

两者考虑的出发点不同,所以,运输批量不一定要与加工批量相等。

根据 TOC 的观点,为了使有效产出达到最大,约束资源上的加工批量必须大。另外,在制品库存不应因此增加,所以,转运批量应该小,这意味着非约束资源上的加工批量要小,这样就可以减少库存费用和加工费用。

原则 8：批量大小应是可变的，而不是固定的。

原则 8 是原则 7 的直接应用。在 TOC 中，运输批量是从在制品的角度来考虑的，而加工批量则是从资源类型的角度来考虑的。同一种工件在约束资源和非约束资源上加工时可以采用不同的加工批量，在不同的工序间传送时可以采用不同的运输批量，其大小根据实际需要动态决定。

原则 9：编排作业计划时考虑系统资源约束，生产提前期是作业计划的结果，而不是预定值。

传统制订作业计划的方法一般包括以下几个步骤：①确定批量；②计算提前期；③安排优先权，据此安排作业计划；④根据能力限制调整作业计划，再重复前 3 个步骤。可见传统排产是按预先制定的生产提前期，用无限能力计划法编制作业计划。但当生产提前期与实际情况出入较大时，所得的作业计划就脱离了实际，难以付诸实施。

TOC 正好相反，即不采用固定的生产提前期，而是考虑计划期内的系统资源约束，用有限能力计划法，先安排约束资源上加工的关键件的生产进度计划，以约束资源为基准，把约束资源之前、之间、之后的工序分别按拉动、工艺顺序、推动的方式排定，并进行一定的优化，接下来编制非关键件的作业计划。

4. 企业目标和衡量标准

一个企业的最终目标是赚取更多的利润。那么如何实现这个目标呢？在 TOC 的理论中特别强调了以下 3 条途径：

(1) 增加产销率（Throughput，T）。

(2) 减少库存（Inventory，I）。

(3) 减少运行费用（Operating Expense，OE）。

为了更清楚地介绍以上 3 个重要概念，有必要做以下说明。通常情况，要衡量一个企业是否能赚钱，主要采用以下 3 个指标：

(1) 净利润（Net Profit，NP）：一个企业赚多少钱的绝对量。一般来说，净利润越高的企业，其效益越好。

(2) 投资收益率（Return On Investment，ROI）：表示一定时期的收益与投资的比值。当两个企业投资不同时，单靠净利润是无法比较其效益的好坏的。例如，两个企业的年净利润均为 50 万元，其中，一个投资 100 万元，而另一个投资 200 万元，显然前者的效益要好。

(3) 现金流量（Cash Flow，CF）：表示短期内收入和支出的现金。没有一定的现金流量，企业就无法生存下去。

从制作财务报表的要求来说，这些指标往往是重要的。而用它们来进行日常决策时，却会发现，并不清楚所做决策的立即效果是什么样的，只有在年末或季度末财务数字出来时才能看到结果，有人将这种情况比作开车时挡风玻璃被纸糊上了，在汽车后视镜的图像的指导下开车。管理人员往往会问：我怎么知道这项决策将会如何影响年底的净利润呢？这确实是一个难以回答的问题。于是，在大多数情况下，人们往往采用一些局部的标准，这些标准在他们想来是与净利润或投资回报率相关的。局部标准衡量的只是生产局部的某一种产品的成本或者成本偏差。这种做法显然是与全局优化的目标脱节的。我们真正需要的是与那些长期目标（净利润、投资回报率和现金流量）直接相关的衡量标准。

以上 3 个指标主要考虑的是对现有资源的有效利用和安排。但是，它们并不能直接用于指导生产，例如，究竟采用多大批量为好，是无法直接从这 3 个指标做出判断的。因此，需要一些作业指标作桥梁。如果这些作业指标完成得好，就说明企业的盈利能力强。

按照 TOC 的观点，在生产系统中，企业应该追求的作业指标有以下 3 种：

(1) 产销率（T）：按 OPT 的规定，它不是一般的通过率或产出率，而是单位时间内生产出来并销售出去的量，即通过销售活动获取金钱的速率。生产出来但未销售出去的产品只能是库存。

(2) 库存（I）：是一切暂时不用的资源。它不仅包括为满足未来需要而准备的原材料、加工过程中的在制品和一时不用的零部件、未销售的成品，还包括扣除折旧后的固定资产。库存占用了资金，产生机会成本及一系列维持库存所需的费用。

（3）运行费用（OE）：是生产系统将库存转化为产销量的过程中的一切花费，其中包括所有的直接费用和间接费用。

如果以货币来衡量，T 是要进入系统的钱，I 是存放在系统中的钱，而 OE 则是将 I 变成 T 而付出的钱。为帮助理解，可以把一个组织想象成一个黑箱，它有输入和输出。"库存"是输入的原材料，它从黑箱里出来，就成了产成品。在黑箱中，从输入到输出的转换所花费的钱就是"运行费"。

正如 TOC 的创立者 Goldratt 博士所指出的那样，要想通过减少库存和运行费来实现多赚钱的目标是有限度的，因为在极限的情况下也只能把库存和运行费减少到零，而通过增加产销率来增加利润却有着无限的可能。

5. 约束理论解决企业问题的"五步法"

第一步，找出系统中存在哪些约束。

一般情况下，企业约束不外乎以下几种类型：

原料（Materials）——生产过程的原材料投入。

能力（Capacity）——某种生产资源的最大能力。

市场（Market）——市场需求不足而导致市场能力过剩。

政策（Policy）——企业内部和外部约束产销率的各种政策规定。

第二步，寻找突破（Exploit）这些约束的办法。

此时要给出解决第一步中所提出的种种问题的具体办法，从而实现产销率的增加。

例如，若某种原材料是约束，就要设法确保原材料的及时供应和充分利用；若市场需求是约束，就要给出进一步扩大市场需求的具体办法；若某种内部市场资源是约束，就意味着要采取一系列措施来保证这个环节始终高效率生产。

第三步，使企业的所有其他活动服从于第二步中提出的各种措施。

这样，才可以实现系统其他部分与约束部分同步，从而充分利用约束部分的生产能力。正是这一点，使得 TOC 不单单是一种制造理念，更是一种管理理念或经营理念，可以应用于营销、采购、生产、财务等企业经营各方面的协调。

为简明起见，下面以一个生产过程内部协调为例，如果流水线上的一台机器是约束，那么可以在适当的地方设置时间缓冲，来保证流水线上其他生产环节对这台机器的供给能够满足这台机器的生产需要。目前很多企业对这一点不明确，即要按照约束环节的生产节拍来协调整个生产流程的工作。一般情况下，如果那些非约束环节追求 100%的利用率的话，将给企业带来的不是利润，而是在制品、约束环节更多的等待时间和其他浪费。现在的事实是，很多企业恰恰正在追求这些非约束环节的 100%利用。

第四步，实施第二步中提出的措施，使第一步中找出的约束环节不再是企业的约束。

例如，工厂的一台机器是约束，那么就要缩短设备调整和操作时间、改进流程、安排加班、增加操作人员、增加机器等。

第五步，谨防人的惰性成为系统的约束。

解决了一个约束以后，一定要重新回到第一步，寻找新的约束，开始新的循环。千万要记住，"**现在的乃是最差的**"。

小结：约束理论并不是形而上学的理论推理，而是赤裸裸的数学推导，对于该理论的接受和理解不需要具备某些所谓"基础知识"，只要抓住了"瓶颈—消除瓶颈—新的瓶颈—消除新瓶颈"这一脉络，认识到企业是以系统的形式在运行并进行利润输出的，一切单项的改善其效益都需要从系统输出的层面来考察，持之以恒，企业就可以健康地发展下去。

第 4 章

改善的起点——5S

5S 思想成型于日本，用于对人员、机器、材料、方法等生产要素进行有效的管理，是一种可以用来改善现场环境、质量和人员素质的思维方式和行动方法。5S 思想在塑造企业形象、降低运营成本、准时交货和安全生产等方面都可以发挥巨大作用。

5S 管理方法包括整理、整顿、清扫、清洁、素养 5 个步骤，因每个步骤的日文发音的第一个音译字母均以"S"开头而得名。

- S1——整理（Seiri）：工作现场，区别要与不要的东西，只保留有用的东西，清除不需要的东西，目的是把"空间"腾出来活用。
- S2——整顿（Seiton）：把要用的东西按规定位置摆放整齐，并做好标识进行管理，目的是不浪费时间去找东西。
- S3——清扫（Seis）：将现场清理擦拭，保持工作现场无垃圾、无污秽状态，目的是清除"脏污"，保持现场干净、明亮。
- S4——清洁（Seiketsu）：将前 3S 实施的做法做到制度化、规范化，维持其成果，目的是通过制度化来维持成果。
- S5——素养（Shitsuke）：培养文明礼貌习惯，自觉遵守各项规章制度，养成良好的工作习惯，目的是提升"人的品质"，激发参与员工的职业素养和改善精神。

案例分享

维修班组 5S 改善

某机械厂的维修班组现场管理混乱，经常出现维修工具无法及时找到的情况，导致 MTTR（设备故障平均修复时间）过长而影响公司的生产效率，维修工具也由于缺乏有效保养而经常损坏。针对这些问题，公司特制定相应的改善措施并组织人员对现场进行整改。

1. 实施过程

（1）对工作区域进行划分，梳理现场工具信息，如图 4.1 所示。

图 4.1 区域维修工具示意图

（2）区域整理，清除现场灰尘和损坏不用的工具，如图 4.2 所示。

整理前：现场存在灰尘和损坏工具　　　　整理后：现场只保留必要工具

图 4.2 现场整理活动

（3）将工具定置存放并做好标识，如图4.3所示。

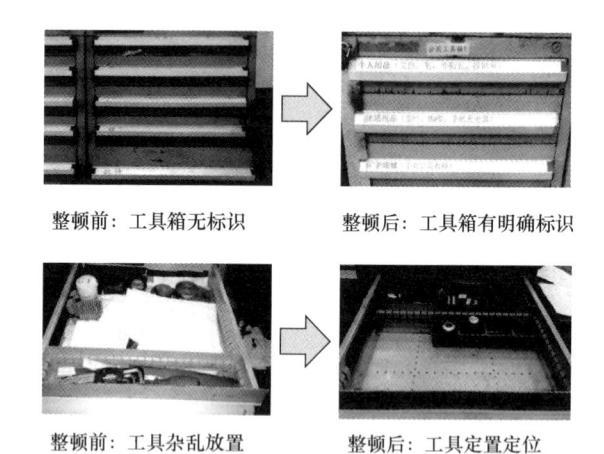

整顿前：工具箱无标识　　整顿后：工具箱有明确标识

整顿前：工具杂乱放置　　整顿后：工具定置定位

图 4.3　现场整顿活动

（4）确定责任人及清洁频度，周期性对工具进行擦拭和保养。

（5）对工具箱内的物品进行标准化、定量化管理，如表4.1所示。

表 4.1　工具箱物品清单

项 目				工具箱物品清单			
大类	大项	小类	小项	序号	细项	型号/规格	原数量	确定数量	备注
H	吊环	1	标准吊环	2	吊环	M20		8	
				3	吊环	M16	6	8	
				4	吊环	M12	3	8	
				5	吊环	M10	1	8	
		2	自制吊环	1	一抽屉（没有正规的名称）			若干	逐年递减
I	模具备件			1	水路闷头	大盒		3	放随身工具箱中，多余还给仓库
				2	扁头螺栓	大盒		1	
				3	弹簧垫圈	中盒		1	
				4	垫片	小盒		2	
				5	标准螺栓	小盒		2	
				6	模具配件	小盒		1	
				7	台阶水路闷头（镀锌）	小盒		1	
				8	导柱固定螺栓	中盒		2	

续表

项 目					工具箱物品清单				备注
大类	大项	小类	小项	序号	细项	型号/规格	原数量	确定数量	
I	模具备件			9	水路隔断	中盒	2		放随身工具箱中，多余还给仓库
				10	信号插座		2		
				11	密封圈	小盒	2		
				12	沉头螺钉	小盒	2		
				13	铆钉	小盒	1		
				14	铜导套		1		
				15	水路快插接头		3		
				16	其他配件（定位销、垃圾钉、定位针、调整螺栓、气接头、顶针固定板）	大盒	1		
				17	销钉	大盒	1		
				18	弹簧	大盒	1		
				19	卡簧	大盒	1		
				20	卡簧	小盒	1		
				21	螺母	小盒	1		
				22	衬套	中盒	1		
				23	锁模块螺钉	小盒	1		
				24	套筒扳手	中盒	1		
				25	接头	大盒	1		
				26	抽芯导向块		2		
				27	斜顶座		1		
				28	Ω	串	若干		
				29	台阶式推杆（顶针）		20		
				30	斜导杆		8		
				31	调整板		若干		

（6）建立现场班组交叉检查机制，确定巡检责任人及巡检频度。

（7）制定奖励机制，推进5S文化落地生根，保证5S工作的持续。

2. 实施效果

（1）通过现场5S的推进，工作场所变得井然有序，所有工具一目了然，消除了工具寻找时间，平均设备维修耗时减少了10%。

（2）维修区域经过杂物清除和合理规划，场地耗用面积减少了30%。

（3）通过合理化保养机制，维修工具损坏率大大降低，维修工具采购金额节省了 30%。

（4）成功转变员工的心态，让员工感受到现场改善对工作便捷性的帮助，使基层的精益改善氛围得到极大的提升。

4.1　5S 概论

在工作中是否遇到过以下问题：

- 每次找一件东西都要打开箱柜一顿急翻，要的东西却找不到。
- 车间里没用的东西堆了很多，处理掉舍不得，不处理又占用空间。
- 生产现场设备积灰很厚，跑冒滴漏比比皆是。
- 大量库存导致通道堵塞，行人无法顺利通过。
- 仓库里物品堆放混乱，账物不符，长期不用的物品占了很大的空间。

上面提到的这些事情有时我们会认为是"小事"，无关大局。但是，如果每天都被这些小事缠绕，情绪就会受到影响，工作效率也会大大降低。尤为严重的是，这些看似不起眼的小事包藏着企业发展的弊病，要知道"千里之堤，毁于蚁穴"的道理。为了彻底解决这些问题，丰田公司开发了工业管理领域的一个著名的工具——5S。

19 世纪初期，日本货是劣质品的代名词，只有依靠低廉的价格才能进行销售。但"二战"后的日本受到美国产品的倾销冲击，低劣的产品品质完全无法适应市场的竞争。在此环境下，日本催生了一大批具有企业家精神的人物。他们认为，必须永久改变"二战"前日本产品质量低劣的形象，并且态度坚决。他们都把质量作为企业立业之本，并把美国的朱兰和戴明邀请到日本传授质量管理知识，在美国质量专家的帮助下走上了改进产品质量之路。于是可以实现质量稳定化、现场规范化的 5S 管理方法被越来越多地应用。

5S 理念最早可追溯到 1922 年，当时美国的亨利·福特受泰勒的科学管理思想的影响，在其公司实施了 CAN—DO 计划（Cleaning Up，Arranging，Neatness，Discipline，Ongoing Improvement）并从中受益。后来丰田公司组织人员访问福特，引入了这一思想并将其发扬光大，形成了具有日本特色的 5S 管理方法。时至今日，曾经的"师傅"福特公司甚至还要反过头来学习 5S 和 TPS。

接下来针对 5S 工具每个阶段的要点进行介绍。

4.2 S1：整理——生产现场的"断舍离"

2015 年，美国《时代》杂志评选影响世界的 100 人活动，其中有一个特殊的上榜人，她既不是高官政要，也不是影星富豪，而是一个在日本以整理家庭内务而出名的家庭主妇——近藤麻理惠。

近藤对家务整理非常感兴趣，并且全身心地投入收纳整理技巧的研究之中，希望找到一种"任何人都可以做到的，只要整理一次就不会再变乱"的整理方法。经过对家务整理的潜心研究，她最终出版了《怦然心动人生整理魔法》等畅销书，风靡了日本国内及海外。与近藤类似，日本杂物管理咨询师山下英子也有一本类似的书籍《断舍离》（见图 4.4），通过学习和实践断舍离，重新审视自己与物品的关系，让大家去学习怎么运用空间、使用空间。

图 4.4　山下英子与其著作《断舍离》

近藤麻理惠和山下英子通过对生活中的物品进行极致整理而闻名于世，在生产制造过程中，同样需要通过整理来改变现场。这种发源于日本，应用于企业现场的改善"魔法"就是5S。

整理是5S的第一个步骤，主要工作是将工作场所的所有东西区分为有必要的与不必要的，把不必要的东西尽快处理掉。

整理的主要步骤如下。

（1）对自己的工作场所（范围）全面检查，包括看得到和看不到的地方。

（2）制定"要"和"不要"的判别基准。

（3）将不要的物品清除出工作场所。

（4）调查需要的物品的使用频度，决定日常用量及放置位置。

（5）制定废弃物处理方法。

（6）定期自我检查。

注意，物品"必要"与"不必要"取决于物品的现时使用价值，而非其购买价值、以前的使用价值或将来的使用价值。"有用"≠"必要"；"不必要"≠"无用"。以约定的数量，在特定时间内出现的有用物品才是"必要"的物品。

工厂里经常会有长期呆滞的或因配套材料短缺，或因有订单变化，或因检验指标一直不合格而导致的在制品。这些在制品虽然从广义来说都是"有用"的，可能在后面某次生产时就需要它们用作特殊要求的验证样品，或者通过某次特殊订单就能使得现有的半成品起死回生。但是，没有人有把握说它们会在什么时候会被用到，也并不能提供准确的周转频度。最常看到的都是月复一月、年复一年的物料呆滞。从5S现场管理角度看，**现在不用即"无用"，无法在正常生产周期内提供价值的物品就是不需要的、需要被清除的**。只有这样不断对现场进行整理、清除，才会让现场保持干净与规范，人员才能养成持续审视现场问题的习惯，时刻保持其战斗精神。在对待现场物品时一定要保持"断舍离"的精神。

在推进"整理"的过程中，可能会出现有的物品无法找到"主人"，不能及时确定是否需要的问题。针对这种现场不好区分的物品，可采用"红牌作战"的方法。

(1) 员工在他们认为不必要的物品上挂上红牌。

(2) 将挂牌物品放到指定的暂放区（见图 4.5），让其他部门都有机会查看是否是属于他们的物品。

(3) 挂牌物品在暂放区放置一周后，将判定为需要的保留，不需要的就清除。

(4) 该报废丢弃的一定要丢掉，该集中保存的由专人保管。

图 4.5　红牌物品"暂放区"

然后，根据现场物品的使用频度制定判定准则，并按照一定的实施规则进行处理，如表 4.2 所示。

表 4.2　现场物品处理规则

使用频度	处理规则	备　　注
每小时	放在工作台上或随身携带	
每天	现场存放（工作台附近）	
每周	现场存放	
每月	仓库存储	
三个月	仓库存储	定期检查
半年	仓库存储	定期检查
一年	仓库存储（封存）	定期检查
两年	仓库存储（封存）	定期检查
将来可能有用	仓库存储	定期检查
将来不需要用	废弃/变卖	
不能用	废弃/变卖	立刻

按照一般经验，未来 30 天内用不着的任何东西都可移出现场。

注意，开展整理活动时应注意摒弃以下思想。

- 虽然现在不用，但是以后可能要用，搬来搬去怪麻烦的。
- 好不容易才弄到手，就算没用，放着也不碍事。
- 一下子处理报废这么多，管理者有意见怎么办，谁来承担这个责任。
- 为什么别人可以留下来，而我不行，太不公平了。

接下来需要每日检查，实施监督：所在岗位是否存在或乱放不要的物品；是否有随手乱扔杂物和垃圾的现象；物料和工具是否随意摆放；是否按规定处理废弃物等，如表 4.3 所示。

表 4.3 班组长每日岗位 5S & 安全巡查表

审核人						日期 审核产线		
岗位	周一	周二	周三	周四	周五	周六	周日	
	检查状态							
E1								
E2								
E3								
B1								
B2								
R1								
R2								
检查项目								
人	员工必须正确佩戴好正常的劳防用品，未穿工作服、工作鞋不得进入生产车间							
	未经培训且无该岗位技能的员工不允许私自操作							
机	开班、换线，对每台设备进行有效的安全点检							
	双按钮、安全光栅是否正常运行且有效							
	有机防护罩是否存在且无破损，工作台、文件柜清洁，无积灰、油污、脏污							
	不得两人及两人以上同时操作同一台设备							
料	不允许员工自行拿剪刀或刀片进行拆料							
	物料摆放不允许摆放过高（正常情况下不得超过两层），工具箱、储物间、维修间应及时整理，无零件散落							
	发现物料来料有毛刺或破损的，必须及时上报							
法	严格按照作业指导书进行操作							

续表

检查项目					
环	发现环境异常及时上报（气味、温度、异响），地面禁止有积水、油污、纸屑、干燥剂、烟蒂、痰等				
注："检查状态"栏标注"√"表示符合要求，"×"表示需要改进、不可以接受，"NA"表示不适用					
序号	问题描述	问题原因及建议措施	责任人	目标关闭日期	备注

通过一段时间的保持，当现场物品全部是现时的、必需的物品时，说明已经达到了"整理"的要求。

小结：进行整理，一定要坚守好"最少""必要""立时"3个大的原则，在生产现场存储的物品越少，现场才能越透明，一些隐藏在呆滞物料和闲置器具中的问题才会真正暴露出来。

4.3 S2：整顿——善用脑子来"画框框"

看到如图 4.6 所示的这张办公桌，想必不少人会大吃一惊。作为精益源头企业的丰田公司的社长丰田章男的办公桌似乎并没有我们想象的那么"精益"。大家先别着急质疑，当你仔细研究过之后会发现，其实"乱得很有章法"，用他自己的话说就是"我可以用最快的速度找到需要的东西"。

国内很多企业在推行 5S 的"整顿"环节时，经常要求大家"画框框"（见图 4.7），甚至到了走火入魔的地步。茶杯放在哪里，画个框框；笔在哪里，画个框框，甚至随时需要移动位置的笔记本电脑在哪里也需要画个框框。框框画了不少，但实际用处呢？除了带来不便，没什么能够提升效率的地方。记住，**整顿的目的是"更容易"，而不是"更好看"**。

图 4.6　丰田章男的办公桌

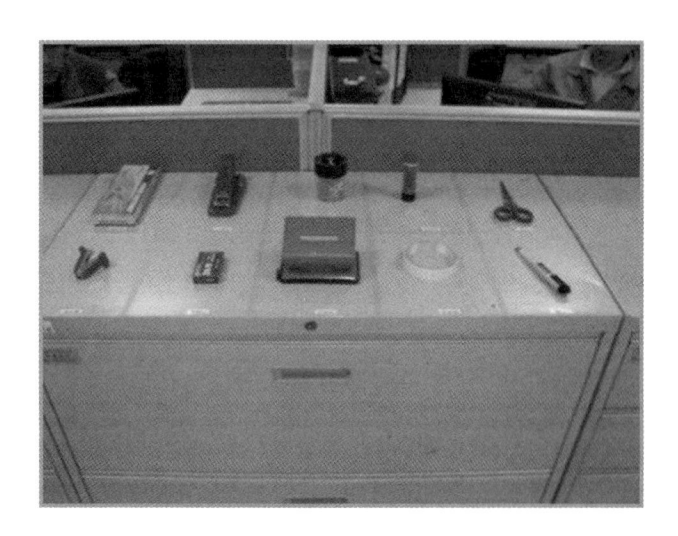

图 4.7　不合理的"形式主义"框框

整顿：对整理之后留在现场的必要物品分门别类放置，排列整齐，明确数量，并进行标识。整顿的最终目的就是物品放置标准化、方便化，使任何人能立即找到所需要的东西，减少"寻找"上的浪费。

实施"整顿"的步骤如下。

（1）确定物品和放置场所的匹配，包括放置区域、放置位置和放置容器。

第 4 章 改善的起点——5S

放置区域：

- 频繁（每小时）使用的需要放置在班组范围内。
- 经常使用的可放置于车间区域内。
- 使用频度大于 30 天一次的可放置在仓库或其他集中区域。

放置位置：

- 体积较小，使用频繁的可置于工作台上。
- 体积、重量较大的可放置在设备或工作台边。

放置容器：

- 决定容器时需要考虑物品摆放方式，如横放、竖放、斜置、悬挂等。

注意事项：需要充分考虑物品的重量、体积、使用频度、形状、功能等特性，以便达到物品与场所的有效结合。

① 物品的放置场所原则上要 100%设定。

② 只保留经整理所留下的需要东西，物品要定位存放。

③ 依使用频率来决定放置场所和位置。

④ 用彩色（建议黄色）标志漆划分通道与作业区域。

⑤ 不许堵塞通道。

⑥ 限定堆高高度。

⑦ 不合格品要与工作现场隔离。

⑧ 不明物撤离工作现场。

⑨ 看板要置于显著的地方，且不妨碍现场的视线。

⑩ 危险物、有机物、溶剂应放在特定的地方。

⑪ 无法避免将物品放于定置区域时，可悬挂"暂放"牌，并注明理由、时间。

（2）确定标识方式，包括场所标识和物品标识。

场所标识：物料架或地面放置场所务必编号，以便取用目的物时，一看即知所放位置。

物品标识：决定放在物料架或地面上的物品，务必将物品名称等信息标明，以便使用后再还回原处。

注意事项：

① 在放置时，尽可能保证物品的先进先出。

② 尽量利用框架，立体发展，提高收容率。

③ 同类物品集中放置。

④ 框架、箱柜内部要明显易见。

⑤ 必要时设定标识，注明物品"管理者"及"每日点检表"。

⑥ 清扫器具以悬挂方式放置。

（3）进行目视化管理。

目视化管理是指通过符号、线条，特别是色彩指明事物本来应当呈现的状态（见图 4.8），使不管是谁都能很容易就看出正常或异常的状态。把管理用看得见的形式表现出来，这既是管理水平的体现，又能提高管理效率。

图 4.8　目视化管理

注意事项：

① 定位标志漆（宽 7～10cm）；定位胶带（宽 7～10cm）。

② 定位工具包括长条形木板、封箱胶带、粉笔、美工刀等。

③ 不同物品的放置，可用不同颜色定位，以示区分，但全公司必须统一。

④ 定位应满足易取和不超出所规定范围的要求。

⑤ 在目视化过程中，定位形状可采用如下 3 种方法。

- 全格法：依物体大小，用线条框起来，如图 4.9 所示。
- 直角法：只定出物体关键角落，如图 4.10 所示。

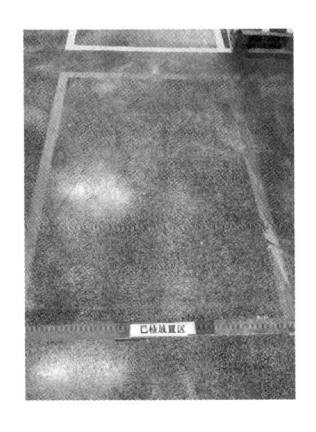

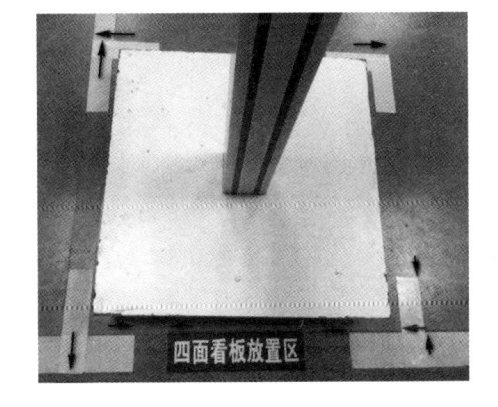

图 4.9　全格法　　　　　　图 4.10　直角法

- 投影法：依物体外形，精确定位，如图 4.11 所示。

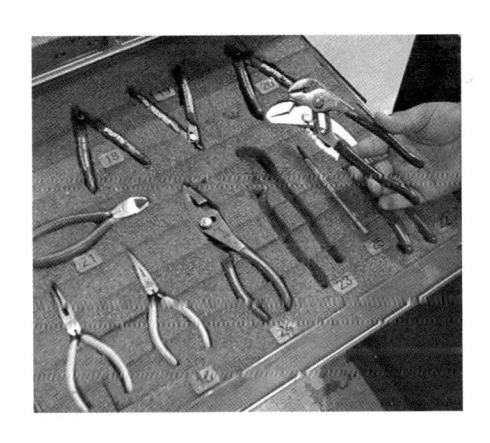

图 4.11　投影法

⑥ 标识要保证场所和物品原则上一一对应，如图 4.12 所示。

⑦ 物品的标识和对应放置场所的标识要匹配。

⑧ 标识方法全公司要统一（注：标识就是看板，由于种类多，如果没有统一标准，时间长了会有眼乱心烦的感觉）。

图 4.12　放置标识与场所一一对应

（4）制定表 4.4 所示的车间目视化执行规范，统一所有的目视化标准，使现场目视化管理标准足够清晰。

表 4.4　车间内目视化执行规范

分类	一级目录	二级目录	内容	备注
生产区域道路设置规范	A1.01 车行道	A1.01-01 设置规范	设置原则： • 道路&线条尺寸	
	A1.02 交叉路口&转弯口规范	A1.02-01 设置规范	设置原则： • 道路&线条尺寸 • 使用标识图示&尺寸	
指示标识	B1.01 指示标识	B1.01-01 地面线条规范	• 使用区域 • 颜色 • 材质 （包含 AGV 磁条线）	• AGV 保护带宽度：80mm 颜色：灰色； • 物料区域定位宽度：边框为 100mm，内部为 50mm； 颜色为黄色，色号参见 GB 2893—2008 安全色

续表

分类	一级目录	二级目录	内容	备注
指示标识	B1.01 指示标识	B1.01-02 地面指示标识	1. 管理驻足点 2. 禁止站立 3. 观察组织点 4. 参观路线 5. 绿色脚印 6. 电话岛	设置场景： ● 人行道上应在起点和终点设置绿色脚印 ● 脚印错位尺寸为100mm ● 间距为1 500mm
	B1.01 指示标识	B1.01-03 管道标识	1. 颜色分类规范 2. 使用材质规范	
区域管理规范	C1.01 物料范围	C1.01-01 指示标识	1. 库位标识—普通 2. 库位标识—高位货架 3. 地面区域指示标识 4. 先进先出标识 （规范图示、材质、尺寸、应用区域）	

❖ 注意"整顿"和"整列"的区别

大野耐一在他的著作《大野耐一的现场管理》中提到了一个很重要的观点：**需要的东西可以随时拿到才能称为"整顿"，将需要的东西整齐地摆放好只能称为"整列"**。假如为了追求物品排列的整齐与美观，就把仓库里的物品像"摆萝卜"一样一个个规矩地码放起来，但没有考虑原材料生产日期、产品需求频度和需求时间等信息，那么导致的结果就是，在生产时会发现要拿取的原材料在最底层，不得不将上层的东西拿掉，再从下面取东西，或者把摆在外面的东西清空才能拿到最里面的零件。更有甚者，由于无序堆放使得即将过期的材料被隐藏了，导致材料浪费。这样大家就会觉得5S就是一个麻烦人的样子货，也就不可能持续下去了。

小结："整顿"是在能提高效率的前提下，将放置物品标准化，把要用的东西按规定位置摆放整齐并做好标识，使任何人立即能找到所需要的东西，减少"寻找"时间上的浪费。也就是将物品按"定点""定位""定量"三原则规范化，在工作效率、工作品质及材料控制成本上达到最大的效益。

4.4　S3：清扫——"清扫"不仅是打扫卫生

"清扫"是 5S 的第三阶段，是在整理和整顿都已经推进到一定阶段后再进行的操作。在推行清扫之前，应确保现场员工已经养成了初步的习惯，大家对现场存在的物品已经有了清理、整理的意识，能够按照要求进行现场环境的改善了，这些都是推进"清扫"的前提。

在推行清扫环节时，不少企业都会陷入一个误区，觉得清扫就是"打扫卫生"，其实不然且谬误很大。这有很大一部分原因是翻译的问题（5S 各步骤的中文翻译实在不算"信达雅"）。其实，5S 的第三步骤在日语中原意是"清理、打扫干净"，其中既包含"清扫"的动作，也包括"干净"的要求。

何为"干净"呢？这里要分现场环境的干净和现场设备的干净两个方向讲。

1. 现场环境的干净

在管理学上有一个著名的理论叫"破窗效应"，说的是原本一个文明社区的一栋建筑物的窗子被打破了，如果管理者对那些破窗视而不见，任由其残破，就会带给大家不好的暗示，人们会觉得这个地方是没有规则的地方，于是就会有破坏者破坏更多的窗户，进而入室偷窃，再进一步会发生纵火，一直到将整个社区变成暴力横行的黑暗之地。

同理，对生产现场的灰尘、油渍的清理看似是无关紧要的面子工程，但如果放任脏污的设备和厂房不管，它们就会时刻传递着消极、混乱的信号给现场员工。让员工感觉这是一个不需要守规矩的工厂，这里的主管根本不会关心一线的问题。久而久之，人心散了，队伍就不好带了。一切改进、创新根本就没有群众基础，更别说更高层次的企业文化建设了。因此，一定要将现场打扫得整洁、干净，这样员工才有干劲儿，客户也会对工厂更有信心。

《李嘉诚传》中记载了这样一个故事：1950 年夏，李嘉诚以自己的积蓄和向亲友筹借的 5 万港元，在香港筲箕湾一条小溪边租了几间破旧房子作为厂房，创办了"长江塑胶厂"。一次竞争对手派人到李嘉诚的工厂拍照，扬言要整垮长江塑胶厂，李嘉诚制止了工人的激愤，让他们随意拍照调查，之后照片果然在报上发表，展现出老旧的长江塑胶厂。不过当客户受邀请来工厂参观时却发现，厂房虽然是旧厂房，但现场的设备、物料都梳理得井井有条。建筑虽然老，但被打扫得干干净净，设备虽旧，但被保养得亮丽如新。客户给予了李嘉诚极高的评价，并当场确认了一笔大订单的合同。一次反面宣传却成就了李嘉诚的事业。

2. 现场设备的干净

很多到日本工厂参观过的企业家都有一个共识，就是日本企业现场应用的设备中，经常能够看到生产年代比较久远的老旧设备，但是整体运行情况却很好（见图 4.13），而且生产出来的产品品质也不差。反观我们国内，往往超过 5 年的设备就存在大大小小的各种问题，毛病不断，生产产品的合格率及生产效率都会大大降低。

图 4.13　丰田公司车间

有人把这个原因归结到日本设备质量好上面，但国内企业使用从日本进口的设备时也会存在随使用时间的增长设备状况快速劣化的问题。探其根本，日本工厂里设备的"健康长寿"与其现场的保养策略是密不可分的，其中最典型的机制便是 5S 工具中的"清扫"环节。

机械设备从被生产出的那一刻起就一直存在"劣化"过程，这种"劣化"现象如图 4.14 所示，可分成"自然劣化"和"人为劣化"两类。"自然劣化"是指设备在闲置过程中受自然力的作用而产生的实体劣化，如设备生锈、金属腐蚀、木头腐朽、塑料和橡胶老化等。这种劣化不管设备是否在运行，都会发生。而"人为劣化"是指设备在使用过程中，在外力作用下，受机械碰撞和摩擦、介质侵蚀等原因，造成设备物质上的磨损、腐蚀、疲劳、剥落等，使设备的实体产生磨损。

图 4.14　自然劣化和人为劣化

这两种劣化形式时刻都在侵蚀着设备，如果希望延长设备的寿命，日常维护就非常有必要。日常维护通常包括轴承、齿轮等的传动和滑动部分的给油、密封，易损零件的及时调换、调节，以及污损部位的扫除等。日常维护大都很简单，但对减少设备劣化起着不可忽视的作用。

那么，设备的日常维护与 5S 的"清扫"环节之间的关系是什么呢？

一句话，**清扫是为了使我们看到掩藏在污染下面的问题，设备的"清扫"绝不仅仅是擦拭，关键点是"点检"**。擦拭是为了使我们能够去除表面的遮盖，发现设备的细小问题，并通过对设备各细节的擦拭过程，逐个对设备各相关结构进行"点检"，如图 4.15 所示。

当擦拭油箱时，就应该看一看油箱是否漏油、油位是否处于合理区间；擦拭发动机时，应该听听发动机是否有噪声、是否存在机械磨损；擦拭机头时，可以看看水管连接处是否有破裂、紧固螺钉是否有松动等。只有把设备擦拭光亮、洁净，这些隐藏在污垢后面的磨损、裂纹、鼓包才会被找出来。英语意译版的 5S 将"清扫"阶段翻译为"Shine"也是这个道理。

图 4.15 "擦拭"是为了"点检"

实施"清扫"的步骤如下。

（1）清扫前准备（包括清扫范围的划分和清扫基准的建立）。

① 以图 4.16 所示的平面图为例，把清扫范围划分到部门、区域、班组，直至个人。清扫工作必须责任到人，但也需要定义好公共区域负责人。

责任区域	责任人	色别
A区	班长	红色
B区	小王	黄色
C区	小陆	绿色
D区	小兰	蓝色

图 4.16 清扫责任人划分

② 建立清扫基准（见表 4.5），促使清扫工作标准化。

表 4.5 清扫基准

项目	清扫要求
1. 通道和地面	消防、安全、疏散通道不得堵塞，区域通道划分明确，保持畅通无障碍物，不占道作业
	安全警示区划分清晰，有明显防范或警示标识
	护栏安装牢靠无晃动，护栏及过道上不放杂物
	地面区域划分合理，标识线、标识规范、清晰无剥落

续表

项目	清扫要求
2. 原材料、在制品、成品	定制区合理划分，标识规范、明确，物品整齐存放于定置区域内，无压线
	各类物品应有明显、规范的状态标识，无不明状态之物，并遵循 Min/Max 及 FIFO 要求
	可疑缺陷品应分类置于不合格品区，并有规范明确标识
3. 工位器具	无功能性破损，表面无锈蚀积尘脏污，内无杂物
	料架（在制品/成品）应有完整清晰的流转标签
4. 危险品	有明显的警示标识，非使用时应存放在指定地点，相关防护措施有效
5. 工作台	表面整洁无明显破损，物品摆放有明确位置，不拥挤凌乱
……	……

（2）实施清扫。

① 按照规定的例行扫除时间与时段进行清扫，如每天 10 分钟/每周 2 小时、每班结束前 15 分钟等。

② 全体人员拿着清洁用具依规定彻底清扫。

③ 管理者要亲自参与清扫，以身作则。

④ 要清扫到很细微的地方，不要只做表面工作。

⑤ 清扫的同时，进行相关现场和设备的点检，并实施必要的紧固、润滑、整修。

（3）寻找污染源和困难部位，并制定对策。

① 针对问题，制定对策。

② 制订治理计划，并实施。

③ 评估治理效果。

④ 更新设备点检和日常保养作业指导书，如图 4.17 所示。

小结："清扫"不只是清洁打扫，还是点检，包括看得到的和看不到的地方。只有深入了解了"清扫"的含义，将环境的打扫、设备的清洁与生产设备的日常维护、检修结合到一起，才能发挥 5S 的真正效用。

图 4.17 机器人稳压阀保养作业指导书

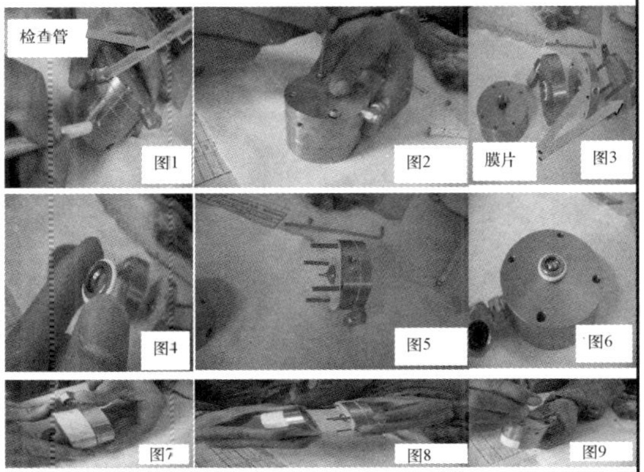

4.5 S4：清洁——没有"规矩"，无以成方圆

"清洁"是 5S 进行到流程化、规范化的标志。其代表性举措就是大量规范的制定，以及详细检查和评估准则的确立。将"搞运动型"的现场改善事件变成"制度型"的日常管理模式。例如，为机器、设备除垢除尘是"清扫"，而将设备"跑冒滴漏"的原因找出，彻底解决并长期保持这种状态就是"清洁"。

实施"清洁"的步骤如下。

1. 实施标准化

将 5S 推进的步骤、责任人（部门）、输出和活动描述进行标准化定义，如表 4.6 所示。

表 4.6　5S 推进计划表

序号	步骤	责任人（部门）	输出	活动描述
1	建立 5S 推行小组	持续改进专员	5S 组织架构；5S 小组的职责和权限；推进计划	5S 全员培训；5S 活动宣传（媒体/知识竞赛等）；考虑内容：无歧视、和谐稳定、无对抗、舒缓心理压力、预防过度疲劳、保护个人情感、温度、热量、湿度、照明、空气流通、卫生、噪声等
2	将 5S 区域进行划分，指定负责部门或负责人	CI 专员及各科室经理	5S 责任区域划分图	
3	梳理各区域流程，辨识要用和不要用的东西	5S 责任区负责人		

续表

序号	步骤	责任人（部门）	输出	活动描述
4	将不需要的清除，需要的定位、定量摆放整齐并明确标识	5S 责任区负责人		
5	寻找污染点并清扫，使环境整洁并防止污染再生	5S 责任区负责人		
6	建立 5S 标准，按照 5S 标准执行	5S 责任区负责人	工位 5S 标准	
7	对各区域按照 5S 标准进行定期检查，并对全员反馈	5S 推进小组	5S 检查表；5S 稽查结果	5S 稽核
8	根据检查结果进行整改或者调整标准，并对全员反馈	5S 责任区负责人	5S 审核不合格项整改表	
9	全员参与，持之以恒，养成 5S 素养	5S 推进小组		设立奖惩标准，鼓励 5S 文化建设

2. 标准制度化

进行实施时间、频率和检查标准的制度化，如图 4.18 所示。

3. 制度落实化

制定考评标准，使 5S 制度能够现场落实，如表 4.7 所示。

4. 落实长期化

坚持新员工培训，持续改进和优化。高阶主管需要经常带头巡查，以身作则。

小结："清洁"环节在 5S 中是一个非常重要的承上启下环节。往前看，它是前 3 个"S"的总结和制度化保证。往后看，它为全员"素质"提升打下了必备的基础和准则。这一阶段的关键是要"脚踏实地"，指标和监督频度的制定一定要合理，且必须能够得到执行，否则，5S 最终很可能变成面子工程。

5S作业指导书		工厂	SH-1	区域	D2现场办公区
		部门	生产部	工序名称	办公区

标准化简图	附图1 计算机桌面上的文件摆放整齐，不使用时锁定屏幕

标准化说明	办公区内部设施： (1) 计算机两台　(2) 打印机1台　(3) 办公桌1张 (4) 抽屉柜两个　(5) 椅子两把　(6) 文件柜两个 (7) 文件筐1个　(8) 文件夹1个　(9) 打孔器1个 (10) 笔筒1个　(11) 水杯两个　(12) 盆栽绿植两盆 (13) 温度计1个	附图2 手台在办公桌左侧定位框内充电

	步骤一	步骤二	步骤三	步骤四	步骤五
简图可视化					
关注 5S	1S	2S	3S	3S	3S
方法&工具	分离与丢弃区域内多余物品和杂物	物品根据标准化简图整理归位（整理时发现物品不良无法复原，需要报修或发工作联系单）	使用刷子和干抹布对键盘、显示器、鼠标、机箱进行表面清洁	使用刷子和干抹布对三层文件盘、电话机、对讲机进行表面清洁	使用干抹布对办公椅进行表面清洁
频次	即时	即时	每天一次	每天一次	每天一次

图 4.18　5S 作业指导书

表 4.7　5S 现场评分标准

类别	评分标准	序号	要求
整理	如有不符合项，每处扣2分，最多扣6分	1	生产线及岗位上是否出现不必要的物品及废弃的机器设备
	如有不符合项每处扣2分，最多扣6分	2	生产现场所使用的工具是否分类摆放并做定置管理
	如有不符合项，每处扣2分，最多扣6分	3	所有现场不需要的物品及产品是否能轻易识别并区分其状态

续表

类别	评分标准	序号	要求
整理	如有不符合项，每处扣2分，最多扣6分	4	所有料箱、工具和料架是否贴附清楚的标签
整理	如有不符合项，每处扣2分，最多扣6分	5	现场目视化看板表面是否保持清洁、清晰可见，信息内容是否准确并进行及时更新
整理	如有不符合项，每处扣2分，最多扣6分	6	现场ODS的内容是否根据过程的变化及时更新、无过时内容；ODS是否清晰便于阅读并放置在员工容易看到的位置
整顿	如有不符合项，每处扣2分，最多扣6分	7	所有工位和物料区域是否能清楚识别
整顿	如有不符合项，每处扣2分，最多扣6分	8	料架、料箱是否摆放整齐、平稳，高度不超过限制要求
整顿	如有不符合，每处扣2分，最多扣6分	9	班组文件柜文件夹、文件有明确标识并按照顺序依次摆放
整顿	如有不符合项，每处扣2分，最多扣6分	10	工具箱、仓库、货架、储物间、生产线物料发运室、质检室、维修间是否及时整理，无零件散落
整顿	如有不符合项，每处扣2分，最多扣6分	11	工作服、手套、安全眼镜、安全帽、抹布等物品有指定的放置区域，不随意放在工作现场或工位上
整顿	如有不符合项，每处扣2分，最多扣6分	12	是否对工艺文件（如图纸、资料、文件档案、ODS、TPM等）进行定置定位
整顿	如有不符合项，每处扣2分，最多扣6分	13	现场电器开关是否有公司规定的说明标识
整顿	如有不符合项，每处扣2分，最多扣6分	14	线下的成品、半成品、待处理产品标识是否统一、状态清楚，容器中的数量是否超过规定，标识与实物是否相符，是否按规定摆放
整顿	如有不符合项，每处扣2分，最多扣6分	15	设备、工装、检具、夹具的标识是否清晰（铭牌、资产编号、项目名称等）
整顿	如有不符合项，每处扣2分，最多扣6分	16	不在正常作业中的料架车、电瓶车、液压车、移动小车、包材等是否按照定置定位有序停放
整顿	如有不符合项，每处扣2分，最多扣6分	17	空箱、工具箱、料架、工位器具是否定置定位
清扫、清洁	如有不符合项，每处扣2分，最多扣6分	19	是否建立清扫要求或基准作为规范并排配清扫计划，定期检查

续表

类别	评分标准	序号	要求
清扫、清洁	如有不符合项，每处扣2分，最多扣6分	20	地面是否无积水、油污、纸屑、干燥剂、烟蒂、痰等，非作业时间地面是否无零件，门、窗、卫生设施是否有损坏，如有损坏及时报修、维修
	如有不符合项，每处扣2分，最多扣6分	21	工位照明电器、在用设备、工装夹具、工作台、文件柜是否清洁，无积灰、油污、脏污
	如有不符合项，每处扣2分，最多扣6分	22	目视板、标识牌、宣传栏是否保持表面清洁，目视内容是否清晰可见

4.6 S5：素养——习惯的养成不止"21天"

为什么企业推进精益管理的起始点大多放在5S上？因为在进行现场改善的时候，一切基础和关键是人，只有将人的认知和做事习惯改变了，后续变革才能持续下去。记住，**5S活动的最终目的是人员素养的提升**。

"素养"的定义很简单：培养文明礼貌的习惯，按规定行事，养成良好的工作习惯。说白了，"素养"就是一种习惯的养成。5S中的"素养"就是将前面4个S进行保持，然后将其由外部指派的活动变成自己平日习惯性的主动行为。也就是说，要做到不做5S就不舒服的效果，达到提升个人素养的目的。

对于习惯的养成，有一个很著名的21天效应理论：在行为心理学的理论中，人们形成一个新习惯或理念并得以巩固至少需要21天。这就是说，一个人的动作或想法如果连续重复21天，就会变成一个习惯性的动作或想法。但是要注意，21天效应不是说一个新理念、新习惯只要经过21天便可形成，而是需要21天对这一新理念、新习惯不断重复才能产生效应。也就是说，**最少需要通过21天的不断重复和强调，5S才会真正开始触动我们的心，开始对我们的自主行为有影响**。"21天"仅仅是开始，我们需要做的还有好多。

企业管理专家查尔斯·都希格曾写过一本书——《习惯的力量》，其中描述了习惯养成的整个过程："一个人一天的行为中大约只有 5% 是属于非习惯的，而剩下的 95% 的行为都是习惯性的。在清楚习惯运作的原理后我们会发现，习惯是可以被改变的。"科学认为，习惯形成的神经学原因是大脑为了寻求更省力的运作方式，将我们多次出现的行为变成一种自动的惯常行为。简而言之，习惯就是大脑自己找的捷径。作者据此构建了"暗示—惯常行为—奖赏"的模式，他将这种运作方式称为"习惯回路"。作者认为，只要掌握"习惯回路"，学会应用暗示与奖赏，就能帮助个人或群体保证习惯的养成。

根据他的研究，养成好习惯具体的做法可分为如下 4 个步骤。

（1）让它显而易见。

（2）让它有吸引力。

（3）让它简便易行。

（4）让它令人愉悦。

相对应地，改掉坏习惯的 4 个步骤如下。

（1）让它脱离视线。

（2）让它缺乏吸引力。

（3）让它难以施行。

（4）让它令人厌恶。

就拿工作环境清扫这件看似简单的事来说，根据"习惯回路"理论，首先要做的就是让这个标准和要求明确，并使其与个人的愉悦感联系起来。例如，设立一些奖励优秀的制度，或高级领导定时巡线，或班组互相之间评比。总之，先把"做好了，就会有好处"这一理论灌输给大家，形成"按照要求打扫工作环境是对我有好处"的心理暗示；然后通过持续的关注和制度建设，强制员工养成定时打扫的生理习惯；最后需要真正对表现好的个人和集体进行大张旗鼓的表彰（见图 4.19），使得员工除了金钱利益外还能获得荣誉感的提升。

图 4.19　5S 区域认证金奖

亚里士多德曾说过:"多做好事,就会变成好人。"事实证明,很多时候,行为驱动会产生心理驱动。即我们不一定先完成精神上的提升才做出高尚的活动,更多时候,我们先去硬着头皮行动了,持续行动了,就会带来素养的提升。

"素养"作为精益 5S 的最高层级要求,其难度是极高的。但是如果能够将 5S 推行到"素养"阶段并取得成果,将会从根本上为企业带来革命性的改变。还是那句话,"人"的养成才是 5S 的真正核心。

案例分享

5S 检查评比活动

某工厂为保证 5S 工作的落实,组建有管理层人员参与的现场 5S 检查团队,5S 小组成员由工厂相关部门人员组成,定期检查现场所有生产线与班组。根据检查结果,鼓励进行工厂 5S 评比,对优秀团队进行表彰。

(1) 检查规定。

- 工厂建立经理带队检查制度,各部门经理每月轮流带队检查 1 次现场 5S。
- 5S 小组成员由各工厂自行决定,要求包含办公室人员与现场人员。
- 5S 检查由 5S 小组成员依据"5S 检查表"实施,班组检查结果由 5S 小组协调员汇总并公布在员工休息区,对于表现良好的班组给予鼓励。工厂整体检查结果在工厂展示板公示。
- ◇ 对5S检查不合格的地方与值得分享的地方拍照记录。
- ◇ 公共区域的5S工作分配到具体班组、班组长,以及相应的协调员。
- ◇ 供应商相关物品由班组长负责与工程师联系,确认存放位置。

(2) 5S评比方法。
- ◇ 评比采用100分制,分数越高,名次越高。工厂每月统计一次评比结果。
- ◇ 5S检查人员(生产、维修、物料、质量)准时参加每周的检查、评比工作,每缺席1次,相关班组5S评分扣2分。
- ◇ 5S小组成员统计各部门的检查分数,每周公布班组5S检查结果。
- ◇ 工厂整体检查结果每月公布。每月将班组检查结果和5S最佳实践发送至持续改进科。

(3) 5S检查结果跟进及改善。
- ◇ 检查发现的问题由5S小组协调员整理成问题清单,并督促各班组对本班组的不良项进行改善,直至完成。未在计划关闭日期前完成的问题将双倍扣分。
- ◇ 每月5S评比获得第一名的班组,将获得5S标兵小组流动红旗。5S标兵班组成员当月绩效奖金上调20%。
- ◇ 连续两个月5S评比垫底班组,扣除半年的班组团建费用。

小结:推行5S是生产现场进行自主管理和自主改善变革很好的切入点。但在推行5S时一定要注意,5S的推进是需要整个企业所有相关部门通力合作的,要兼具大局意识和细节精神,统筹规划,一步一个脚印地踏实进行。

第 5 章

改善的基础——标准化作业

所谓标准化作业,是指把生产过程中的各种要素(人、机、料、法、环、测)进行最佳组合,按准时生产的要求制定相应的作业标准,各类作业人员按照作业标准进行操作。作业标准既是操作者的行为规范,也是管理者检查指导工作的依据。

标准化作业的作用体现在以下 4 个方面。

1. 降低成本

标准是通过实践加以总结的现场人员多年经验智慧的结晶,意味着这些标准是相对容易、安全的作业方法。有效执行这些标准可以提高企业生产效率,减少生产损耗和浪费。产品设计中的标准化实施能够直接降低生产成本,而有效执行作业标准就相当于间接降低了企业的生产成本。

2. 提升质量

"标准化作业"的实施与推进能够有效规范员工的工作方法,减少结果上的变化,促进质量提升。例如,车间员工根据作业指导书进行操作,也是一种标准化。有的工厂没有编制作业指导书,仅仅依靠老员工帮带新员工来指导操作,虽然这么做比较省事,但一旦员工发生变动,便会给企业带来很大的损失。如果实行了标准化作业,就不存在这个问题。降低变化带来的风险是现场管理的重要目的。

3. 积累技术

员工在实践中积累了一些方法和经验,采用标准化可以使这些方法和经验成为规范,形成标准,与别人共享,不会导致它随着员工的离去而流失。

4. 明确责任

企业采取针对性对策的关键在于明确责任,标准化的实施推进可以让企业确认责任的问题变得更简单。

案例分享

汽车仪表组装生产线效率改善

某汽车仪表厂商的主要产品是 B30 型汽车仪表,由于整车厂销售下滑,对这款仪表需求量减少,从原先的 6.7 万套/年降至 4.8 万套/年。为实现生产线的效率最大化,公司决定在满足客户需求的前提下,对生产线进行优化。当前现状为每天两班,每班 3 人,每班产量是 120 套。项目存在的难点如下:

(1)生产线调整后需要能满足客户需求,若不满足,则需对瓶颈工位进行相应调整来满足客户需求。

(2)将生产人员从 3 人精简至两人后,作业内容需尽可能分配平衡,并尽量控制走动距离。

1. 实施过程

(1)对生产线进行观察,如图 5.1 所示,采用秒表和摄像机对生产进行数据收集。

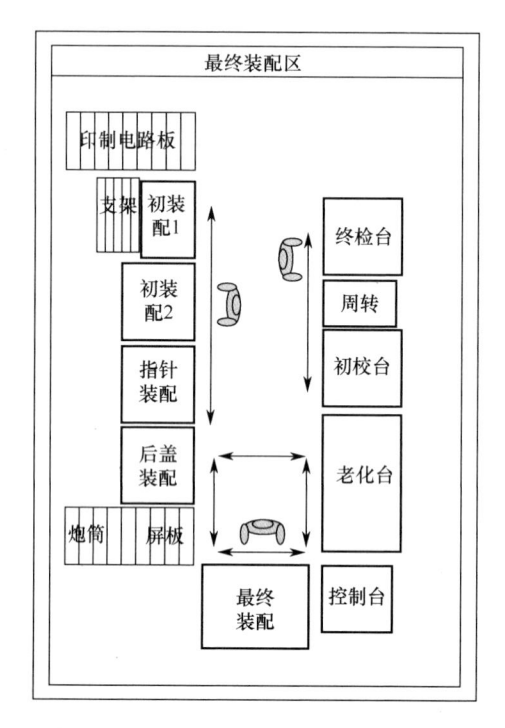

图 5.1　仪表组装线 3 人操作模式布局图

（2）根据观测数据进行标准作业分解表的制作，如表 5.1 所示，对生产线作业内容及时间进行分析。经计算：

客户需求节拍=3 600×7×2×250÷47 837 ≈ 263.4 s，3 人操作模式的组装线循环节拍为 198 s，存在产能浪费。

表 5.1　标准作业分解表 3 人版

序号	流　程	周期时间/s	操作时间/s	操作人员 A	B	C
1	将导光支架放入夹具中	12.00	12.00			
2	放入线路板压入到位	13.00	13.00			
3	从工装取出组件	2.00	2.00			
4	步行至液晶装配台	1.00	1.00			
5	LCD 装配，点检	46.00	20.00			
6	标牌装配，回零杆		26.00			
7	由压装台步行 0.8m 至周转台	2.00	2.00			
8	由周转台步行至压针机	2.00	2.00			

续表

序号	流　程	周期时间/s	操作时间/s	操作人员 A	B	C
9	取压针完组件，放新组件入压针机	178.00	20.00			
10	压针机检测，安装指针		19.00			
11	拿出仪表，用塞规对指针高度进行100%检测	23.00	23.00			
12	步行0.9m至后盖装配桌	1.00	1.00			
13	将后盖卡入导光支架，粘贴上相应的标贴	70.00	35.00			
14	盖上夹具上盖，将后盖与支架固定		35.00			
15	步行1m至屏板装配桌	1.00	1.00			
16	将组件放入夹具中		6.00			
17	将炮筒放在压针后的支架组件上	92.00	26.00			
18	装上面板组件并卡合到位		60.00			
19	步行至老化台	1.00	1.00			
20	将仪表放入老化台，按下开关	128.00	8.00			
21	进行震动及老化（30分/15）					
22	步行至老化台	2.00	2.00			
23	取下仪表	2.00	2.00			
24	步行至校验台	2.00	2.00			
25	从老化台拿出仪表，扫描条码，放入校验台，按下开关	198.00	9.00			
26	校验					
27	步行至终检台	1.00	1.00			
28	从桌上拿起仪表，扫描条码，放入终检台，按下开关	128.00	8.00			
29	检测，取下仪表，贴上标贴		120.00			
	合计	905.00	457.00			

（3）将操作工A的作业内容进行拆分，分给操作工B和操作工C，如图5.2所示，然后对操作工B和C进行相应的培训，同时进行跟踪分析。

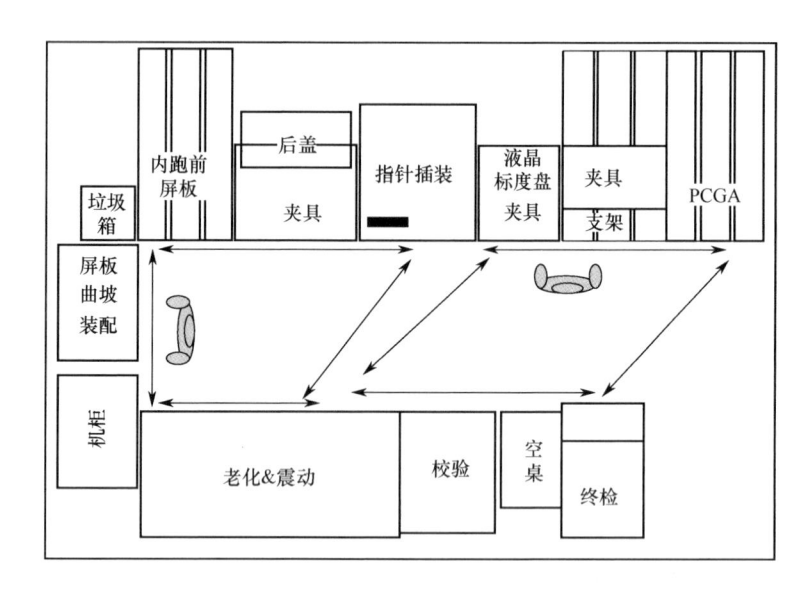

图 5.2 仪表组装线两人操作模式布局图

（4）更新标准化作业表，如表 5.2 所示，将 3 人作业调整为两人，培训后正式实施。

表 5.2 标准作业分解表两人版

序号	流程	周期时间/s	操作时间/s	操作人员 A	操作人员 B
1	由终检步行 0.8m 至压装台		1.00	1.00	
2	将导光支架放入夹具中		12.00	12.00	
3	放入线路板压入到位		13.00	13.00	
4	从工装取出组件		2.00	2.00	
5	步行至液晶装配台		1.00	1.00	
6	LCD 装配，点检	46.00	20.00		
7	标牌装配，回零杆		26.00		
8	步行至压针机		2.00		2.00
9	取压针完组件，放新组件入压针机	178.00	20.00		
10	压针机检测，安装指针		19.00		
11	拿出仪表，用塞规检测		23.00	23.00	

续表

序号	流程	周期时间/s	操作时间/s	操作人员 A	操作人员 B
12	步行 0.9m 至后盖装配桌	1.00	1.00		
13	将后盖卡入导光支架	70.00	35.00		
14	盖上夹具上盖，拧入 4 螺钉，点检		35.00		
15	步行 1m 至屏板装配桌	1.00	1.00		
16	将组件放入夹具中		6.00		
17	将炮筒放在压针后的支架组件上	92.00	26.00		
18	装上面板组件并卡合到位		60.00		
19	步行至老化台		1.00		
20	将仪表放入老化台，按下开关	128.00	8.00		
21	进行震动及老化（30 分/15）				
22	步行至老化台	2.00	2.00		
23	取下仪表	2.00	2.00		
24	步行至校验台	2.00	2.00		
25	从老化台拿出仪表，按下开关	196.00	9.00		
26	校验				
27	步行至终检台	1.00	1.00		
28	从桌上拿起仪表，按下开关	128.00	8.00		
29	检测，取下仪表，贴上标贴		120.00		
	合计	902.00	456.00	218.0	237.0

2．实施效果

在满足客户需求的条件下，每班操作人员由 3 人精简为两人，生产节拍调整为 237 s，产线平衡率由原来的 77%提升到 96%。

自从"工业 4.0"的概念被提出以后，制造业企业纷纷投入了智能化工厂改造的浪潮中，迅速引进了新设备和新技术，数字化工厂改造项目陆续上马，人工智能、虚拟现实等名词也越来越多地出现在制造业领域。然而，随着外部市场的饱和，宏观经济的不确定性风险逐渐升高，企业内部也在智能化道路上遇到了越来越多的实际问题。在智能制造概念逐渐进入稳步发展时期后，很多工厂都开始理智地思索曾经在智能化改造时犯的一些错误，其中最常见的一点就是：我们在开始"智能化"狂奔之前，并没有踏实地做好"标准化"工作。

5.1 标准化作业的发展历程

1. 诞生期——标准化吹响了大工业生产的"冲锋号"

18世纪60年代从英国发起的工业革命是工业发展史上的一次巨大变革，它开创了以机器代替手工劳动的时代，但是当时的工业生产模式还是局限在"一家一户"式的工坊模式，只不过这些"工坊"集体搬到了一个名为公司的大工厂里面罢了。而现代大工业生产的标志则是源自美国福特汽车公司。

1913年，美国福特公司引入了汽车组装流水线技术，这是第一次将流水线技术大规模用于工业品的生产，使得汽车装配效率提升了8倍。"流水线"技术的应用大大提升了工业品生产的速度。流水线之所以将生产效率提升得这么高，最主要的并不是"流动装配"这一环节，而是另一个容易被大家忽视的步骤——"标准化"。

《改变世界的机器》一书的作者詹姆斯·沃麦克教授曾经明确指出了这一点。在福特公司流水线技术引入以前，汽车装配最耗费时间的部分并不是将各种零件组装到一起，而是为了保证这些从大大小小的作坊里面打造的、不那么规范的配件能够正常配合而做的打磨、修理工作。例如，福特公司一般需要一个工人一整天的时间来将车轮、弹簧、发动机、变速箱和发电机安装在底盘上，因为如果想获得精准匹配的零件，就需要用锉把各个零部件锉平才能组装。后来随着各种标准规范的制定和测量规则的建立，"完美的零件互换"才得以实现，大规模协作的前提也就具备了。之后，福特公司将各个环节的操作步骤也进行了标准化，使得上下道的员工可以按照一个节奏协作，这样在流水线运行时就不会产生由于工序交接导致的停顿。

2. 成长期——标准化带来了现代科学管理体系

在19世纪初的欧美企业中，由于普遍实行经验管理，由此造成了一个突出的矛盾，就是资本家不知道工人一天到底能干多少活，但总嫌工人干活少，拿工资多，于是就通过延长劳动时间、增加劳动强度来加重对工人的剥削。而工人也不确切知道自己一天到底能干多少活，但总认为自己干活多，拿工资少。当资本家加重对工人的剥削时，工人就用"磨洋工"来消极对抗，这样的企业劳动生产率当然不会高。

后来，这一现象被出生于美国费城，被后世称为"科学管理之父"的弗雷德里克·温斯洛·泰勒所关注。泰勒认为管理的核心问题是提高劳动生产率，为了改善工作表现，他提出：

（1）企业要设立一个专门制定定额的部门或机构，这样的机构不但在管理上是必要的，而且在经济上也是合算的。

（2）要制定出有科学依据的工人的"合理日工作量"，就必须通过各种试验和测量，进行劳动动作研究和工作研究。其方法如下：选择合适且技术熟练的工人，然后研究这些人在工作中使用的基本操作和动作的精确序列，以及每个人所使用的工具。用秒表记录每一个基本动作所需的时间，加上必要的休息时间和延误时间，找出做每一步工作的最快方法。接下来消除所有错误动作、缓慢动作和无效动作，最后将最快最好的动作和最佳工具组合在一起，成为一个序列，便产生了工人"合理的日工作量"，即劳动定额。

（3）根据劳动定额完成情况，实行差别计件工资制，使工人的贡献大小与工资高低紧密挂钩。

在制定劳动定额时，泰勒以"第一流的工人在不损害其健康的情况下，维护较长年限的速度"为标准。这种速度不是以突击活动或持续紧张为基础，而是以工人能长期维持的正常速度为基础。通过对个人作业的详细检查，在确定做某件事的每一步操作和行动之后，泰勒能够确定出完成某项工作的最佳时间。有了这种信息，管理者就可以判断出工人是否干得很出色。

泰勒以作业管理为核心的管理理论的目的是达到现实生产条件下的最大生产效率，但其研究成果却以各个环节和要素的标准化为表现形式。这是一个很重要的标准量化管理的研究成果，开启了标准化管理的先河。现在的许多标准如 ISO、GMP 等大量标准化管理体系，沿用的仍然是泰勒的思想方法和工作方法。标准化管理已经成为现代管理而不仅仅是生产管理的一个普遍性核心构成部分。

3. 蜕变期——标准化思想在丰田的新生

丰田公司从创立伊始就以美国汽车企业为师进行了大规模的学习，但是，丰田公司却没有照搬泰勒的科学管理方法，而是在此基础之上创造性地形成了自己的管理模式。丰田公司认为，企业要想在所属的行业内保持领先地位，要有强于对手的竞争力，就必须制定出确实可行的、能授权员工的标准。只有这样，才能持续改进重复性流程。要充分授权员工，就必须首先把员工当作问题的解决者，而不是只知道接收命令的工具。

这样一来，丰田公司把传统企业管理中官僚式的由上而下的企业制度取消了，代之以网络化、有弹性与创新的制度，这就是丰田的标准化作业。在丰田公司，标准化并不是泰勒时代"明确写出操作员必须遵循的工作步骤"。

在其他公司，标准作业一般由工业工程师（Industrial Engineer，IE）来决定。在丰田汽车公司，标准作业的各项组成要素，主要是由现场人员具体决定的。组长、班长有权决定各台设备生产一个单位产品所需要的作业时间和各个作业人员应该完成的各种作业的顺序。在制定标准作业后，组长和班长必须亲自对这个标准完全掌握、了解，并且培训现场操作人员，以使作业人员可以对此标准作业完全理解、服从。

丰田公司认为，只有对现场作业及操作人员非常了解的人，才适合作为标准作业的制定者，而班长、组长最符合这个要求。也只有这种标准作业，才具有可行性和公平性，才能激发员工的主人翁意识。

丰田公司的标准化并不是那种强加于员工的工作标准化，而是把标准化当作一种授权，以提高工作效率，激励员工不断创新。丰田标准化为企业创立了共同合作的团队，解决了劳资关系，把以前被视为不利或无效的标准化作业，变成了有利、有效益的活动。

5.2 标准化流程建立的思考

从精益生产的角度来看，不产生附加价值的一切作业都是浪费，那么企业实施标准化作业的目的也就显而易见了，即通过投入必要的设备、最小数量的作业人员，进行有效生产。为此，唯有采取必要手段确保各工序生产作业最优化组合，使其形成标准并严格遵守，才能实现在低成本运营的基础上有高质量的产出。

那么，哪些作业可以进行标准化呢？

通常，现场的作业可分为连续循环作业和非连续循环作业，其实这些作业都有相应的标准化方式。

连续循环的重复作业如下：

- 生产操作。
- 验证岗位
- 遏制检查。

……

非连续循环的作业如下：

- 开关机操作。
- 5S。
- 设备点检。
- 防错验证。
- 设备校验。

- 维护保养。
- 常见故障维修。
- 返工、返修、拆解。
- 不合格品处理。

……

在建立标准化作业体制时可从下面 5 个步骤进行思考。

(1) 我们有作业标准吗?

俗话说:没有规矩,不成方圆。没有标准,就像没刻度的尺,丈量不出对与错,现场的一切都将混乱不堪。因此,图 5.3 所示的标准化作业流程就显得十分重要了。

图 5.3　标准化作业流程

(2) 我们的作业标准准确吗?

错误的或过时的标准,无异于刻舟求剑、南辕北辙。我们需要时刻根据现场的实时变化对标准化文件进行调整,确保标准化的有效性,如图 5.4 所示。

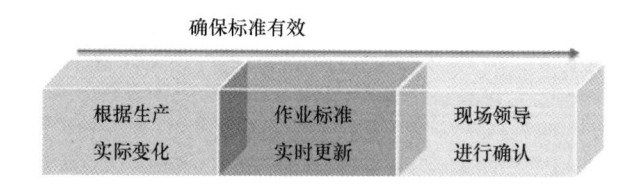

图 5.4　标准化的有效性确认

(3) 我们的标准被周知吗?

理解、周知是标准贯彻的前提。在制定好标准化文件后,一定要从"应知"和"应会"两方面对员工进行考核,不能停留在教过就完了的状态,需

第 5 章　改善的基础——标准化作业

要保证标准化被真正周知，如图 5.5 所示。

图 5.5　员工都懂了才是真正周知

（4）大家都按照标准做了吗？

标准一旦确立就需要严格执行，通过必要的机制来保证标准化的推行和验证，如图 5.6 所示，否则，不仅浪费标准制定的时间，还会给企业氛围带来损害。

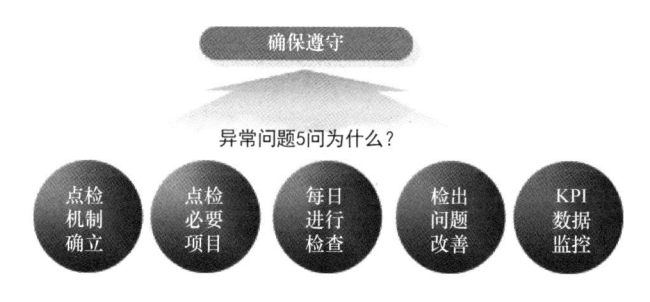

图 5.6　标准化的检查机制

（5）标准在现场可见了吗？

标准要可视化，让现场人员在需要的时候可以第一时间明确标准，如图 5.7 所示。

图 5.7　标准化的可视化

以上便是在进行标准化建设时需要注意的问题。记住，从细节出发是标准化推进能够取得成功的前置因素。

5.3 编制《标准作业指导书》

《标准作业指导书》的英文全称是 *Standard Operation Procedure*，简称 SOP。其就是将某一事件的标准操作步骤和要求以统一的格式描述出来，用来指导和规范日常的工作。SOP 的精髓就是将细节进行量化，用更通俗的话来说，SOP 就是对某一程序中的关键控制点进行细化和量化。

1. SOP 的特征

（1）SOP 是一种程序。SOP 是对一个过程的描述，不是对一个结果的描述。同时，SOP 不是制度，也不是表单，是流程下面某个程序中关键控制点如何来规范的程序。

（2）SOP 是一种作业程序。SOP 是一种操作层面的程序，是具体可操作的，不是理念层次的概念。如果结合 ISO9000 体系的标准，SOP 属于三阶文件，即作业性文件。

SOP 有最优化的概念，即不是随便写出来的操作程序都可以称作 SOP，而一定是经过不断实践总结出来的，在当前条件下可以实现的最优化的操作程序设计。通俗来讲，SOP 就是尽可能地将相关操作步骤进行细化、量化和优化。细化、量化和优化的尺度就是在正常条件下大家都能理解，又不会产生歧义。

（3）SOP 不是单个的，是一个体系。虽然可以单独定义每个 SOP，但真正从企业管理角度来看，SOP 不可能只是单个的，必然是一个整体和体系，是企业不可或缺的，而且这个标准作业程序一定要做到细化和量化。例如，肯德基就规定：鸡块炸好之后要放在滤油网上，不能多于 7s，因为这样太干燥了；也不能少于 3s，否则就会太油了。

2. SOP 编写人员要求

SOP 编写人员要求如下。

- 操作好，有经验，有一定写作基础的一线员工。
- 经过培训，具备编写技巧。
- 给予专门的时间、提供相关资料等支持。
- 编写小组要有团队精神。

3. SOP 六要素

1）物料名称及数量

在生产前必须确认好本工位所需的物料和准备的物料是否一致、数量是否正确、物料是否经过 IQC 检验，当全部确认无误后方能上线生产。生产过程中绝不接受不良品，绝不生产不良品，绝不传递不良品。

2）工装夹具

需要对夹具进行校准检查，检查工装夹具是否能正常使用。

3）设备名称及参数

设备操作工必须经培训合格后方能上岗操作机器，在设备开启前需确认设备参数的设定值，保证设定的各参数值与要求的参数值相同。

4）操作步骤

操作步骤是 SOP 内容中的重点，必须简洁、明了，让人一看就懂，一有就知道怎么操作。SOP 需要达到的效果是一个新人一来就可以独立操作且产品质量合格，这也是 SOP 的最高境界。

5）人员配置

SOP 中各工位必须确定人员，这样可以避免每天对人员进行分配。这样每天上线前员工知道自己要做什么准备，并且可以让他们更熟练本工位工作，既可以节约时间，又可以保证质量。

6）安全因素

任何操作都有可能导致产品的质量问题，所以，在 SOP 中必须包含操作的注意事项、检查项目和一些人员安全须知。

当上述流程全部按要求完成后，一份能够真正指导现场的标准化作业单就完成了，如图 5.8 所示。

图 5.8 标准化作业单

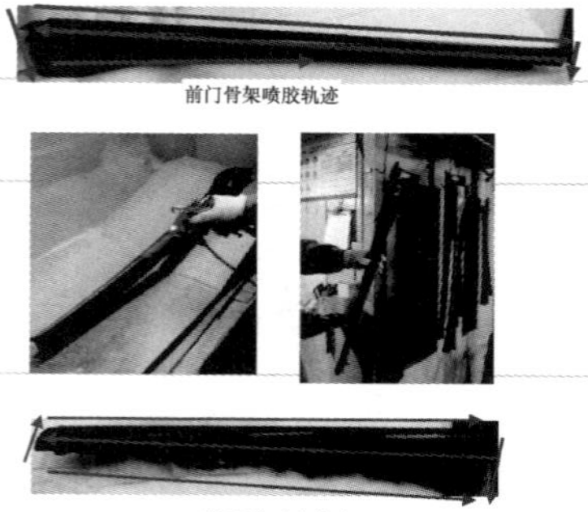

注意，SOP 编制完成后，还必须监控其实施情况，很多时候，现场常常会出现员工不按照 SOP 进行操作的情况。究其原因，有以下几个。

（1）SOP 过于简单，步骤和要求描述不清楚，导致员工看不懂。"SOP 是写给作业员看的，一份好的 SOP 是任何识字的人都可以看懂的，即使是打扫卫生的清洁工，也能够看懂。"SOP 应该是从动作的开始到动作的结束，中间的每个动作、每个规格都要有详细的说明，每种不良现象都要有良品和不良品的图片。

例如，将产品从设备中取出这样一个简单的动作，就会存在很多细节问题，如取出时每只手要拿几个产品？放置时的顺序如何？摆放方向有没有要求？料盘的位置是否固定？如果产品表面有标定液残留怎么办？等等。所有的问题都应该在 SOP 中得到精确定义。只有详细的定义，才能让所有的员工看得懂，才不会有任何疑问，才能按照 SOP 作业。

（2）SOP 内容不合理。SOP 中的每个流程、步骤定义的时候应该有依据，不是写 SOP 的人随便定义的，尤其要考虑员工作业的舒适度。

某汽车内饰门板的工厂，SOP 上写明员工在从注塑机内取下注塑骨架时用单手操作，与此同时另一只手进行上料工作，因为编制人员计算过骨架的重量完全可以单手操作。可现实中，骨架的重量虽轻，但面积大，单手操作时员工会很吃力，因此，员工还是以自己习惯的方式用双手进行操作，做出来的 SOP 也就成了"摆设"。因此，工业工程师（Industrial Engineer，IE）和制造工程师（Manufacturing Engineer，ME）应该更多地去生产现场观察，多听听员工的心声，多为员工考虑。员工作业舒适度的提高，有助于减少不良的风险产生。

（3）缺少对 SOP 的持续关注。一个 SOP 制作出来，可能反映的仅仅是现阶段的操作标准和最佳实践，但随着生产现场的变化，SOP 也会存在"老化"的情况。也就是说，SOP 从制作出来的那一天起，就在逐渐偏离现场的实际，一定要根据生产现场实际的设备、材料、客户需求等产生的变化不断更新 SOP。

多数情况下，如果 SOP 出现了偏离，员工是不会主动反馈的，因为他们在流水线上埋头苦干，几乎没有喘息的机会，不会去主动反映问题。这时就需要现场管理人员和班组长主动站出来，不仅要有发现问题的眼睛，还要有主动分析和改善的行动。可以通过表 5.3 所示的标准化作业审核工具来对现场的标准化作业进行确认。

表 5.3　标准化作业审核表

标准化审核

| 生产线 | 工位 | 日期 | 时间 | 观察者 | 操作人员 |

A　与标准化工作图的符合性

	观测事实	马上行动（当班解决）	其他行动
工位布局是否与标准化工作图相符合？			
操作人员是否正确穿戴了PPE？			
操作人员是否具备本岗位的技能			

结果　OK or NOK

B　是否遵守操作顺序

持续改进

SW审核级别序号-对不符合项的描述
A
B
C

观察3个循环
1
2
3

操作顺序		
操作顺序是否正确？（与工作结合表比较）		
人员移动是否正确？（与标准化工作图比较）		
在制品库存是否达到标准？（与标准化工作图相比较）		

结果　OK or NOK

C　操作是否准确

观察3个循环
4
5
6

零件号

操作步骤序号	测量点															
		7	8	9	10	11	12	13	14	15	16					
1																
2																
3																

结果　OK or NOK

D　达到标准化节拍的能力

观察3个循环

零件号		
标准化节拍时间		
标准化节拍±5%	0	
测量值		
批注序号		

总共测量的次数
（相同的零件号）

符合的次数　符合百分比　符合公差的分析
（在5%公差之内）

注意：当实际节拍低于标准化节拍时要唤系统的分析

对于变差的批注和解释
a　是否需要对本岗位操作人员技能状态升级　（相同的零件号）　%
b　　　　　　　　　　　　　　　　　　　　　变差　（相同的零件号）　%
c
d
e
f

结果

5.4 编制《标准作业组合票》

我们在读中学的时候，都学过大数学家华罗庚的文章《统筹方法》，文章里有一个特别有意思的例子——"烧水泡茶"。说的是一个想喝茶的人要进行烧水和泡茶的活动，包含烧水、洗茶壶、放茶叶、泡茶等活动，问的是如何用最短的时间喝到茶。该故事给出了3种方法。

方法1：先把水烧上，在烧水期间去洗茶壶、放茶叶，等水开了后泡茶，如图5.9所示。

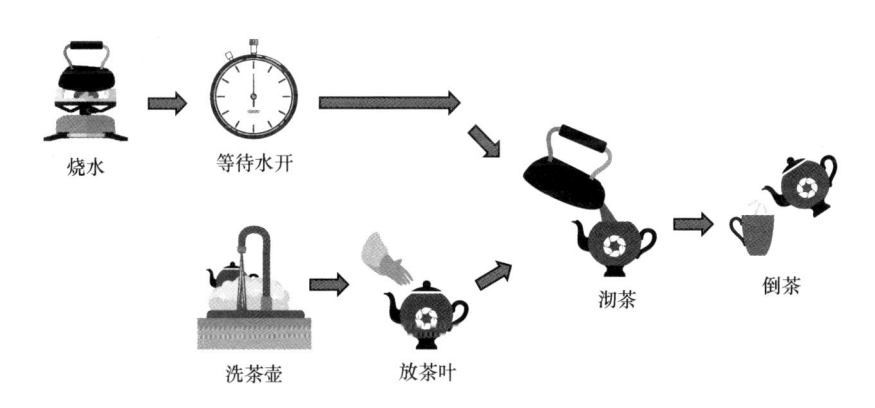

图5.9 方法1操作流程

方法2：先把茶壶洗干净，再放茶叶，然后烧水，最后坐等水开泡茶，如图5.10所示。

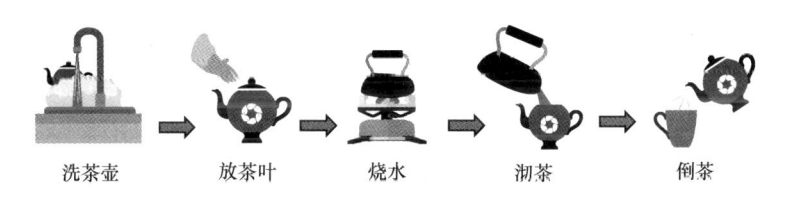

图5.10 方法2操作流程

方法 3：先烧水，坐等水开，水开了去洗茶壶、放茶叶，然后泡茶，如图 5.11 所示。

图 5.11　方法 3 操作流程

哪种方法好呢？大家都能看出来，方法 1 最好，最节约时间，这就是所谓的统筹学方法。不难看出，这里介绍的统筹学方法，其实就是把一件连续的行为切分为若干活动，然后通过合理的排列顺序来达到提高效率的目的。类似的分析方法也非常适合运用到工厂里。

5.4.1　现场"活动"的分类

在生产过程中，"人"的活动可以分为 3 类："增值活动""必要不增值活动"和"浪费"。

- "增值活动"是指改变产品特性、外形或特征并满足客户要求的劳动。
- "必要不增值活动"是指并不提高价值，但在现有条件下不得不进行的工作。
- "浪费"是指所有不必要的不增值工作，是在现有条件下可以消除的工作。

以给汽车底盘安装紧固螺钉的一系列动作为例进行介绍，如图 5.12 所示。

属于"增值活动"的只有用螺钉枪将螺钉进入车底盘的操作，因为它改变了产品的特性，由一个无底盘固定螺钉的汽车变成了有底盘固定螺钉的汽车，客户会为这个变化买单。

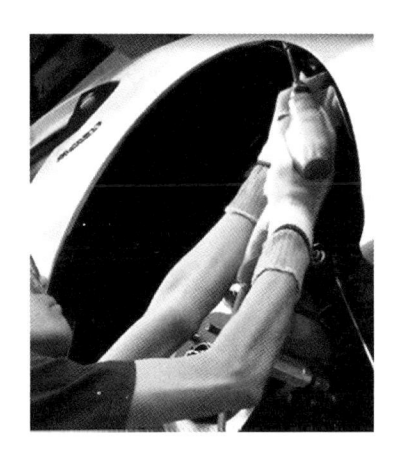

图 5.12　汽车底盘紧固螺钉安装

取螺钉的动作呢？这个动作并不会改变汽车的特性，客户也不会因为多取了几次螺钉而给我们更高的报酬。但是为了完成螺钉装配的工作，不得不进行取螺钉的操作，该操作就是所谓的"必要但不增值"的操作。

"浪费"在哪里呢？假如工位设计不合理，每次取螺钉都需要弯腰或走动，每次都不能准确地取得需要数量的螺钉，从而不得不重复取螺钉的活动，这个动作就是浪费。因为在现有条件下它是可以被改变的，同时它又是不增值的动作。

可见，必要不增值动作与浪费之间是可以转化的，转化方法就是对生产现场的运筹设计。以上这一切转化的前提是将生产现场一系列连续的"作业"拆分成具体的"动作"，并进行动作时间测量，然后通过ECRS 的手法对相关动作进行统筹学设计，以保证最大效率的作业组合的实现。

5.4.2　编制标准作业组合票的前提

知道了怎样将动作分类后，接下来介绍编制标准化作业票的相关细节。

在标准化实施过程中最容易犯的错误，就是在还没有形成标准化作业的前提下就开始进行标准作业文件的制作。当工作流程和每一个操作步骤的具体时间无法标准化时,是不可能做出来一份标准化的作业文件的。**因为一个不断变化与波动的系统是没有继承性的**。进行标准作业组合票编制的前提必然是"标准作业的确立"这一工作。一般来说,标准作业组合票的编制首先要满足如下 4 个先决条件。

(1) 要谨记研究对象是人,标准作业票的编制要围绕人来确定。

- 标准作业组合票是对人员操作进行作业优化的工具,最适合研究的对象也是以人为主的操作工序,如一人多机、多人多机、单机复杂作业等,如图 5.13 所示。如果是自动化比例很高且人员操作很单一的工位(如单一工位的简单上料、下料),则标准作业票的用处有限。

图 5.13　多人多机作业

- 在进行作业描述时有一个默认"主语"是某个具体的操作人员,不是操作团队。描述的"循环"也是指某个具体操作人员的操作循环,不是产品循环,也不是设备循环。
- 作业循环中包含的设备的运行过程通常只需概括描述为"设备运行"即可,不需要仔细分析(设备的动作分析可由其他 IE 工具来完成)。

(2) 保证观测对象做的是能重复进行的作业，也就是通常所说的循环作业。

- 只有循环操作，标准化作业才有意义，因为确定的标准可以在下一个循环中复制下来。
- 在生产现场中，循环作业是指由一系列的动作要素组成的，这些动作要素在操作员的一天中每个周期都重复。一般来说，生产一线负责重复生产的操作工的作业大多为循环作业，而设备维护人员、物流人员的工作由于工作内容复杂、时间多变，故大多是非循环作业。

(3) 保证设备的状态稳定，无故障，生产线运转时偏差要小，否则，将无法得到一个具有可衡量意义的数值，标准化也无从谈起。

(4) 标准化作业票的编制同样对加工质量也有相应要求，为了保证每个循环的可重复性和稳定性，加工质量的问题要少，精度偏差要小。

5.4.3 编制标准作业组合票的制作

1. 标准作业三要素

在编制标准作业组合票前先介绍一下标准作业的三要素：节拍时间、作业顺序、标准手持。

（1）节拍时间（Tact Time，TT）：生产 1 个工件或 1 台制品所需要的时间。

$$节拍时间 = \frac{每班稼动时间（定时）}{必要数量（每班生产量）}$$

每班稼动时间 = 每班日历时间 − 预定停机时间

例：某工厂 A 型产品的生产定额为 230 件/天，生产计划为每天 2 班，每日排班计划情况如图 5.14 所示。

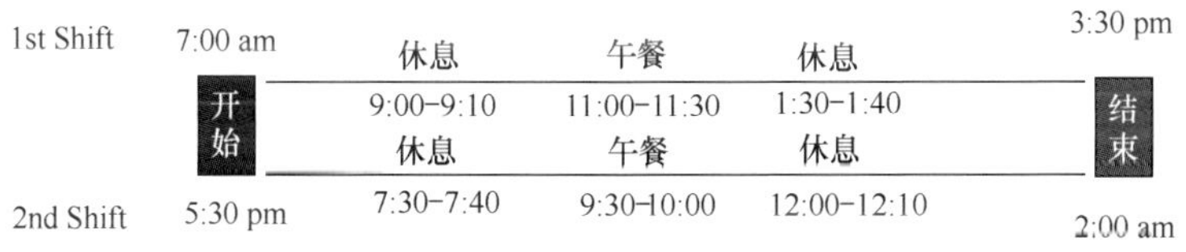

1st Shift	7:00 am	休息	午餐	休息		3:30 pm
		开始	9:00–9:10	11:00–11:30	1:30–1:40	结束
			休息	午餐	休息	
2nd Shift	5:30 pm		7:30–7:40	9:30–10:00	12:00–12:10	2:00 am

图 5.14　工厂每日生产计划

由生产计划可知，第一班总日历时间为早上 7:00 到下午 3:30，共 8.5 小时 510 分钟。其中计划停机时间包含两次休息和一次午餐，共计 10+30+10=50 分钟。那么，单班稼动时间为 510-50=460 分钟，一天的稼动时间便是 460×2=920 分钟。根据节拍计算公式，该产品的节拍如下：

$$TT = 920/230 = 4 \text{ 秒}$$

在三大要素中，节拍时间的计算是必须掌握的知识。一般来说，生产中有两个重要的节拍时间定义，一个是节拍时间（Tact Time，TT），主要是指客户节拍，是一定要满足的生产节拍；另一个是周期时间（Cycle Time，CT），是在实际生产中，一名工人在按照标准顺序顺利操作的情况下，手工操作 1 个循环客观所需的实际最短时间（不包含停工待料时间）。实际生产节拍会因为每个公司不同的生产状况而定，与 TT 并不一定完全相等。

（2）作业顺序：作业者能最高效率地进行制造合格产品的作业顺序。这里需要注意的是区别"工序顺序"和"作业顺序"。工序顺序是工艺文件上规定的加工先后顺序，多描述的是必要的操作内容；而作业顺序是指操作者的所有具体生产操作。实际生产中作业顺序与工序顺序往往并不相同，真正的作业顺序会包含操作者所有的增值活动、必要不增值和浪费。

例：图 5.15 所示是一个具有 8 个工装的喷油器油洗设备，在该道工序的上料环节，其"工序顺序"的描述很简单——"将 8 个未清洗的喷油器安装到工装上"。但是在实际操作过程中，一个人每只手只能完成两个未清洗喷油器的上料工作，故该工序需要进行两次安装（每次 4 个）才能将 8 个喷油器全部上料完成。由于需要二次拿取，还涉及操作工人转身从原料托盘上取料的附加动作，因此，该操作人员上料过程的"作业顺序"应该描述如下。

① 左右手各取两个未清洗的喷油器。
② 将 4 个未清洗喷油器安装到设备工装上。
③ 转身。

④ 从原料托盘上再取 4 个未清洗喷油器。

⑤ 转身回来。

⑥ 将 4 个喷油器安装到设备上。

图 5.15 多工装喷油器清洗设备

（3）**标准手持**：就是我们常说的冲线库存。需要注意，入料口、成品货架上的库存不算标准手持，但正常运行时设备中的在制品应属于标准手持的一部分。

2. 编制标准作业组合票

如图 5.16 所示，标准作业组合票主要包含表头区、信息区、图示区和表尾区 4 个部分。其中"信息区"和"图示区"是制作标准作业组合票时最为关键的部分，接下来结合案例对其进行详细讲解。

图 5.17 所示是一个铝制工件的压装岗位，该工序的操作内容主要是将铝原件、3 个子零件（A、B、C）的预装件和零件 D 压合到一起，涉及的设备是压装机，该工序只有一个操作人员。

1）确认作业循环

在编制标准作业组合票时，首先应对作业现场进行观测。在观测过程中，首先要确认的就是"作业循环"，也就是这个操作人员到底是以什么样的循环在工作着。

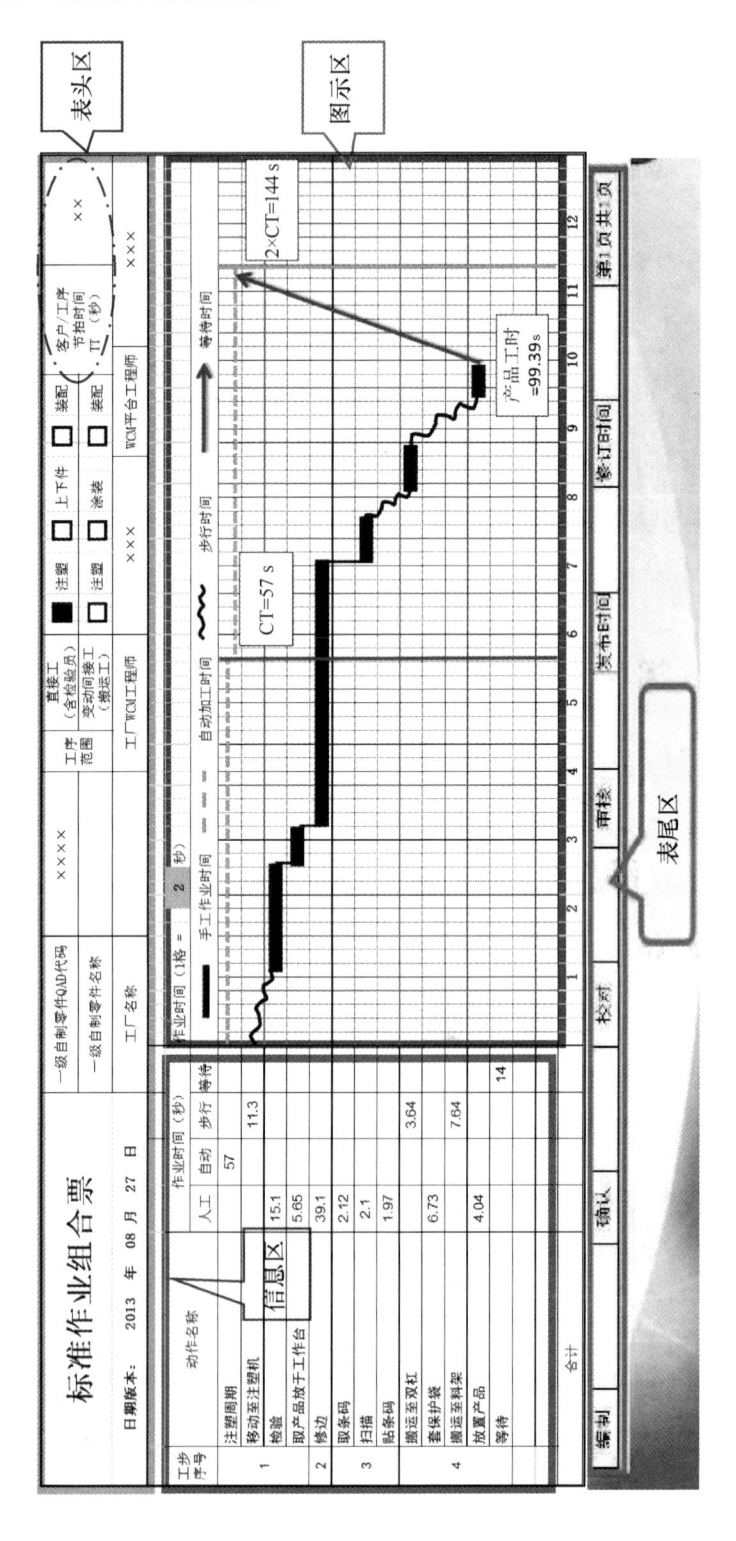

图 5.16 标准作业组合票

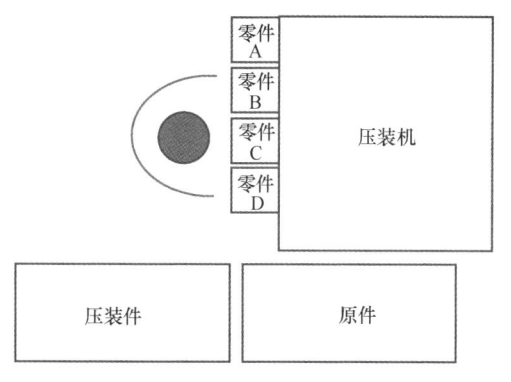

图 5.17　压装岗位示意图

在涉及"一人多机"操作时，操作员不只在一台设备前作业，还可能其操作的某台设备不只加工一个零件，类似问题常常会让观测人员厘不清思路，不知该从哪里开始，在哪里结尾。遇到类似问题时只需要抓住一个要点，标准作业组合票是针对"人"的作业循环进行描述，无论现场多复杂，只需要注意操作人员的作业本身，忽略产品和设备的影响。循环作业的现场一定是可重复的，也就是操作人员出现的任意一个动作，一定会在一个固定的时间之后还会出现，而这个固定时间（最短的）内所涉及的所有操作内容，便是一个标准循环的内容。

❖ 切记在编制标准作业组合票时，最少需要完整描述操作人员的一个操作循环，这个操作循环是在众多运行中的循环中截取的一个，而不是第一个操作循环。

在图 5.15 所示案例的工件上下料的过程中，首先要进行的作业描述内容应该为"将工装内的压装完成品取出"，然后才是"将准备加工的工件原件放入设备"，因为循环作业的工作都是连续的，工装内一定是有"产品"在的。如果忽略了这一点，将"产品取出"这一环节遗漏了，就是犯了"描述第一个操作循环"错误。

2）进行作业拆分

作业循环一旦识别出来，接下来就是进行作业要素拆分了，需要将连续的作业拆分成具体的**作业要素**。作业要素是基于执行任务的"最佳方法"的工作序列结构中，动作的集合。动作集合形成作业要素，作业要素集合形成作业顺序，如图 5.18 所示。

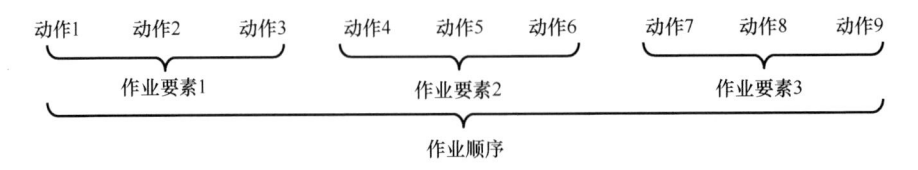

图 5.18　作业顺序的组成

在明确了作业要素的含义后，应该避免出现如下两个问题。

（1）作业要素的拆分过"粗"。作业要素拆分过"粗"会导致拆分出来的单个作业要素包含了不同性质的动作（如将"增值活动"和"必要不增值活动"拆到了一起），后期无法针对具体动作时间进行测量和改善。

如案例中需要将零件 A、B、C 预装到一起，然后将其放入压装机，如果将这部分操作拆分成一个作业要素为"预装 A、B、C 并放入压装机"，则就把增值动作"预装 A、B、C"和必要不增值动作"将 A、B、C 预装件放入压装机"混到了一个作业要素中，会给后续的改善带来很大的麻烦。

（2）作业要素的拆分过"细"。过"细"的拆分会加大测量和分析难度。例如，将"拿取一个零件 A"拆分为一个作业要素是合适的。假如拆得过细，变成了"张开五指——小臂向下移动至 A 料盒——用拇指，食指和中指捏紧物料 A——小臂收回"就徒增麻烦了。

因此，**作业要素拆分要拆到连续动作**。这个动作可以由几个动作集合而成，但在其中不会包含不同的动作类型（增值/必要不增值/浪费），如一次简单的拿取、一次物料放置都可以算作一个连续动作。为了便于后续改善点的查找，在作业要素拆分过程中，可以将左手动作和右手动作区分开来，并按照格式填写在标准作业组合票的信息区中。

依照上述要求，图 5.17 所示的压装岗位作业描述如表 5.4 所示。

表5.4　压装岗位作业拆分表

作业顺序	作业内容		
	左手	双手	右手
1	取零件 A		取零件 B
2		预装零件 AB	
3			取零件 C
4		预装零件 AB，C	
5		等待	
6			取出压装件成品
7			将压装件放置到料盒里
8	放入 ABC 预装件		
9			取原件
10			将原件放置到工装
11	取零件 D		
12	把零件 D 放置到工装		
13	启动设备		
14		设备运行	

3）进行作业要素时间的测量

拆分好作业要素后，就需要针对每个作业要素进行消耗时间的测量。在进行时间测量之前，需要确认好如下前提条件。

（1）在测量前，要调查、判定该操作是否进行了方法研究，各操作单元是否确定了操作标准，操作人员是否熟悉操作过程。通常进行标准时间测量的目标人员要选择"熟练工"。

（2）为了得到科学的时间标准，需要有足够的样本容量。样本越大，得到的结果越准确。但如果样本量过大，时间和精力大量耗费，也是不必要的。因此，科学地确定观测次数，尤为重要。通常取样标准应为 95%置信水平和±5%精度，也就是至少有 95%的概率，样本均值或周期时间的平均值的误差不会超过真实周期时间的±5%。

$$N' = \left[\frac{40\sqrt{N\Sigma X^2 - (\Sigma X)^2}}{\Sigma X}\right]^2$$

式中，N'=在±5%精度和95%置信水平内预测真实时间所需的观测数。

X=每个循环读取时间。

N=实际读取的样本周期数。

如表 5.5 所示,选取了 11 个样本数据。

表 5.5　观测样本数据

"时间研究"样本数据(X)	18.08
	15.90
	17.92
	17.28
	20.22
	18.12
	16.60
	17.46
	16.80
	17.07
	16.83

根据公式可得

$$N' = \left[\frac{40\sqrt{N\Sigma X^2 - (\Sigma X)^2}}{\Sigma X}\right]^2$$

$$N' = \left[\frac{40\sqrt{11 \times 3\,373.89 - (192.28)^2}}{192.28}\right]^2$$

最终可得 N=6。

即以该数据组的分布状态,需要 6 次观测即可达到 95%置信水平和±5%精度的水平,如表 5.6 所示。

表 5.6　标准样本数据计算结果

"时间研究"样本数据(X)	18.08
	15.90
	17.92
	17.28
	20.22
	18.12
	16.60
	17.46
	16.80
	17.07
	16.83

续表

计算	
样本的平方和(ΣX^2)	3 373.89
样本求和(ΣX)	192.28
样本数量(N)	11
N'	6.11

作业要素的时间测量最常用的手段就是马表（秒表）测时。马表测时法又称直接测时法，是利用马表测量一个工作单元完成所需的时间的一种测量方法。进行测定时，时间研究人员观测位置选择应以既能清楚地观测操作、便于记录时间、又不干扰操作者工作为原则。测时期间不要与操作者谈话，以免分心。

通常使用马表测时法时多采用连续测时法，即在整个研究持续时间内，保证秒表不停地连续走动，每到一个作业要素切换点便使用秒表进行一次读点记录，直到获取所需连续操作循环数量为止。然后观测者将每个操作单元的起始时间读出，记录在表格内，如表 5.7 所示。研究结束后，将相邻两个操作单元的起始时间相减，即得到操作单元实际持续时间。

表 5.7 现场节拍观测数据汇总表

现场节拍观测数据汇总表				
序号	作业描述		操作时间	
^	^		起始时间	节拍（s）
1	取零件 A	取零件 B		循环 1
2	预装零件 AB			^
3		取零件 C		^
4	预装零件 AB，C			^
5	等待			^
6		取出压装件成品		^
7		将压装件放置到料盒里		^
8	放入 ABC 预装件			^
9		取原件		^
10		将原件放置到工装		^

续表

序号	作业描述			操作时间		
				起始时间	节拍（S）	
11	取零件 D					
12	将零件 D 放置到工装					循环 1
13	启动设备					
14		设备运行				
15	取零件 A		取零件 B			
16		预装零件 AB				
17			取零件 C			
18		预装零件 AB，C				
19		等待				
20			取出压装件成品			
21			将压装件放置到料盒里			
22	放入 ABC 预装件					循环 2
23			取原件			
24			将原件放置到工装			
25	取零件 D					
26	将零件 D 放置到工装					
27	启动设备					
28		设备运行				
29	……	……	……	……	……	循环 3

（表头：现场节拍观测数据汇总表）

马表法测时的优点是操作便捷，随时可以进行现场节拍的测量，且可以将整个观测时间内所有发生的事情完整地记录下来，即使出现一些迟延或有外来的因素干扰，也毫无遗漏地记录了下来，有助于以后的分析与确定标准作业方法。其缺点是各单元的持续时间必须通过减法求得，处理数据工作量大，其次就是在判断每个作业要素切换的时间点不容易掌握，尤其是针对短节拍的操作，误差比较大。因此，现在市场上出现了一种通过智能化设备来解决以上问题的"智能手套"测时法。

智能手套是基于微机电传感器的智能可穿戴设备，如图 5.19 所示，可通过软件算法自动采集和分析手势等信息，优化并管理人工作业，以提高数据收集的效率和质量。

图 5.19　博世智能手套

（1）测量人员依据标准操作指导书的要求录入标准动作，如图 5.20 所示。

图 5.20　操作员佩戴智能手套进行作业

（2）操作员佩戴智能手套，在被测工位按照作业指导书进行可重复的标准操作，如图 5.21 所示。

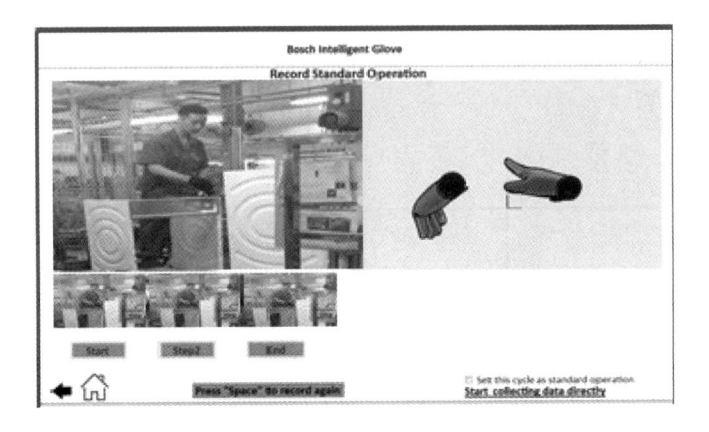

图 5.21　智能手套自动节拍采集

（3）智能分析系统会自动记录每一个操作循环的动作准确度和节拍时间等操作数据，并现场反馈，如图 5.22 所示。

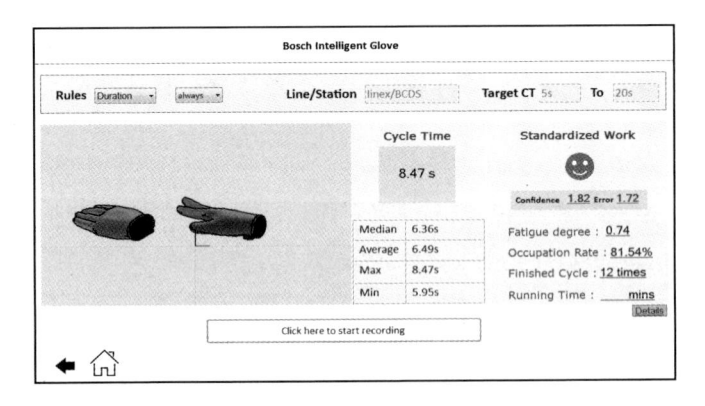

图 5.22　自动监控数据及实时反馈

（4）采集的数据会被存储于智能手套的数据库中，并自动生成分析报告，如图 5.23 所示。

在传统工业工程理论中，对于标准时间计算有一整套关于**宽放时间**的计算方式，用以补偿由于疲劳、私事（擦汗、喝水）等问题而引起的效能影响。针对这个问题，精益生产的标志性人物大野耐一曾在他的著作《大野耐一的现场管理》中有过专门的论述：在设定标准时间时考虑生理现象而增加富裕时间则是管理者们过于"精明"而讲出的歪理。**同一项工作做很多次，**

时间上一定会有差异。其中时间最短的一次，一定是采用了最恰当的方法，其他几次为什么会花费更多时间？一定是因为现场的某处不当耽搁了时间。在制定标准时，一定不能使用平均的方法来思考问题，把这些不合理之处认为是理所当然的。所谓的"标准"，应该在尽可能多的操作几次后，取最短的一次。然后找出其他几次花费多的原因进行改进，使得所有人都能用最短的时间做好工作，这才是问题的关键。

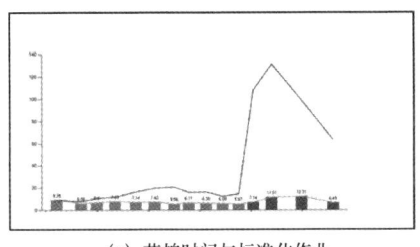

(a) 节拍时间与标准化作业　　(b) 节拍时间与步骤时间

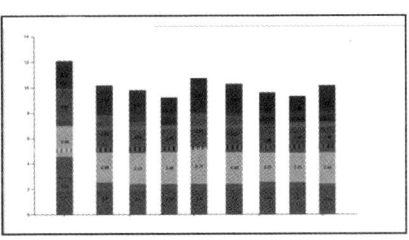

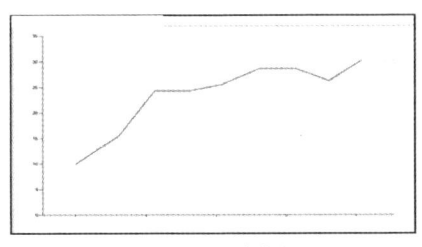

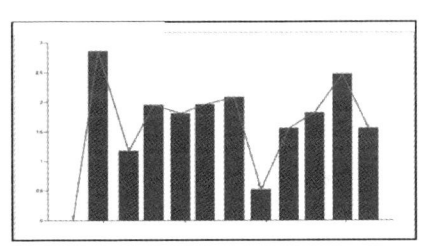

(c) 操作员疲劳度　　(d) 操作等待时间趋势图

图 5.23　数据手套自动分析报告

在精益生产理论中，标准时间的设定，应该比测量时间的均值再"紧一些"，形象一点说就是"踮一踮脚能够到的高度"。例如，测量某个组装作业的节拍后得到了如下 5 个数据：23s、25s、27s、24s、25s，这 5 个数据的平均值是 24.8s。

假如按照传统的宽放时间模式来确定标准操作时间，以宽放比例 5% 来计算，那么考虑宽放后的作业标准时间应设定为 24.8×(1+5%)=26s。而按照精益思路，应该以现场最优方法所测量到的时间 23s 为准，只有这样，整个生产系统才会被改善和优化。别以为 26s 和 23s 仅相差 3s，从整体效率来说，循环作业的单个循环时间损失是在每一次生产产品时都会累加的，每个循环都增加 3s 对最后该工序整体加工效率的直接影响就相差了将近 12%。这里需要注意的一点是，**23s** 这个标准并不仅仅是提给操作工本人的，而是整个团队的。现场包括设备、物流和工艺等相关人员都需要参与进来，寻找出 23s 这个时间段内发生了什么、其他的循环浪费在哪里并将之解决，以保证 23s 这个标准时间的完成。

4）作业内容及时间组合表

区分作业时间的类型（人、机、走动、等待），然后将节拍观测数据填入信息区，如表 5.8 所示，完成作业内容及时间组合表。

表 5.8 作业内容及时间组合表　　　　　　单位：s

作业顺序	作业内容 左手	作业内容 双手	作业内容 右手	人	机	走动	等待	总消耗时间
1	取零件 A		取零件 B	2.0				2.0
2		预装零件 AB		1.0				3.0
3			取零件 C	2.0				5.0
4		预装零件 AB，C		2.0				7.0
5		等待					6.0	13.0
6			取出压装件成品	2.0				15.0
7			将压装件放置到料盒里	1.0				16.0
8		放入 ABC 预装件		2.0				18.0
9			取原件	1.0				19.0
10			将原件放置到工装	1.0				20.0
11	取零件 D			1.0				21.0
12	将零件 D 放置到工装			1.0				22.0
13	启动设备			1.0				23.0
14			设备运行		13.0			23.0

5) 根据作业内容和时间完善标准作业图示区

在完善图示前，首先要掌握不同动作类型的标准图例，如图 5.24 所示。

人工动作	设备动作	走动	等待
▬▬▬	- - -	∼∼∼	⇔

图 5.24 标准动作图例

图示区横轴每一格代表一个时间单位，纵轴每一格代表一个操作步骤。根据测量时长，将案例中对应动作类型结合相应的图例表示进行绘制，如表 5.9 所示。

6) 标准作业组合票的应用

标准作业组合票制作出来之后，一个功能是将现场的作业标准化，另一个重要功能是帮助现场进行改进。在进行现场改善时，可以采取以下思路进行思考。

(1) 操作员在等待活动上所花费的时间能被消除或最小化吗？

例：某汽车零配件工厂，在手套箱装配工序有 3 名操作人员，都存在不同程度的等待浪费。通过标准作业组合票进行分析，运用 ECRS 的改善手法，利用等待时间进行焊渣的清除，消除了等待浪费并使得操作人员由 3 人减少至 2 人，如图 5.25 所示。

(2) 能否改进零件的外观或包装以减少动作？

例：某金属零件改善前原包装形式为倒扣在物料盘中，操作工拿取过程需要对准、抓握、翻转等多个动作。后通过改善包装形式，使得员工可以直接拿取上料，减少了大量多余动作，如图 5.26 所示。

(3) 能否将某些工作元素替代以减少操作员的工作负荷？

例：某安全气囊工厂的气囊折叠工序，为了替代操作员预折叠的动作，在转盘的每个工位上增加压紧机构，确保产品状态保持不变，从而消除部分人工操作，如图 5.27 所示。

表 5.9 标准作业组合票

单位：s

作业顺序	作业内容			时间			
	左手	双手	右手	人	机	走动	等待	总时间消耗
1	取零件 A		取零件 B	2.0				2.0
2		预装零件 AB		1.0				3.0
3			取零件 C	2.0				5.0
4		预装零件 AB, C		2.0				7.0
5		等待					6.0	13.0
6			取出压装件成品	2.0				15.0
7			将压装件放置到料盒里	1.0				16.0
8	放入 ABC 预装件			2.0				18.0
9			取原件	1.0				19.0
10			将原件放置到工装	1.0				20.0
11	取零件 D			1.0				21.0
12	放置零件 D 到工装			1.0				22.0
13	启动设备			1.0				23.0
14		设备运行			13.0			23.0
15								23.0

第 5 章 改善的基础——标准化作业

单位：s

操作人员	时间		设备
改进前：			
双手关门	4		下模上升并同时关门
取手套箱斗	8		
自检标记、取手套箱盖板并安装	12		焊接
	16		
等待	20		下模下降并同时开门
从焊机中取件	24		被取出焊接件
放入待焊接件	28		被放入焊接件
利用率	85.71%	100.00%	

操作人员	时间		设备
改进后：			
双手关门	4		下模上升并同时关门
取手套箱斗	8		
自检标记、取手套箱盖板并安装	12		焊接
	16		
对上一焊接件进行去焊渣	20		下模下降并同时开门
取出焊接件	24		被取出焊接件
放入待焊接件	28		被放入焊接件
利用率	100.00%	100.00%	

图 5.25 等待时间消除改善

改善前：零件倒扣在物料盒中，拿取过程复杂。

改善后：零件可直接拿取。

图 5.26 包装改善

（4）能否改变布局以减少步行距离？

例：某汽车零件厂的仪表板焊接工序，将半成品摆放台从背后重新布局到入料口侧面，减少了 4s 的物料拿取步行时间，如图 5.28 所示。

人员动作	时间	机器动作
取气袋扫描条码	3	空闲
放气袋	4	被放入气袋
按双按钮	2	夹紧零件
塞入吹气机构并整理气袋	13	空闲
按双按钮	2	
空闲	11	气袋折叠
整理气袋	15	空闲
按双按钮	2	转盘旋转

改善前：整理期待环节耗时15s。

人员动作	时间	机器动作
取气袋扫描条码	3	空闲
放气袋	4	被放入气袋
按双按钮	2	夹紧零件
塞入吹气机构并整理气袋	13	空闲
按双按钮	2	
空闲	11	气袋折叠
整理气袋	5	空闲
按双按钮	2	转盘旋转

改善后：通过设备增加压紧机构，气袋整理时间减少至5s。

图 5.27 操作替代改善

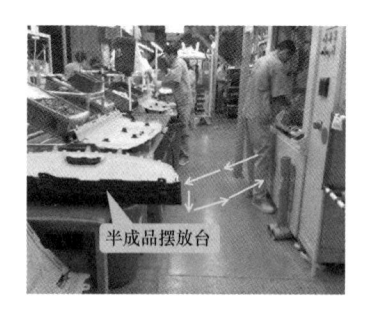

图 5.28 布局减少步行时间改善

（5）能否利用合适工具简化某些步骤？

例：某电子厂在 PCB 板插针工序需要手动用力按压方能插入，后利用简易夹具辅助插机，减少大量插针所需动作，插针时间减少 3 秒/片，如图 5.29 所示。

（6）能否通过自动化设备消除某些人工操作？

例：某塑料制品厂注塑车间有 3 台注塑机，原本操作为 1 人两机和 1 人 1 机，共需要两名操作人员，后通过自动皮带线的应用，使得 1 人可以操作 3 台注塑机，如图 5.30 所示。

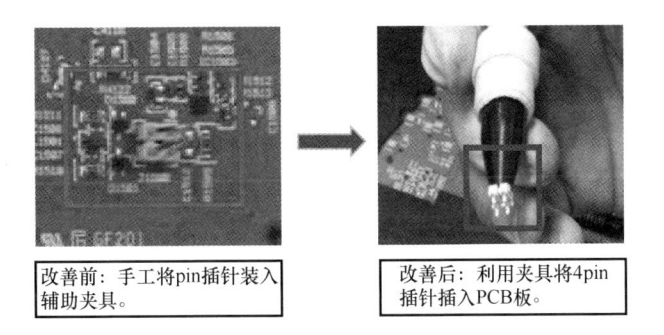

图 5.29　简化操作改善

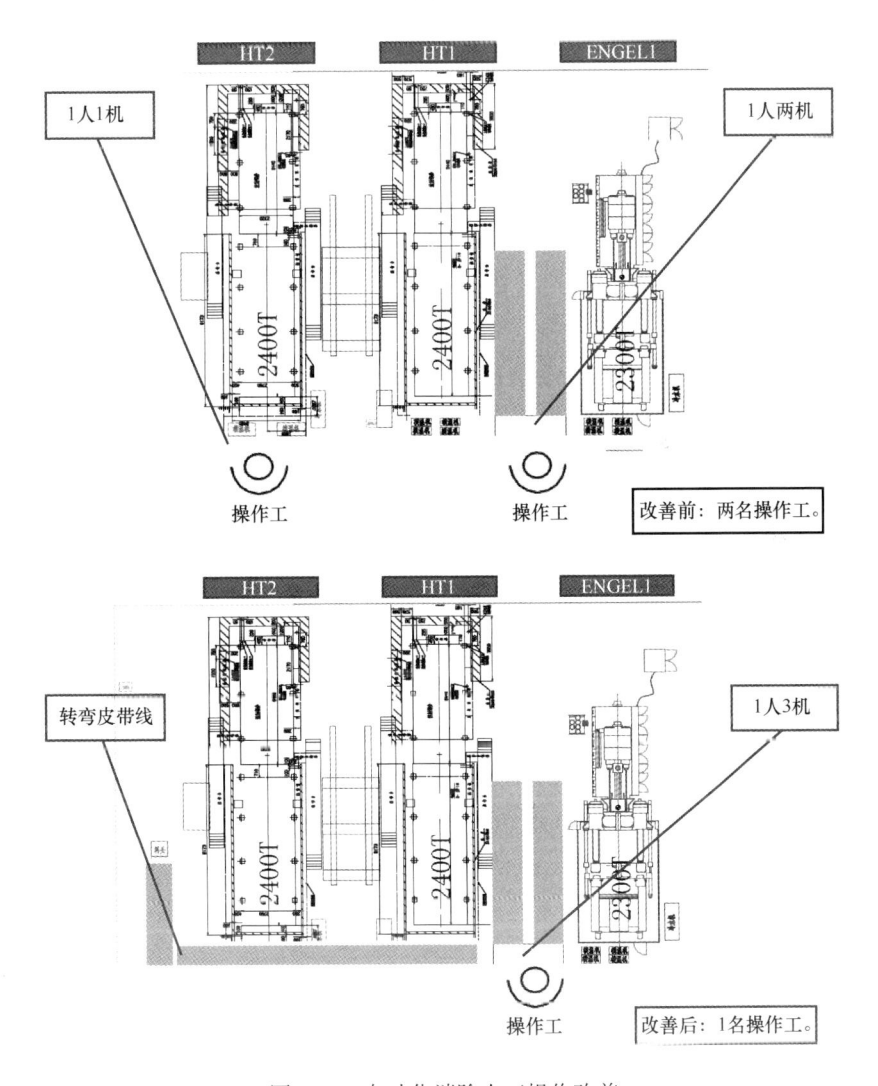

改善前：手工将pin插针装入辅助夹具。

改善后：利用夹具将4pin插针插入PCB板。

改善前：两名操作工。

改善后：1名操作工。

图 5.30　自动化消除人工操作改善

(7) 检查布局和物料流动是否影响了操作人员的操作。

大的占地面积的产线代表了更多的步行和更差的线平衡率，如图 5.31 所示。

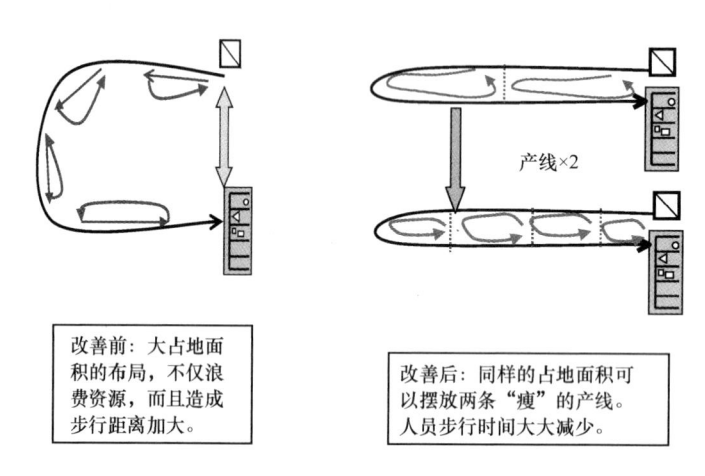

改善前：大占地面积的布局，不仅浪费资源，而且造成步行距离加大。

产线×2

改善后：同样的占地面积可以摆放两条"瘦"的产线。人员步行时间大大减少。

图 5.31　布局改善减少走动距离

小结：改善与标准化是企业提升管理水平的两个"轮子"。改善创新是使企业管理水平不断提升的驱动力，而标准化则是防止企业管理水平下滑的制动力。没有改善，企业将陷入僵化混乱的趋势。没有标准化，企业则不可能维持在较高的管理水平。**标准化是一切改善的基础。**

第6章

重中之重的设备——TPM

全员生产性维护（Total Productive Maintenance，TPM）即全体人员参加的生产维修、维护体制。TPM要求从领导到工人，甚至公司所有职能部门都应当参与到设备维护工作中，并以小组活动为基础，进行设备维护。通过各环节持续不断的改善，积小善为大善，最终达到整体上提高设备综合效率的目的。

通过实施TPM，设备的有效运转时间将大大增长，而突发性停机故障数量和故障时间则会大大缩短，稳定的设备状态还可以保证设备产能和产品质量都可以有较大幅度的提高。更为重要的是，通过TPM的推进，可以让参与人员获得素养和技能上的全面提升，创造出具备全员参与和积极改善意识的富有战斗力的团队，对企业精益文化的养成具有极大的推进作用。

案例分享

注塑机机械抓手的自主保全

某塑料厂的注塑工段共有12台注塑机，每台注塑机共用4~5副机械手抓手。因现场人员操作不规范、自主保全不到位等原因导致机械手的配件（夹具、气管、接头）损坏频繁，严重影响生产进度并造成大量不必要的物料浪费。

1. 实施过程

（1）进行现状调查，编制机械手协配件缺失统计表，统计设备损失情况，如表 6.1 所示。

表 6.1　机械手协配件缺失统计表

序号	班组	日期	缺失名称	缺失数量	缺失机组	记录人
1	注塑 A 班	2014-12-01	吸盘	1	LS1800T-1	李扬
2	注塑 B 班	2014-12-01	接头	2	LS1800T-2	冯锋
3	注塑 C 班	2014-12-01	夹子	2	LS1800T-3	徐杰
4	注塑 A 班	2014-12-01	气管	2	LS1800T-4	李扬
5	注塑 C 班	2014-12-02	吸盘	3	LS1800T-5	徐杰
6	注塑 B 班	2014-12-02	吸盘	2	LS1800T-1	冯锋
7	注塑 A 班	2014-12-02	夹子	1	LS1800T-2	李扬
8	注塑 A 班	2014-12-03	接头	3	ZX1250T	李扬
9	注塑 B 班	2014-12-04	吸盘	1	ZX1880T	冯锋
10	注塑 A 班	2014-12-05	接头	1	ZX1600T	李扬
……	……	……	……	……	……	……

（2）对机械手抓手进行全面清洁，补齐缺失的零件，并定置定位，如图 6.1 所示。

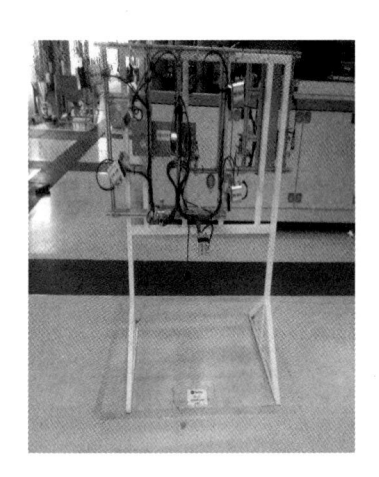

图 6.1　清洁后的机械手抓手

（3）制定机械手自主维护临行基准，如图 6.2 所示。

（4）编制机械手夹具标准作业指导书，规范机械手夹具的使用和保养要求，如图 6.3 所示。

第6章 重中之重的设备——TPM

机械手日常维护临行基准

生产部门	注塑班组	设备名称		机械手夹具	填表人						单位：s
设备图例				类别	序号	部位	标准	日期	方法	区域主管 用具	保养所需时间
				清洁	1	吸盘	无灰尘、无油污		擦拭	抹布	30
					2	气管	无灰尘、无油污		擦拭	抹布	10
					3	夹子	无灰尘、无油污		擦拭	抹布	10
					4	三通	无灰尘、无油污		擦拭	抹布	10
					5	气缸	无灰尘、无油污		擦拭	抹布	30
					6	支架	无灰尘、无油污		擦拭	抹布	60
				紧固	7	夹子位置	无摆动		紧固	内六角	30
					8	吸盘位置	无摆动		紧固	内六角	30
					9	气缸位置	无摆动		紧固	内六角	30

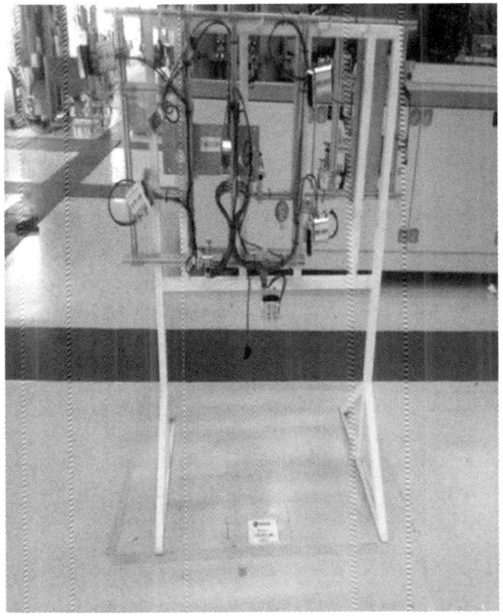

图6.2 机械手日常维护临行基准

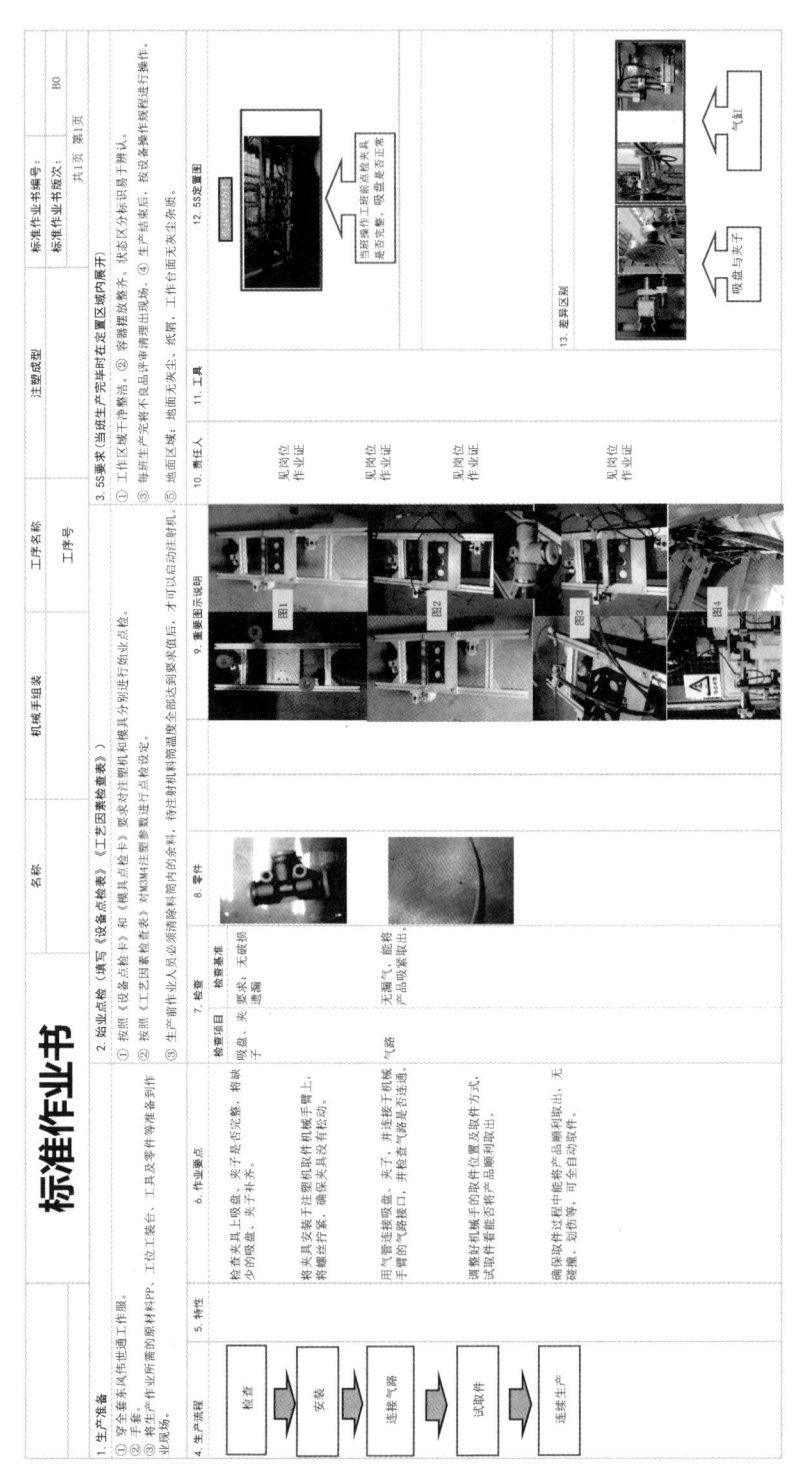

图6.3 机械手夹具标准操作指导书

(5) 加强现场管理，对自主点检过程进行监控。

(6) 对现场操作员工进行培训并建立自主维护小组，制定奖励机制，形成全员积极参与，自主保全活动的氛围。

2. 实施效果

机械手夹具自主保全活动推行前后两个月的数据对比如下。

(1) 改善后共节约吸盘 14 个、气管 15 处、接头 6 个、夹子 15 个，累计节约配件采购金额 12 405 元。

(2) 由于机械手协配件损坏导致的设备停机次数减少了 40%。

(3) 成立了现场自主保全小组，员工自主管理能力和改善积极性都得到极大的提升。

6.1 TPM 概述

随着技术的快速进步，企业自动化程度不断提高，机械设备在企业生产中的重要性越来越高。但随着企业生产自动化、智能化程度的提升，原来依靠维修人员单打独斗为主的设备管理方法，早已无法满足企业快速发展的需要。针对类似问题，在 20 世纪 70 年代，日本吸收了欧美"设备综合管理工程学"的特点，在生产维修的基础上，形成了独具特色的全员参加的生产维修体系——TPM（Total Productive Maintenance，全员生产性维护）。相对于传统的设备维修工作，TPM 更强调设备维护的全员性和全生命周期性，侧重于通过设计和预防从根本上解决设备故障对生产线的影响。

1. TPM 的演进

TPM 活动的起源是美国的 PM 活动（生产性维护）。20 世纪 50 年代左右，美国设备制造业空前大发展，为了解决各类设备维护成本不断上升和维护难度不断加大的问题，美国借助欧洲工业革命的成功案例，对设备维护经验进行了总结。他们将设备维护方式按照策略的不同分为以下 4 种。

（1）事后维护（Breakdown Maintenance，BM）——设备出现故障以后采取应急措施的事后处置方法。

（2）预防维护（Preventive Maintenance，PM）——设备出现故障以前采取对策的事前处置方法。

（3）改良维护（Corrective Maintenance，CM）——延长设备寿命的改善活动。

（4）维护预防（Maintenance Prevention，MP）——制造不出故障、不会出现不良品的活动。

最后将 BM、PM、CM、MP 这 4 种活动结合起来称为"生产性维护"（Productive Maintenance，PM），这就是 TPM 的雏形。美国利用这些先进的管理技术和方法大大减少了设备故障，提高了生产效率，降低了成本。

20 世纪 60 年代，日本从美国引入了 PM，并在具体实践过程中不断充实其内容。其中，日本电装公司做出了巨大的贡献。日本电装公司是丰田汽车公司下属的一家关联企业，主要生产电气零部件。它于 1961 年导入了 GE 公司的美式 PM 生产维护，并以此开始探索日本式的 PM 方式。经过不断改进，日本电装公司终于创建了日本特色的 PM，即"全员生产性维护"（Total Productive Maintenance，TPM）。

2. 海因里希法则

运用 TPM 进行设备功效管理的理论基础是著名的"海因里希法则"。该法则的本意是，企业发生 1 件重度鼓掌背后必有 29 件轻度鼓掌，还有 300 件潜在隐患，故又称为"300∶1 法则"。该法则阐明了导致伤亡事故的各种原因与事故本身的关系。该理论认为，伤亡事故的发生不是一个孤立的事件，尽管伤亡可能在某瞬间突然发生，却是一系列事件相继发生的结果。

该理论的延伸理论应用于设备管理上则可以描述为：一次显现出来的重度故障，背后肯定隐藏着 29 次轻度故障，而这后面也肯定还有着 300 个损害缺陷存在（见图 6.4）。在进行设备管理时，不仅要对重度故障本身进行关注，还要注意其背后的"29"和"300"。

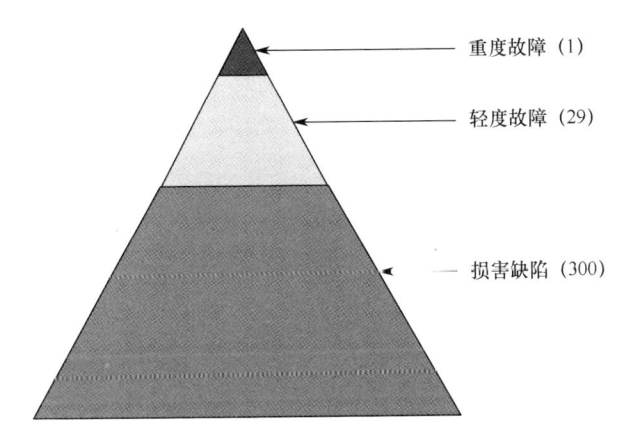

图 6.4 "300∶29∶1 法则"应用于设备管理

TPM 在推进过程中主要可以分成"自主管理"和"专业维护"两个模块，接下来将深入介绍这两个模块。

6.2　TPM 之自主管理

1. 自主管理的手段和目的

自主管理就是以现场操作人员为主，利用人的感官（目视、手触、听音、嗅觉）对自己的设备和现场进行自主检查和自主维护（清扫、点检、润滑、紧固），从而维持现场设备的最佳状态。同时通过这一系列的活动，使得现场人员对设备的熟悉度与技能水平都得到提升，如图 6.5 所示。

2. 自主管理的 8 个阶段

自主管理的 8 个阶段是以工厂 5S 为基础的，主要内容如表 6.2 所示。

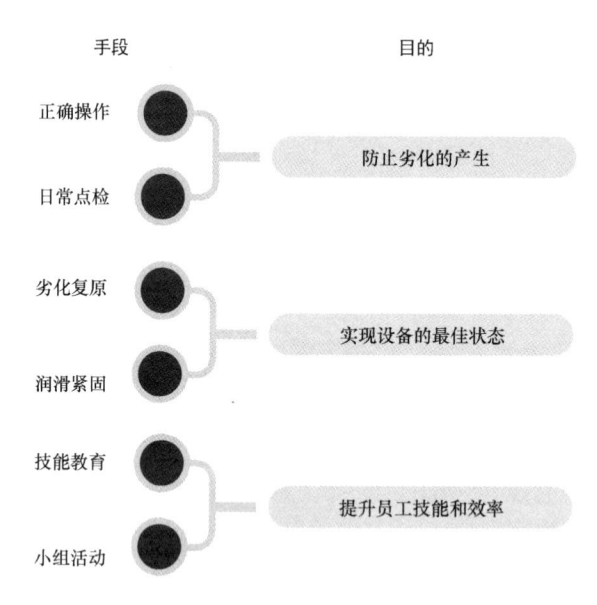

```
手段                          目的

正确操作  ●┐
          ├──  防止劣化的产生
日常点检  ●┘

劣化复原  ●┐
          ├──  实现设备的最佳状态
润滑紧固  ●┘

技能教育  ●┐
          ├──  提升员工技能和效率
小组活动  ●┘
```

图 6.5 自主管理的手段和目的

表 6.2 自主管理的 8 个阶段

步骤	名称	活动内容
步骤 0	5S 活动	整理、整顿、清扫、清洁、素养
步骤 1	初期清扫、点检	以设备本身为中心，消除一切灰尘、脏污
		拆除不必要、不使用的物品——5S 整理
		通过点检发现设备不良部位、污染源、困难点
步骤 2	污染源及困难部位对策	提出污染源对策，彻底根除污染源
		改善 CLIT、操作等困难部位，缩短作业时间
步骤 3	清扫、润滑、紧固临行基准	制定清扫、注油、点检、紧固的行动基准
		引进目标管理，达到点检作业标准化
步骤 4	总点检	依照点检手册进行技能教育（以 SGA 为单位）
		设备构成、零部件、机械、电气知识、缺陷现象、原因对策
		对全体设备进行点检，实现本来面目（发现和复原微缺陷）
步骤 5	自主点检	技术核心要素，培训操作工，避免错误操作，减少强制劣化
		综合检查，处理异常，制订预案，培训教育
		对自主点检作业标准化、流程化
步骤 6	标准化	主要针对设备四周做类似 5S 的整理、整顿工作
		制定日常点检流程和标准，实施可视化管理
		彻底实行目标管理，向设备周围延伸，关注设备与质量关系
步骤 7	自主管理	管理生产过程，持续改善设备和工作场所
		通过持续记录并分析设备、过程和产品数据，改善设备可靠性、可维护性及产品质量，如 MTBF 的分析

步骤 1　初期清扫、点检

初期清扫阶段的重点是"变清扫为检查"。

该步骤的最终目的是暴露隐藏的缺陷和问题，并通过标准化的输出物（缺陷清单、污染源清单、困难部位清单等）来保证标准的统一和模式的固定，如图 6.6 所示。

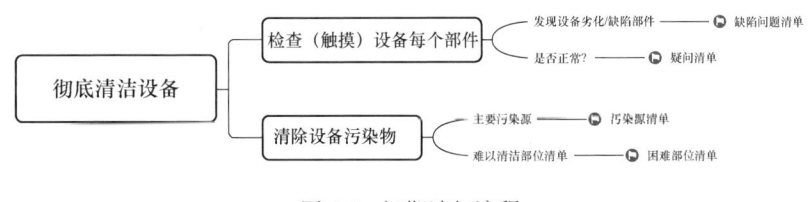

图 6.6　初期清扫流程

实践工具

红蓝牌作战

在设备管理活动中，70%的问题可以通过自主维护活动得到预防（如缺少清洁、润滑、紧固、忽视老化、缺乏技能），剩余 30%的问题必须通过维修和工程设计加以预防（如改进设计中的薄弱环节）。根据现场的问题，通过红蓝牌的标识卡（见图 6.7），将责任明确，并通过各自的改善手段将现场的初级问题进行解决。其中，蓝牌表示操作工可以发现并解决的问题点，红牌表示操作工不易发现和解决、需专业维护人员支持的问题。

图 6.7　红蓝牌

实践工具

（1）轻微缺陷检查要点如表6.3所示。

表6.3 轻微缺陷检查要点

轻微缺陷	污垢	灰尘、粉尘、油迹、锈迹、墨迹
	损耗	断裂、凹痕、变形、破碎、弯曲
	操作	晃动、脱落、倾斜、偏心、磨损、变形、腐蚀
	松动	螺母、螺栓、计量表、端盖、传送带或链条松动
	异常	不正常的工作噪声、温度、震动或气味、褪色，不正常的压力和电流
	黏附	堵塞、黏附物、堆积物

（2）基本条件整备检查要点如表6.4所示。

表6.4 基本条件整备检查要点

基本条件整备状况检查	润滑剂、润滑油	在干燥的环境运行； 更正不清楚的润滑剂、不合适的润滑油； 已被污染的涂抹润滑脂的喷头、加油口； 堵塞、破损、变形、凹形的管道； 错误的润滑设备
基本条件整备状况检查	油位表	污垢、破损、泄漏、错误的液面指示
	紧固	紧固件的松动、脱落，不合理的使用，太长，压碎，腐蚀； 使用错误的垫圈、螺栓； 安装方向错误； 杂乱的蝶形螺母

（3）污染源检查要点如表6.5所示。

表6.5 污染源检查要点

污染源	产品	泄漏、飞溅、放空、溢出
	原料	泄漏、飞溅、放空、溢出
	油	泄漏、液压油、切削加工液，燃料油的飞溅和渗出
	各种气体	压缩空气、蒸汽，尾烟的泄漏

续表

污染源	各种液体	泄漏、冷/热水、半成品、冷却水、废水，循环液的飞溅或渗出
	加工	切削加工碎屑、包装材料
	其他	污染物意外黏在操作人员的工作服上或叉车上等，或从建筑结构的安装孔上渗入

经过初期清扫后，设备表面的脏污和油渍将会被去除，如图 6.8 所示，为进行后续的改善污染源活动打下基础。

图 6.8 初期清扫前后效果对比

步骤 2　污染源及困难部位对策

污染源及困难部位对策就是通过对初期清扫遗留下来的难点问题进行分析，再次查找发生源、困难点并实施改善，最终实现以下目标。

① 强化在第一阶段"初期清扫、点检"中领会到的"自己的设备自己维护"的思想，并运用到改善活动中。

② 清除污染源，消除劣化，保持设备清洁。

③ 改善困难点，使清扫、润滑等作业简易化，从而达到缩短作业时间的目的。

④ 落实清扫、润滑、紧固等作业。

1）污染源

污染源又称发生源，指对环境、设备造成污染的污染物或污染物源头。污染源包括以下几种。

- 液体：冷热水、半成品、冷凝水、污水和循环液料飞溅或泄漏。
- 粉尘：灰尘、烟尘等。
- 气体：压缩空气、煤气、蒸汽、雾气、尾气泄漏或排放，以及刺激性气体。
- 噪声：设备噪声、压缩空气泄漏声。
- 振动。

很多时候，在现场可以直观发现的，一般都是后果和表象，控制污染源才是解决现场问题的根本措施。污染源的产生可以分为3类：加工原理发生、不正常的发生、设备以外的发生。

（1）加工原理导致发生，即设备在加工原理上必然产生的粉尘、油污，主要包括燃烧工序发生的烟尘、化学反应的副产物、硫代工序产生的氧化硫气体。如金属加工中轧机产生的废润滑油和废乳化液；注塑机喂料、投料过程中的粉尘和炭黑扬尘；机加工的切削液废液；热镀锡工序产生的酸汽；电镀锡产生的废液；塑料制品生产由于发生热分解生成的刺激性含氯烟雾；橡胶混炼过程中各种配合剂的粉尘等。

针对由于加工原理导致发生的污染源，可以考虑以下对策。

① 收集：用管道收尘法收集烟尘并统一处理。熔化炉产生的烟气、铜颗粒和煤气炉中产生的 SO_2 气体等，可通过串联布袋除尘器除尘后达标排放。

② 控制：改良工艺技术，减少副产物。在漆包炉上加装催化燃烧和焚化燃烧装置。

③ 隔断：用最少的空间来防止扩散。将污染较大的电镀车间单独布局，与生产主要区域隔离。

（2）不正常的发生，即由于设备管理或维护不当而发生的污染，主要包括如下4项。

① 在设备本体上发生泄漏的润滑油、冷却水。

② 运转产生的磨损粉。

③ 从设备上掉落的在制品。

④ 管道损坏泄漏的材料。

针对这种不正常发生源,企业需要的不仅仅是减少发生的改善性对策,更重要的是从根本上消除污染源的对策。这里有一个比较经典的 5 个为什么(5Whys)分析案例。

假如你发现车间地面上有一摊污油,该如何思考和解决问题?

① 为什么地上有油污呢?

② 因为机器漏油,为什么呢?——修理机器。

③ 因为垫圈磨损老化,为什么呢?——替换垫圈。

④ 垫圈质量水平没有达到要求,为什么呢?——改变采购策略。

⑤ 因为采购部门在采购时太偏重短期成本。—— 改变采购部门的价格策略。

我们要学会一直问下去,直到最终通过采购策略的变化,从系统上解决根本问题。

(3) 设备以外的发生,如下:

- 粘在抹布和工作用手套、围裙等劳保用品上的油渍、线头、头发丝、纤维等。
- 从厂外搬入的备品、材料上黏着的异物、包装纸、托盘、破损碎片等。
- 通过工厂棚顶或隔墙侵入的灰尘、虫子等。

类似这种问题主要通过 5S 中的整理和清扫步骤解决,将生产环境的打扫变成习惯,保持良好的工作现场。一般来说,企业只有把 TPM 活动的对象从设备扩大到工厂全范围时,才会正式实施针对此类污染源的对策。如果有可能,尽量在早期就能明确这种污染源并采取对策是比较理想的。

2) 困难部位

困难部位指难以接触、进入的部位,以及无法或需费时进行操作、调整、清洁、润滑、紧固、点检、专业维护的设备部位,如图 6.9 所示。可以通过困难部位辨识工作，使参与者更加了解设备的部件、结构和功能，便于员工后续针对现场设备设计合适的保养策略。

图 6.9　困难部位

困难部位对策首先要求作业人员在自主保全活动中找出很多难以清扫的部位，比如：

（1）需要定期清扫的机械，但是没有落脚的位置或栏杆。

（2）设计时没有考虑到清扫、点检的需要，因此无法用眼看到，也无法用手碰到的地方。

（3）在设备占地周围密集堆放着管道、电缆、软管等。

可以将所有发现的困难部位进行整理，形成表 6.6 所示的困难部位清单。

通常，针对困难部位的改善对策如下：

（1）把机械移到安全的地方或设置落脚的位置及栏杆。

（2）设置入口、点检口，对设备进行改善，使其能够拆卸或可进入，如图 6.10 所示。

（3）整顿附着的电缆、软管等，按照顺序进行修理。

在困难部位对策中，最重要的是设备的操作者要有改善的心态。自己发现的问题尽量自己去处理，但需要焊接、电钻、带电等超过自己能力的工作时，可由设备部门提供协助。

表 6.6　困难部位清单

部门 Dept.					小组名称 Group Name			
设备名称 Equipment Name					制表人 Prepared by			
序号 No.	发现人 Detector	发现日期 Date of Detection	清洁 (C)　Cleaning 润滑 (L)　Lubrication 检查 (I)　Inspection 紧固 (T)　Tighten	困难部位 Portion Portion	困难部位描述 Difficult State	对策 Countermeasure	执行人 Executor	计划日期 Planned Date	完成日期 Date of Completion
			C　L　I　T						
			C　L　I　T						
			C　L　I　T						
			C　L　I　T						
			C　L　I　T						
			C　L　I　T						
			C　L　I　T						

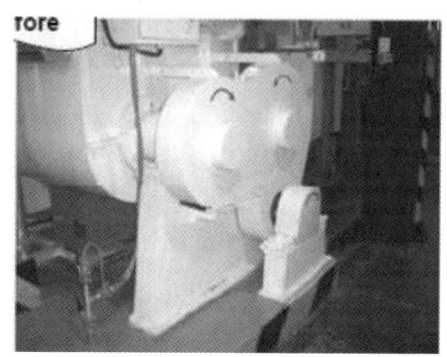

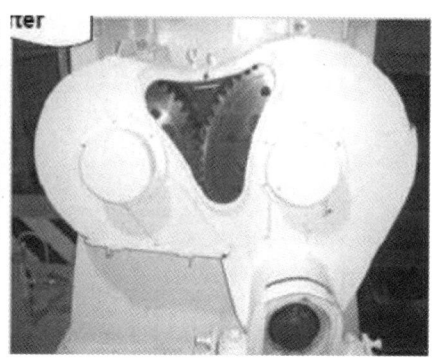

图 6.10　困难部位的改善

步骤 3　清扫、润滑、紧固临行基准

现场改善小组根据设备特点，将自主维护的要求、频度等信息进行规范，并配以设备图片以指导建立自主维护的临行基准。

通过员工自主建立标准可以提高其参与积极度。此阶段可同时建立的还有表 6.7 所示的《润滑临行基准》和表 6.8 所示的《自主维护临行基准》等操作标准指导书。

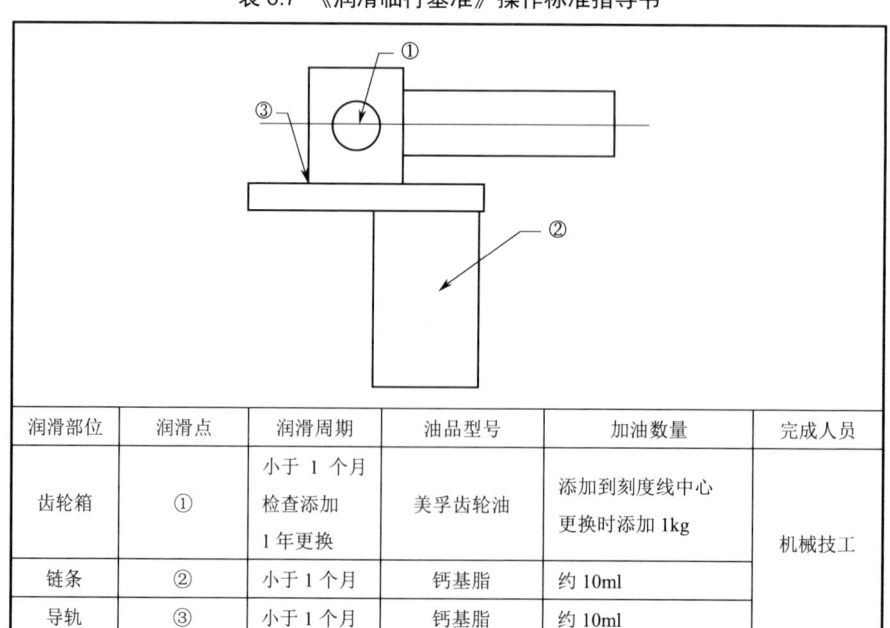

表 6.7　《润滑临行基准》操作标准指导书

润滑部位	润滑点	润滑周期	油品型号	加油数量	完成人员
齿轮箱	①	小于 1 个月 检查添加 1 年更换	美孚齿轮油	添加到刻度线中心 更换时添加 1kg	机械技工
链条	②	小于 1 个月	钙基脂	约 10ml	
导轨	③	小于 1 个月	钙基脂	约 10ml	

表6.8 《自主维护临行基准》操作标准指导书

序号	设备名称：Lavida前座椅头枕涂油机			图片展示
	每日点检	内容描述	检查方法	
一、5S	5S标准		使用方法	
	1. 设备表面无积灰		1. 使用干抹布进行表面清洁 2. 目视检查	
	2. 检查设备指示灯是否破损			
二、运行状态检查	运作状态		检查方法	
	1. 检查油泵油桶内的油位是否在标志线范围内			
	2. 检查头枕插孔外部是否有异物堵塞			
	3. 检查涂油机与流水线连锁是否有效（流水线不放行）		目视检查	
	4. 开班首先检查涂油量是否正常（目视检查头枕支撑件无油渍下滴；目视检查导杆两侧均有油，无漏喷现象）			

步骤4 总点检

总点检是指生产线员工进一步理解设备结构、机能、原理，对照设备的理想状态，系统地对设备各部位进行分类、精密点检，及早发现潜在问题并复原的日常点检工作。

总点检阶段是为了测定设备劣化程度，主要通过相应的系统结构手册（见图6.11）对员工开展机械要素、润滑、气压、液压、驱动、电气、安全等科目的基础教育训练，并根据科目类别彻底进行专项点检，以此提高全体员工发现问题点的能力。

总点检流程如下：

（1）依照点检手册对改善小组进行技能教育。

（2）使参与改善人员明确设备的结构、零部件的机械、电气知识，以及缺陷现象、原因与对策，如表6.9所示。

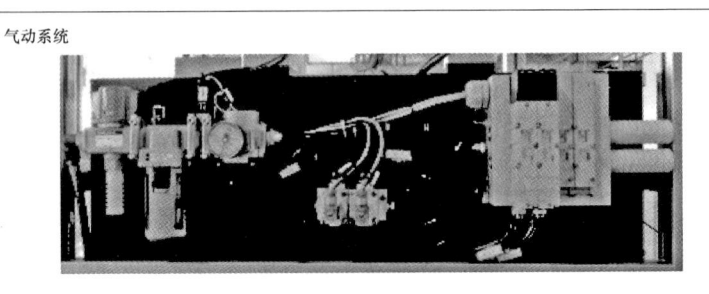

图 6.11　设备气动系统结构手册

表 6.9　电磁阀常见故障及排除方法

表面现象	可能原因	发生过程	解决方法
线圈短路烧毁，柱塞（滑阀阀芯）在关闭位置，密封圈融化在柱塞上	电压低	磁力不足以驱动柱塞移动，大电流长时间通过导致产生大量热	更换线圈并解决电压低问题
	环境温度太高或工作频率太快	柱塞最终不能移动，因为温度太高导致线圈的电阻升高，降低了电流，减少了磁力，最后产生更多的热量	更换线圈并解决负载太大问题
	负载太大或阀芯移动阻力太大	阀芯卡住导致电流增加，产生大量的热	更换线圈并解决负载太大问题
烧断的导线	电压太高，线圈在轻负载下被烧毁	水、其他液体或金属碎屑进入线圈内部造成短路	更换线圈并避免杂物进入线圈
	短路	水、其他液体或金属碎屑进入线圈内部造成短路	更换线圈并避免杂物进入线圈
线圈短路烧毁，柱塞在关闭位置	电压太高，线圈在轻负载下被烧毁	过大的磁力在线圈加以高电压时，大电流导致线圈烧毁	更换线圈并解决电压高的问题
线圈出现小的熔洞	短时的短路	短时的高电压造成线圈短路，产生电火花	更换线圈
线圈上的导线之间绝缘不好	内部机械故障	非可燃性的液体进入线圈腐蚀了线圈的绝缘层	对线圈加以保护
外表面出现裂痕	高电压或负载突然减小	过大的力导致撞击，损坏了外壳	完整更换整个受损部分

(3) 对全部设备进行总点检，发现和复原微缺陷，使设备恢复正常状态。

步骤 5　自主点检

自主点检阶段即为将改善小组的能力和职责转移到现场操作人员身上，

使得现场人员具有自主运行点检工作的能力。

自主点检的内容如下：

（1）培训操作工，避免错误操作，减少强制劣化。

（2）综合检查，处理异常，制定预案，培训教育。

（3）制定每台设备的临行基准。

自主点检的注意事项如下：

（1）编制自主保全点检标准作业书（见表 6.10），对操作员工进行设备关键操作培训，避免误操作导致强制劣化。

表6.10 设备自主保全点检标准作业书

自主保全点检标准作业书		生产线	工位	表单编号
		L3	OP04	××××
设备名称	设备编号	设备型号		固定资产编码
编织机	B08	GB-34H01D		×××
序号	保全项目	保全内容	方法、检查标准	工具	频度
1	机台表面	积灰，油污，杂物	目视，表面无明显积灰、油污、杂物	抹布，气枪	1次/班
2	叶轮与轴心部位	积灰，油污，杂物	目视，表面无明显积灰、油污、杂物	抹布，气枪	1次/班
3	传动部位	积灰，油污，杂物	目视，表面无明显积灰、油污、杂物	抹布，气枪	1次/班
4	传动部位	螺钉紧固	目视，螺钉有无松动、脱口	扳手	1次/周
5	涡轮箱	涡轮箱润滑油量正常	通过油镜目测，低于油镜一半时需补充润滑油	油镜	1次/周
6	机箱	润滑油是否在规定范围内	拿起探杆确保油量在两线中央	探杆	1次/月

（2）从生产全流程角度对所有设备建自主点检跟踪表，如表6.11所示。

（3）及时处理点检时发现的设备异常情况并进行改善。

步骤6 标准化

标准化的内容如下：

（1）针对设备四周做类似5S的整理、整顿工作。

（2）制定日常点检流程和标准，实施可视化管理，表 6.12 所示为铲车TPM 点检表。

表 6.11 设备自主点检跟踪

Item 序号	Daily Check 每日点检	Description 内容描述	Examine 检查方法	Picture Show 图片展示	设备编号：321-123 Year 年份： Month 月份： 1 2 3 4 5 6 7 8 9 10 11 12 13 14 15 16 17 18 19 20 21 22 23 24 25 26 27 28 29 30 31
一、5S：	5S标准	工场设备表面无杂物、无残渣、工装各部件无残缺损坏、无松动零件	目视		日 中
二、安全检查	检查标准	检查电缆接外皮无破损 检查电动机上的安全合格许可证开关按钮灯内（确保安全）	目视		日 中
三、运行状态检查	运作状态	1.安装附属等靠近开关信号是合正常 2.检查尼定位块键接无松动、锁定机构头无松动零件 3.设备工装无大无长动、产品无卡后不能移动 4.按示按钮、脚踩开关动作灵敏、固定牢固 5.气缸动作灵敏、气管无漏气	检查方法 1.接近开关尾灯闪闪为正常 2.5~6目视		日 中

备注：
1. 按照上述检查描述及检查方法每班开线前完成点检工作
2. 按照设备检查状态相应的在（日/中）班做好记号
3. 在做设备点检时发现设备任何状况及时汇报班组长
4. 每位员工要护设备确保正常使用

OK 状态良好：	√
Action 正在处理：	O
NG 状态不好或损坏：	×
Stop Machine 停机状态：	△

第6章 重中之重的设备——TPM

表6.12 铲车TPM点检表

	XX电缆公司			TPM物流设备日常保养点检表	工厂/部门：上海公司/物流科
				设备名称：铲车	共2页 第1页
				设备编号：	点检月份： 年 月

	内容	点检项目	点检方式	1-16日 (A/B班)
PPE		TPM前准备：PPE按照要求佩戴好	对比区域佩戴PPE安全人	
※	1	龙门架有无变形、有无裂纹	目视	
※	2	铲车定位销钉位是否有效	驱动炉启	
※	3	龙门架直线螺栓是否松动、升降链条松紧适宜	目视/手动	
※	4	液压油管红色标示处、螺栓螺母是否漏油	目视	
	5	轮胎花纹/限速标识是否清晰、轮胎螺栓是否移位、钢圈是否完好	目视/手动	
静态检查	6	灯外观磨损是否有裂纹、连接要牢固	目视	
	7	尾部静电链是否与地面完全接触	目视	
△	8	车辆尾部是否有划伤	目视	
※	9	置电池外壳无破裂渗漏现象、电池电压指示完好、电池插头和线连接是否紧固	目视	
	10	上车检查车座是否完好	手动	
	11	启动车辆电瓶、各仪表指示是否正常、安全带连接是否有效	手动/目视	
动态	12	铲车运行小时数	目视	
	13	喇叭、和倒车蜂鸣器是否正常、所有灯具是否使用、后视镜是否正常	手动/目视	
※	14	启动车辆、刹车制动性最可靠、车辆转向是否正常，是否正常	行走5m距离看声音	
	5S	车辆是否按照要求进行5S	目视	

A班	点检人签字/时间
	班长巡检签字/时间
B班	点检人签字/时间
	班长巡检签字/时间

219

（3）彻底实行目标管理，如将产品质量状况变化与设备对策进行绑定。

步骤7　自主管理

（1）制订改善计划，持续改善设备和工作场所。

（2）通过持续记录并分析设备、过程和产品数据，改善设备可靠性、可维护性及产品质量，如 MTBF（Mean Time Between Failure，即平均故障间隔时间，是衡量设备的可靠性指标）的分析。

6.3　自主维护的推进

1. 建立自主维护小组

自主维护（AM）小组是具体担任自主维护工作的最基层组织，也是具体执行的机构，主要负责对其所使用的生产、动力或检测设备的日常自主维护工作。

1）自主维护小组的组成

自主维护小组由自主维护小组长、生产班组成员、设备工程师、工艺工程师及分管领导组成。

自主维护小组长一般由生产班组长兼任，生产班组成员包括生产班组所辖全部员工，设备工程师由具体负责班组所在产线的设备维护工程师兼任，工艺工程师由负责该工序的工艺工程师兼任，分管领导可指派公司各级管理人员，包括总经理或运营总监。每位管理人员原则上只负责分管一台设备。

2）自主维护小组的分工

（1）自主维护小组长是该机构中的领导，负责 TPM 小组活动组织、活动计划安排、职责分工、自主维护效果的检查及反馈。

（2）自主维护小组中的设备工程师负责对小组活动进行技术指导，为自主维护小组活动编制设备自主维护基准书，负责指导小组成员如何进行自主维护。例如，设备的正常状态应该是怎样的，如何对设备进行润滑、紧固、清扫和点检等。在小组活动中，设备工程师可以对小组成员进行即时指导，同时参与小组活动中的自主维护工作。

（3）自主维护小组中的工艺工程师负责参与小组活动自主维护工作，同时了解设备结构、设备实现工艺要求的动作的机理，进一步提升对工艺的调试能力，提升应用设备的能力，同时参与小组活动的具体工作。

（4）自主维护小组中分管领导的职责是参与小组活动，了解小组活动中的困难，为小组活动协调相应的资源，同时起到督促小组活动的正常开展，也起到模范带头作用。

在 TPM 导入阶段，设备工程师、工艺工程师及分管领导必须参加，在 TPM 开展状态进入较为稳定和成熟后，设备工程师、工艺工程师和分管领导可以从自主维护小组中退出，但这个过程至少在 1 年以上，何时退出根据 TPM 的进展情况来决定。

2. 自主维护活动从样板设备开始

（1）自主维护活动的导入，需要先从公司的设备中选择样板设备开始，不能在所有的设备上同时开展。如果同时开展，同时投入的人力资源较多，会给活动的维持带来很大的困难，尤其对生产任务重的工厂，甚至导致活动无法维持而陷于停顿。

（2）样板设备的数量不宜太多，以 10 台左右为宜，具体视工厂大小和设备多少而定。样板设备最好覆盖各种工艺类型。样板设备最好覆盖各个生产班组。样板设备最好选择状况较差的设备，以便能看到明显的改善效果。

（3）先期导入样板设备可以让部分员工理解自主维护活动的一般过程、需要使用的工具和方法，以及需要完成的工作内容，这部分员工为后期其他设备的自主维护工作起到指导和带头作用。同时，样板设备的导入也可以让公司各级人员看到自主维护的效果，为后期设备活动的开展打消思想上的顾虑，积极配合公司的 TPM 活动。

3. 定期开展自主维护小组活动

样板设备的自主维护活动必须定期开展，并要求强制进行。开展周期可以按照每周一次活动、一次 1 小时，或每两周一次活动、一次 2 小时，或每月一次活动、一次 4 小时等频度，但周期最好不要超过一个月。具体设备采用哪种频度可以视具体情况而定，原则上对于大型并且清洁情况较差的设备，如挤出机、成缆机建议采用每月一次、一次 4 小时的频度；对于较小的设备，如火花检测仪，最好采用每周一次、一次 1 小时的频度。

自主维护小组需要在自主维护专员（区域经理）的协助下获得设备运行的指标数据趋势图表，如 OEE、设备故障停机率等，这些数据变化需要展示在活动板上，以让小组成员了解设备运转的变化趋势，也可让小组成员获知改善设备的方向。样板设备的自主维护活动在先期往往会遇到很大的困难，如生产紧张设备无法安排出时间、人员紧张无法安排人员参与、人员思想原因不愿意参加等，此时需要推进委员会提供大力支持，必要时强制执行也是可以考虑的措施之一。

4. 建立定期跟踪汇报制度

为了让 TPM 自主维护活动持续进行，安排专人跟踪各样板设备的自主维护活动开展情况是不可或缺的手段，并且需要将跟踪的情况在 TPM 推行委员会（或公司的经营委员会）上汇报，让推进委员会掌握推进情况，并及时对不正常现象采取措施，汇报频率最好每周一次。

6.4 TPM 之专业维护

自主维护是进行全面设备管理的开始，而专业维护则是进行全面设备管理的关键，其推进效果是能否真正获得设备和产品更优质表现的决定性因素。

在 TPM 理论中，专业维护活动并不是简单的设备损坏维修，而是扩大到了设备设计、制造、安装、调试、保养、改良等设备全生命周期的全面管理。专业维护按照维护方式可分为两大类：**计划性维护**和**非计划性维护**，如图 6.12 所示。

```
维护方式
├─ 计划性维护 (Planned M)
│   ├─ 预防性维护 (Preventive M)
│   │   ├─ 时间基准维护 (Time Based M)
│   │   ├─ 检查维修 (Inspection and Repair)
│   │   └─ 大修型维护
│   ├─ 预测性维护 (predictive M)
│   │   ├─ 状态基准维护 (Condition Based M)
│   │   └─ SPC 预测性维护
│   ├─ 改良维护 (Corrective M)
│   └─ 事后维护 (Breakdown M) ── 有计划实施的事后维护
└─ 非计划性维护 (Unscheduled M) ── 紧急维护 (Emergency M)
```

（注）M：Maintenance

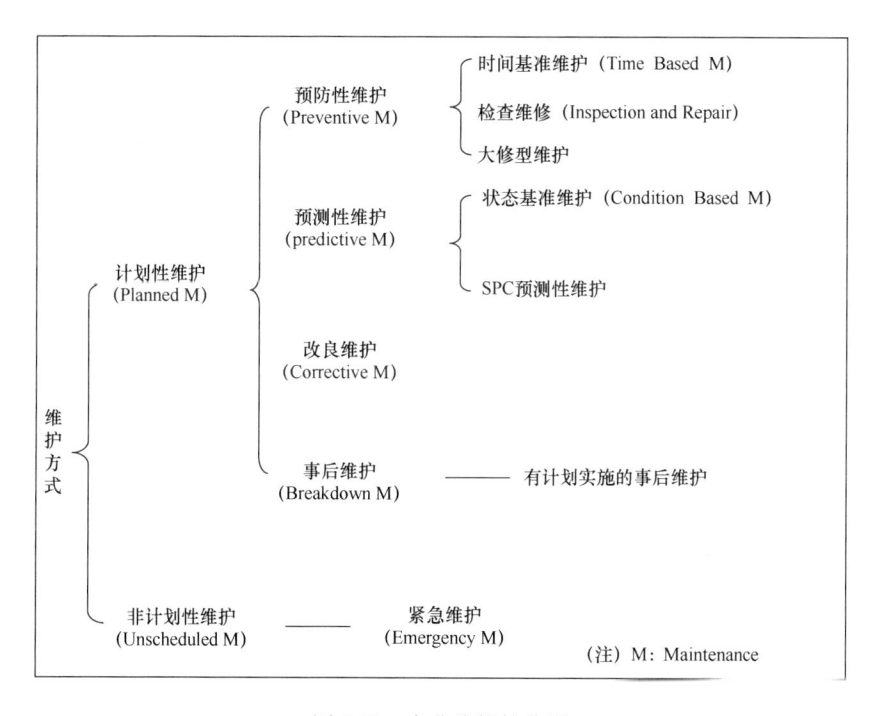

图 6.12　专业维护的分类

1. 计划性维护

计划性维护包含预防性维护、预测性维护、改良维护和事后维护 4 类维护方式。

（1）**预防性维护**：有计划地定期进行设备维护和零配件更换，通常包含 TBM、IR 和大修性维护等形式。

- **TBM（Time Based Maintenance）**：以时间为基础的维护，适用于维修周期规律分布的设备，或无须检查设备情况即可进行规律性更换的情况，如低值易耗备件（如油滤、气滤）。

- **IR（Inspection and Repair，检查和维修）和大修性维护**：按计划时间将设备拆开检查并进行状态评判，发现部件有缺陷的进行更换。

在实际操作中，预防性维护通常采用三级保养机制。

一级保养：每天的日常保养，一般由设备操作人员进行，主要目的是及时发现明显的故障或征兆，如进行日常清洁、检查运转声音、检查是否能正常启动、检查基本参数（气压、温度等）。

二级保养：每隔固定周期进行一次，一般由操作人员和设备管理部门共同完成。

三级保养：每隔固定周期拆机大修一次，一般由设备部门完成，必要时让设备厂家共同完成，即通常所说的周期性检修。

预防性维护的优点是检查耗工时少、可靠，缺点是会存在过度维护的状况。所以，预防性维护通常应用于低值部件。

（2）**预测性维护**（PDM/CBM）：通过运用各种手段和人的感觉进行数据和信号的采集、分析，判断设备的劣化趋势、故障部位、原因，并预测变化发展、提出防范措施，防止和控制可能的故障出现，是一种以设备状况为基础的维护。

预测性维修可以通过振动、热成像、润滑油分析、电机电流分析、工艺流程参数监控等技术手段提前发现机器故障，并在机器最终失效之前将故障排除的一种高级维修模式，又称状态检修（CBM）。在应急维修、传统的预防性维修和定期检修体制中引入预测性维修，可以显著减少非计划性停机，减少过度维修，提高计划检修的有效性，延长设备的无故障运行时间。目前国际上成熟的预测性维护技术手段如下：

① 润滑油黏度测量（对象为加润滑油的机械磨损部位）。
② 红外热像仪探测技术（对象为压力容器、化工反应釜等）。
③ 机电一体电机电流检测。
④ 电阻值测量技术（对象为电子类设备）。

⑤ 旋转机械的振动分析（对象为焊接设备）。

⑥ 温度测量（如发动机温度检测）。

除以上技术外，设备预测性维护的另一种方式是通过所加工的产品质量反映出来的，如图 6.13 所示，通过产品某一可测量值的 SPC 控制图能够了解设备劣化状态。

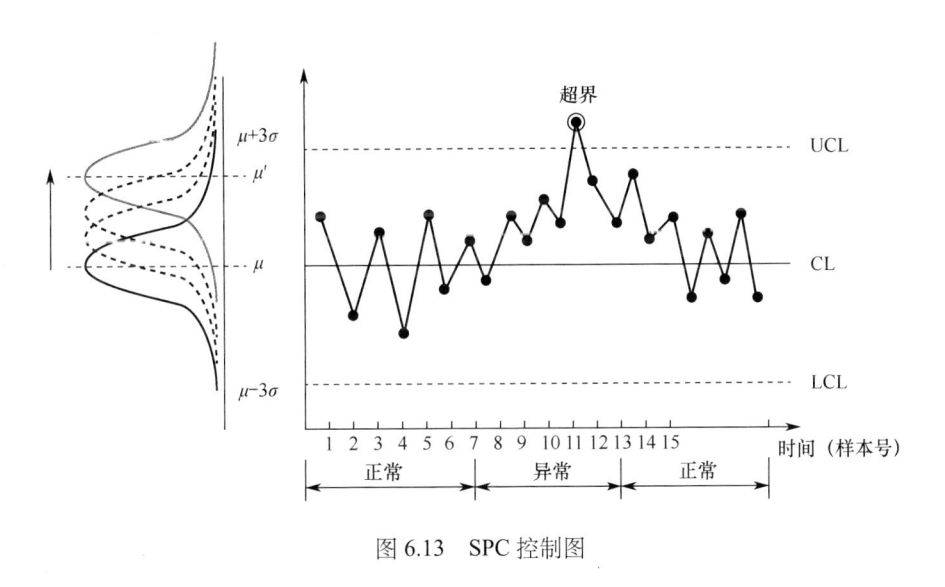

图 6.13　SPC 控制图

预测性维护的优点是可以避免过量维护；缺点是监控设施投资大，数据收集消耗人力，标准不易定。所以，预测性维护多应用于偶尔发生故障的设备上，如气缸、压缩机、电机等。

(3) **改良维护** 又称纠正维护，是通过部件的替换和改善以提高设备可靠性与维护性的方法，与设备设计、制造、安装等有关，主要针对生命周期短、MTBF（平均故障间隔时间）短、维护时间长、成本高，以及严重影响产量、质量的设备部件。

(4) **事后维护** 即故障性维护（BM），指故障发生后再进行维修。其优点是部件一直使用到寿命完结，维护成本低；缺点是故障较多会影响生产。所以，事后维护主要应用于故障损失小、修复成本低的部件。

在进行计划性维护的推进时，主要步骤如表 6.13 所示。

表6.13　计划性维护主要推进步骤

序号	步骤	主要活动内容
步骤1	准备阶段	（1）按照TPM计划性维护的要求培训样板设备PM小组人员； （2）收集整理现行所有计划性维护内容，进行设备维护成本分析，并把维护成本分解到预防性维护和故障维护中
步骤2	评估和理解设备的现行状态	（1）宣布TPM中PM开始，建立PM看板； （2）整理目前所有的设备清单，将设备进行分类，分为A、B、C等级； （3）定义故障严重度水平； （4）定义维护的目标和展开的计划； （5）监控维护成本情况
步骤3	设备问题纠正和改善	（1）恢复设备基本的工作环境； （2）将解决方案展开到其他机器和设备，举一反三； （3）分析已发生的设备故障，推及其他设备是否会发生同样的故障； （4）提升设备维护区域的5S状况； （5）培训维修工； （6）支持自主维护小组的自主维护活动
步骤4	建立设备信息管理系统	（1）创建设备运行数据，维护数据管理系统； （2）定义设备每项维护内容的技能要求； （3）确定设备的点检项目清单； （4）设计并运行备件管理系统； （5）对系统进行日常数据维护，并对系统进行分析和持续改善
步骤5	建立预防性维护系统	（1）确定周期性维护的计划和方法（如采用TEM系统）； （2）根据经验优化周期性维护计划并平衡维护人员的时间安排； （3）设计设备周期性维护计划和现场的目视化管理制度； （4）在计划维护活动中寻求获得自主维护小组的协助； （5）通过建立设备FMEA和RCM改善计划维护系统
步骤6	建立预见性维护系统	（1）明确定义预防性维护技术； （2）确定设备及设备上的零件，分派预防性维护的任务给指定维修工； （3）购置设备故障诊断仪器和装置； （4）定义预防性维护计划，培训维护人员； （5）对预防性维护工作进行管理，预防性维护计划和实施情况目视化； （6）统计预防性维护成本，评估是否有利于设备生命周期内的维护成本最小化
步骤7	评估计划维护系统	（1）设计并执行设备维护的预算控制和汇报制度； （2）通过评估以保证设备维护是预防性的、可视的，并且是由维修工具体落实并实施的； （3）确认维护成本的展开是可靠的、有效的； （4）定义设备维护的最佳实践案例

2. 非计划性维护

非计划性维护也称紧急维护，指设备的紧急故障抢修，主要内容是完善紧急维护预案、紧急维护流程、紧急维护组织、紧急维护联系方式等。

案例分享

企业 TPM 整体推进项目

某机械行业的领军企业，为保证 TPM 在工厂中的落地生根，组建了专业的 TPM 推进委员会，由公司总经理牵头，全面进行 TPM 的推进工作。下面是其项目推进过程的主要行动内容。

1）开展 TPM 教育培训

聘请 TPM 专业培训师，对公司管理人员、推进负责人员进行 TPM 培训后，再由 TPM 推进负责人对全体员工进行 TPM 基础知识的培训，让全体一线员工对 TPM 有基本的了解。

2）召开 TPM 启动大会

总经理和各部门经理及员工代表在启动大会上表决心，宣告 TPM 正式启动。随后针对 10 个样板设备开展第一次清扫活动。

邀请总经理和员工一起对连硫生产线进行了清扫，之后由推进委员会成员对清扫的效果进行了评价，并于当天对优胜的 TPM 小组进行了颁奖。

3）推行自主维护活动

坚持每周 1 小时的自主维护（AM）小组清扫活动，每周 10 个样板设备小组开展 1 小时的清扫活动，分管领导和员工一起参与，TPM 推进办全程参与。按照自主维护管理的 7 个步骤贯穿在清扫活动中。

先期活动主要内容是设备的清扫，之后开展了润滑和设备紧固月活动。对每次清扫的问题用红蓝牌的方式进行管理。

4）建立 TPM 周汇报机制

为了更好地让 TPM 工作持续进行，每次样板设备的自主维护（AM）小组活动都由推进办专员跟踪，并且推进办专员每周向 TPM 推进委员（或经营委员）汇报进展情况，前期重点关注参与情况和活动是否进行。

5）自主维护基准书编制

由 AM 小组中的设备工程师编制样板设备自主维护基准书（包括清扫、紧固、润滑、点检四方面内容），并且对员工进行现场指导和培训，在清扫活动中进一步现场指导。

6）制定 TPM 评价机制

每个月由 TPM 委员会和 TPM 推进办进行评价，TPM 评价标准随着 TPM 的推进阶段进行相应的调整。

7）季度举行 TPM 发表大会

每季度举行一次 TPM 发表大会，由样板设备的小组长对前期 TPM 开展情况进行汇报，再由管理层现场点评并进行评价。对当日发表的优秀人员颁发优秀发表奖，同时对各样板设备前一季度开展 TPM 工作评价，对排名前 3 的小组颁发奖金和流动红旗。

8）举行 TPM 知识竞赛

为了激发全员学习和了解 TPM 知识，同时也为了营造 TPM 推进活动的氛围，不定期举办类似于 TPM 知识竞赛、优秀 OPL 竞赛、TPM 管理沙龙等趣味活动，使员工在趣味活动中获得一些 TPM 的知识。

9）导入 QCC 活动

TPM 推进过程中需要不断对设备进行改善，因此，对改善工具的应用必不可少。为此，公司导入了 QCC（品管圈）活动，并定期开展 QCC 课题发表大会，激发全公司参与改善工作的热情。

10）TPM 看板长廊

专门开辟一块 TPM 看板墙长廊，介绍 TPM 的基本知识、TPM 活动情况，以及宣传 TPM 活动新动向，起到与所有员工建立一个畅通交流渠道的作用。

11）跟踪 TPM 推进办例会

TPM 推进办每两周举行一次例会，跟踪 TPM 计划的完成情况、交流 TPM 工作中的问题并提出解决方案，以及策划新的活动方案和分配任务。

12）组织润滑专题改善活动

根据设备实际情况合理选择润滑油品、配备润滑专用工具、改变润滑方式、对润滑油品定期抽样进行水分和洁净度监测，对编织机、成缆机进行集中润滑改善，对挤出机的润滑点进行调整，起到了很好的效果。

13）PM 计划维护体制建立和实施

建立设备计划维修体制，每周跟踪上周计划维护内容的完成情况，并计划下周的计划维护内容，每周向公司高层汇报。

6.5 设备分级维护

设备分级维护可以根据不同等级的作业配置不同的人力和技能资源，合理利用维护人力资源与技术资源，使总体维护成本降低。

进行设备分级之前先要进行设备重要度评估。设备重要度评估的评估维度包括对生产、质量的影响，还包括维护成本、安全性等方面，如表 6.14 所示。通过对设备的重要度进行评估，可以根据重要度的不同采取不同的维护策略，提升维护效率。

表 6.14 设备重要度评估

序号	评估维度	内容	分数
1	对生产的影响程度	·该设备停止时会导致全厂停顿	5
		·该设备停止时会导致全厂减产	3
		·该设备停止时不会影响生产	0
2	对质量的影响程度	·该设备的故障对质量影响很大	5
		·该设备的故障多少对质量会有影响	3
		·该设备的故障对质量不会有影响	0
3	对维护的影响程度	·突发故障所需花费的修理成本很大	5
		·所需花费的修理成本适中	3
		·修理费几乎不成问题	0

续表

序号	评估维度	内容	分数
4	安全性与维护性	• 具有可燃性或有害性等危险度	5
		• 该设备的故障可能会伤害到人体	3
		• 没有危险性，也不会引起二次故障	0
5	使用年数	• 10 年以上	5
		• 5～10 年	3
		• 5 年以内	0

根据上述测评方法，按事物之间"关键的少数和次要的多数"的原则，可以对错综复杂的现象进行分类。将设备分为 AA 级、A 级、B 级和 C 级 4 类，如表 6.15 所示。按照得分从高到低进行排序后，按数量比例"AA 级 5%～7%；A 级 25%；B 级 60%；C 级其余"来进行设备重要度分级。

表6.15 不同重要度设备维护方案

重要等级	重要程度	维护等级	维护方法		
			TBM	CBM	BM
AA 级	从达成生产目的观点来看是最重要的设备	PM 特级	○	◎	
A 级	从达成生产目的观点来看是很重要的设备	PM1 级	◎	○	
B 级	重要程度仅次于 A 级者	PM2 级	○		○
C 级	重要程序较低者	BM 级			○

注：○：可以采用策略；◎：重点采用策略。

针对设备的重要度等级不同和设备所处的使用阶段，可以采取不同的设备维护策略。

（1）AA 级设备是企业最重要的设备，如果损坏则无法进行生产，大多在现场已经满负荷运转，且无多余设备可替代，或者某些工厂级关键能源设备（如空压机）、关键检测设备等。

在设备采购前期，由于对设备还不熟悉，对其平均故障间隔时间等信息还没有具体的数据，可以采用时间基准的预防性维护 TBM 策略，每隔一段固定时间对其进行一次检修，保证生产的连续性，并同时收集数据。但是要注意，这种策略会因为"过度"的检修次数导致设备利用率降低。所以，后期等熟悉了设备性能后，需要逐渐将 TBM 转移成 CBM，从周期性的检修过渡到针对特性数据进行实时抓取来判断设备状态的预测性维护策略上来，这样特重要级别的设备就会在保证稼动率的前提下，最大程度地降低故障风险。

（2）A 级别设备是重要设备，会影响质量和交付。这种设备通常并不是绝对的瓶颈，由于其还有时间空余让我们进行周期性的检修，而其重要性也不值得采取特别大成本的技术升级，但合适价格的预测性维护的检测手段还是合算的，故可采用预防性维护为主、预测性维护为辅的策略。

（3）B 级设备重要性不高，且故障后对质量、交付等影响比较小，替代比较容易，如铲车。这种设备由于负荷率不高，有其他的替代，且损坏后维修成本也不太高，可以采取定期检修加故障性维修的策略。

（4）C 级设备的重要性更低，且几乎不会对产品质量产生影响，替换成本低，如日光灯，只需采用故障性维护，待其损坏后进行修理即可。

接下来，根据设备特点设计设备分级的维护机制。

- 设备基础性维护——普通技能员工，按作业指导进行。
- 设备专业维护——中、高技能员工。
- 设备应急维护——高、中技能员工。
- 设备年度大修（有时包含技改项目）——全体人员。

小结：设备分级维护是在设备维护管理中理顺设备重要度、合理安排维护保养计划的关键。如何利用有限的资源关注重点设备，维护生产的高效率运行对企业来说是十分关键的。

6.6 备品备件管理

1. 备件分类管理法

备件分类管理法又称重点管理法，是物资管理 ABC 分类管理法在备件管理中的应用。备件 ABC 模型的基本原理是集中主要力量，针对性地对重点进行管理。应用 ABC 分类管理法，不但能较好地保证维修需要，而且可显著减少储备，加速资金周转。

首先将库存物品按品种和占用资金的多少，分为特别重要的库存（A 类）、一般重要的库存（B 类）和不重要的库存（C 类）3 个等级；然后针对不同等级分别进行管理与控制，这样的分类管理法可以实现压缩库存总量、释放占压资金、库存合理化与节约管理投入等目的。

库存分类法的流程如下：

（1）把各类库存物资全年平均耗用总量分别乘以它的单价，计算出各种物资耗用总量及总金额。

（2）按各品种物资耗费金额的大小顺序重新排列，分别计算各种物资所占用总数量和总金额的比重。

（3）把耗费金额适当分段，根据一定标准分为 A、B、C 三类，分类的标准如下：

- A 类备件的资金累计占 70%左右，品种累计占 10%左右。
- B 类备件的资金累计占 20%左右，品种累计占 20%左右。
- C 类备件的资金累计占 10%左右，品种累计占 70%左右。

（4）将分类的物品按照对应原则进行管理。

1）A 类物品

A 类物品在品种数量上占 10%左右，管理好 A 类物品，就能管理好 70%左右的年消耗金额。A 类物品是关键的少数，要进行重点管理。对企业生产来说，应该千方百计地降低 A 类物品的消耗量；对企业销售来说，要想方设法增加 A 类物品的销售额。对仓储管理来说，要在保证安全库存的前提下，小批量、多批次按需存储，尽可能地降低库存总量，减少仓储管理成本，减少资金占用成本，提高资金周转率。

不科学地降低 A 类物品库存总量，将会出现缺货风险，导致生产与经营中断，造成重大的经济损失。重点管理 A 类物品的目的就是要通过科学的管理，不仅要降低库存，还要保证供给，防止缺货，防止出现异常情况。

A 类物品的管理方法如下。

（1）按照需求小批量、多批次地采购入库，最好能做到准时制管理，能够提高资金周转率，能够使库存保持最优的有效期，能够降低仓储管理费用，能够及时获得降价的收益。当然，季节储备和涨价前的储备也是不可避免的。

（2）按照看板订单小批量、多批次地发货，最好能做到准时制出库，避免物品长时间存储在生产线或客户手中，造成积压损耗，造成虚假需求和超限额库存，不利于均衡生产和经营。

（3）随时监控需求的动态变化，分析预测哪些是日常需求、哪些是临时集中需求，使库存与各种需求相适应。

（4）科学设置最低定额、安全库存和订货点报警点，防止缺货的发生；了解大客户的库存，在需要的时候临时调剂；监控供应商的在途物资品种数量、到货时间；与供应商和用户共同研究替代品，尽可能降低单价；制定应急预案、补救措施。

（5）每天都要进行盘点和检查。

2）B、C 类物品

（1）对 B 类物品进行次重点管理，每周要进行盘点和检查。对于 B 类存货的控制不必像 A 类那样严格，但也不宜过于放松。一般是按大类来确定订购数量和储备金额；根据不同情况，灵活选用存货控制方法。

（2）C 类存货品种数量多而资金占用量不大，故对其的控制可粗略一点。通常的做法是，采用定量订货控制法，集中采购，并适当增大储备定额、保险储备量和每一次的订货批量，相应减少订货次数。在实际工作中，可采用"双堆法"或"红线法"进行粗略控制。

"双堆法"就是将存货分别放在两个空间中（如两堆、两箱、两桶等），当第一个空间的存货用完后，即发出订货单，并同时从第二个空间开始供货；当第二个空间的存货用完后，第一个空间的货物到货，开始供应。如此交替存货，不断往复循环，以满足生产、经营上的需要。

"红线法"也是一种类似的粗放式控制的方法。其具体做法如下：在存放货物的箱子上，从底部起，在一定的高度处画出一条红线，红线以下的数量代表保险储备量和提前期内的需要量，当货物在供应中降至红线时，进行订货，以便把存货恢复到原有水平。

2. 备品备件 3A 管理模型

3A 模型分类原则如下。

- 考虑备件的关键性（损坏后果：对生产影响，对设备、安全与环境影响等）。
- 考虑备件易损坏性（负荷、位置、作用等）。

分类步骤如下：根据设备对生产影响大小和停机后果严重程度，首先对设备进行 ABC 分类，再对部件（总成）进行 ABC 分类，最后对零件进行 ABC 分类。

（1）对设备进行 ABC 分类。

A 类：处于主流程上，对生产有直接影响的设备或关键设备。

B 类：在非主流程上，但对生产影响较大的设备，如能源、气体生产供应设备；或虽在主流程上，但对生产不构成很大影响的设备等。

C 类：在非主流程或有备机，对生产影响不大，故障后可等待修复的设备。

（2）对部件进行 ABC 分类。

A 类：设备核心、主要部位，对设备运行影响大，故障后果严重，停机损失大。

B 类：设备较重要部位，影响设备功能、产品质量等，但不造成严重停机损失。

C 类：设备辅助部位，发生故障后暂不对设备功能、产品质量、生产效率和安全环保产生即时的影响。

（3）对零件进行 ABC 分类。

A 类：部件的核心、主要负荷部位，对设备运行影响较大，发生故障时后果严重，停机损失严重。

B 类：部件较重要部位，发生故障时影响设备功能、产品质量、生产效率和安全环保，但不会造成严重的停机损失。

C 类：部件的辅助部位，发生故障时暂不会对设备功能、产品质量、生产效率和安全环保产生即时的影响。

设备、部件和零件 ABC 分类级别划分和处理原则如下。

第一级：AAA、BAA、ABA、AAB，最重要备件，需要做冗余库存的备件。

第二级：ABB、ACA、BCA、ACB、ABC、AAC、BAC、BBA、CAB、CBA、BAB、CAA、BBB，较重要备件，作一般库存备件。

第三级：ACC、BCB、CCA、CBB、CAC、BBC，不重要备件，可做短缺库存备件。

第四级：BCC、CCB、CBC、CCC，最不重要备件，可只存信息，不存实物。作零库存处理，需要时采购，平时不储备。

根据备件的损坏和更换规律，备件的状态还可分成 3 类，然后根据其特点进行分类处置，如表 6.16 所示。

表 6.16　备件状态分类处置表

等级 类型	一级	二级	三级	四级
一型	冗余需求	一般需求	可短缺需求	零库存
二型	安全周期库存模型 （短于 MTBF）	零库存周期订货模型 （MTBF）	短缺周期订货模型（比 MTBF 更长）	零库存
三型	安全上下限模型 （MTBF 及 LT 不清）	一般上下限模型	短缺上下限模型	零库存
其他	零库存	零库存	零库存	零库存

一型备件：损坏周期短，大量消耗备件，损坏规律和订货周期清楚、确定。

二型备件：损坏周期长，消耗量较小，损坏规律和订货周期清楚。

三型备件：损坏规律或订货周期不清楚的损坏件。

小结：通过合理规范的备品备件管理，可以使企业在波动性较高的市场条件下大幅减少库存并提升设备利用效率，这对设备重资产行业来说尤为重要。

6.7　设备全生命周期内的故障规律及保养方法

在设备管理过程中，见得最多的是设备故障，似乎每次设备故障都会让我们措手不及。那么，设备故障是否有一定的规律可循呢？答案是肯定的。

如图 6.14 所示，设备在使用过程中其性能会随着使用时间的推移而逐步下降。

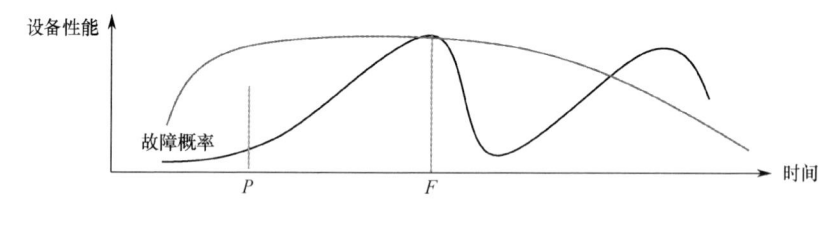

图 6.14　设备性能随时间变化图

图 6.14 表明，设备发生故障前会有一些预兆，即所谓的潜在故障。潜在故障显现的一些物理参数可以表明一种功能性故障即将发生，功能性故障则代表设备丧失了规定使用性能。

图 6.14 中 P 点表示性能已经有变化了，并发展到可识别潜在故障的程度。

图 6.14 中 F 点表示潜在故障已变成功能故障，即它已质变到损坏的程度。

$P \sim F$ 间隔，就是从潜在故障的显露转变为功能性故障的时间间隔。

通常故障 $P \sim F$ 间隔差别很大，但突发故障 $P \sim F$ 间隔很短。寻找潜在故障的物理参数并进行提前维护的方式即预测性维护（PDM）。

下面介绍设备的典型故障类型及对策。

1. 早期故障期

故障原因：

- 设备设计、制造缺陷导致。
- 包装、运输原因导致。
- 安装不到位，操作不熟练或不正确导致。

故障特点：威布尔分布（韦伯分布）。

- 故障频发；无发展规律的随机故障。
- 通过跑合与改善性维护，故障率逐步降低。
- 通常，标准设备早期故障率低，非标准设备相反。

维修方式：

- 改善性维护。

2. 偶发故障期

故障原因：

- 设备设计、制造不当（通过改善性维护，已解决大部分问题）。
- 使用、维护不当。
- 工作条件或物料发生变化。

故障特点：

- 设备稳定，故障偶发；有/无发展过程的随机故障。
- 设备处于最佳状态，故障率低。
- 此阶段故障率恒定。

维修方式：

- 自主维护、计划性维护。
- 统计分析、监控设备状态。

3. 耗损故障期

故障原因：

- 随着使用时间的延长，零部件因磨损、疲劳、老化、腐蚀而逐步丧失机能。故障率逐步上升，部分零部件到达生命周期。

故障特点：

- 设备故障率升高，频繁故障，有发展过程的规则性故障。
- 设备进入耗损故障区，需通过大修性维护，延长寿命。

维修方式：

- 计划性、改善性维护。
- SPC 监控设备状态。
- 大修性维护，预测性维护。
- 考虑淘汰设备。

小结：设备如同人体一样，存在幼年期、成熟期和衰老期。在针对设备进行维护策略的设计时，一定要考虑其所处的生命周期状态对维护策略的影响。

6.8　设备 OEE 分析与改善

生产过程中一直存在这样一个问题：设备会随着使用年限的拉长而降低其效率。到底采购回来的设备是怎样损失其效率的？是否可以通过合理的改善措施来保证其效率呢？

1. 设备的六大浪费

设备在使用过程中会存在各种各样的性能浪费现象，直接影响生产效率。现场设备的损失浪费类型大体包含以下 6 种。

（1）故障损失：突发大于 10min 的设备停机。

（2）切换调整损失：包括设备切换和设备参数调整。

- 切换：上一类型切换到下一产品的时间损耗。
- 调整：频繁调整设备，修改运行参数，以保证产品质量。

(3) 启动停机损失。

- 启动：重新开始生产达到正常速度和质量。
- 停机：正常生产至机器完全停下所费时间。

(4) 速度损失：运行速度低于此产品生产的标准速度。

(5) 小停机与空转损失：突发小于 10min 的设备停机。

(6) 质量缺陷损失：不合格品及返工占用机器的时间。

2. 设备的三大效率损失

设备的效率浪费可以归纳为三大类效率损失：时间利用率损失、设备性能利用率损失和产品合格率损失。

(1) 时间利用率损失：故障、切换、启停机。

$$时间利用率 = \frac{负荷时间 - 停机损失}{负荷时间} \times 100\%$$

负荷时间（Loading Time）是指在作业时间内，除公司认可的用餐时间和休息时间外，设备实际应该运行的时间，又称稼动时间。

例如，一天的正常日历时间为 24 个小时，共 1 440 分钟。但中间需要安排两次吃饭，每次 30 分钟；两次休息，每次 10 分钟。不考虑替班和完全人机分离的情况，真正能用于机器设备开动的时间为 1 360 分钟，这 1 360 分钟即为负荷时间。在此基础上，用负荷时间减去"故障、切换、启停机"造成的时间损失，再除以整个负荷时间，就是时间利用率。

很多工厂在谈论设备效率损失时，通常指的就是这一部分损失。但从实际对工厂影响角度来说，这样的理解是不全面的。

(2) 设备性能利用率损失：速度损失、小停机与空转。

$$性能利用率 = \frac{生产产品数}{利用时间 \times 设计速度} \times 100\%$$

设备从采购进厂开始，通常会有一个标准最大运行速度，我们也会采用此速度进行生产。但是随着应用时间的延长，设备本身会有各种劣化现象发生，如果维护保养没有跟上的话，按照最大运行速度生产就会有各种问题。或者工艺变更了，但没有及时匹配相应的配套零件，很多企业就会采取降速的方案，这样设备的性能利用率便降低了。

例如，一台焊接机的设计生产速度是 40 件/分钟，由于老化导致只能以 35 件/分钟的速度进行生产，且每天有 10 次左右的小调整，总时间为 30 分钟。如果以 1 360 分钟的负荷时间来计算，按照原速度生产的话，每天的产能为 1 360×40=54 400 件。但实际生产长度只能为（1 360−30）×35=46 550 件。该焊接机的设备性能利用率为 85.6%。

我们总是觉得设备使用时间长了，生产速度变慢是正常合理的，这是在为每台设备的慢速运行开脱，实际上这个想法大错特错。一定要注意，**性能利用率损失在工厂里是最容易被忽略的一部分效率损失，但又常常是影响整体效率最大的一部分损失**，因为设备性能利用效率的每一份损失都会在每个循环的重复中逐渐累加。有人在参观丰田工厂时最吃惊的就是丰田现场存着很多老旧设备。丰田的文化并不提倡用最新最先进的生产线和技术，而是最大效率地发挥每台旧设备的价值，通过合理的维护保养以保持设备的运行状态。

(3) 产品合格率损失：质量缺陷。

$$合格率 = \frac{生产产品数 - 不合格品数}{生产产品数} \times 100\%$$

通常，产品的"不合格"一般会有两种表现形式。一种是不合格了就报废了，如塑料线生产结束后发现击穿点过多而报废。另一种是虽然生产不合格了，但是修一修还能用，如橡胶线生产外护套焦料过多，可以采取复绕并在线打磨的方式解决。但是请注意，无论能不能修理，这两种都会导致整体生产效率降低。常用一次合格率（First Time Quality，FTQ）或 FTY（First Time Yield）来审核产品的生产合格效率。

3. OEE 的计算与改善

OEE（Overall Equipment Effectiveness，设备综合效率）是设备生产产品能力的一个重要指标。工厂中针对 OEE 这一指标的计算大体分两类：广义 OEE 和狭义 OEE。

(1) 广义 OEE 的计算方法如下：

OEE=负荷时间/日历时间

广义 OEE 在工厂中的作用是可以体现出设备的开动比例，对工厂的运行情况有一个初步的了解。但是如果要进行改善，则该指标太过模糊，操作指导性不强。

(2) 狭义 OEE 的计算方法如下：

OEE=时间利用率×设备性能率×产品合格率

（注意：计算流水线 OEE 时，把流水线当作整台设备看待）

狭义 OEE 更加符合从价值角度去观测工厂的要求，也更具改善指导性。一般工厂在管控设备性能时，通常采用狭义 OEE 作为指标。

OEE 分析要应用在一台机器上（视为一台机器的一条生产线也可），而不能应用在整个生产车间或全厂上。设备的 OEE 统计分析主要针对关键设备或瓶颈设备进行，提升其设备生产效率。非瓶颈设备的 OEE 改善从系统角度看是没有价值的。

标准的 OEE 改善步骤如下。

(1) 将瓶颈设备的故障、换产、调整、启动停机、速度损失、小停机、空转、质量缺陷损失等根据其损失时间占比做成帕累托图（"帕累托图"是一种按大小顺序和占比绘制的特殊直方图，故又名排列图、主次图），分析出相关损失占设备 OEE 指标的影响程度，如图 6.15 所示。

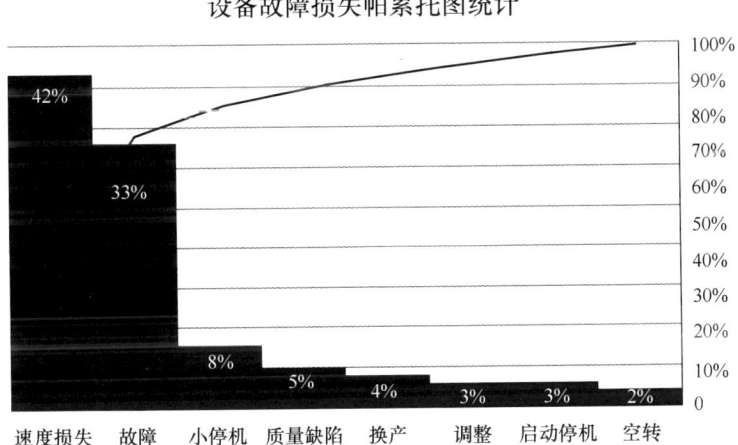

设备故障损失帕累托图统计

速度损失	42%
故障	33%
小停机	8%
质量缺陷	5%
换产	4%
调整	3%
启动停机	3%
空转	2%

图 6.15 设备 OEE 损失比例帕累托图

（2）利用"二八原则"，选取故障影响占比最大的第一位或前两位的损失项进行专项改善，如图 6.16 所示。

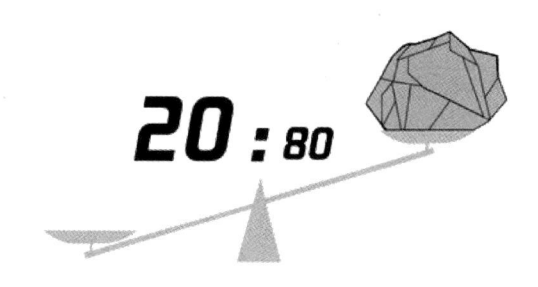

图 6.16　重要的 20%

（3）时间利用率的改善主要是将细分影响项做成图 6.17 所示的"饼图"，分析原因，并有针对性地加强对设备故障的管理，通过各种措施缩短换型时间及启动损失时间。

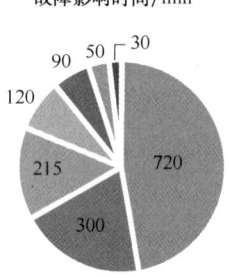

故障影响时间/min

- 挤出机螺杆损伤720min
- 模温机温度控制偏差300min
- 隔热瓦损坏215min
- 加热线圈损坏120min
- 主电动机轴承损坏90min
- 主电动机转速不匀，有波动50min
- 加料口堵塞30min

图 6.17　挤出机故障影响饼图

（4）设备性能率的改善主要是将速度损失、小停机和空转损失等做成"饼图"来分析原因并进行改善。

（5）合格品率的改善主要是分析不同缺陷导致的损失时间比率，同样做成"饼图"分析原因，并有针对性地进行改善。

(6) 可以用在制品缓冲库存的方法来解决 OEE 低下的问题，避免某台设备损坏导致其他设备的等待停机及空转。

(7) 流水线平衡率会影响流水线 OEE。因此，提高流水线平衡率，可以减少等待停机时间。

小结：工欲善其事，必先利其器。企业要想创造优秀的绩效，必须建立在企业具备先进设备及良好的管理水平之上。有的企业虽然拥有先进的设备，但始终存在设备带病运转、缺零少件、拆东墙补西墙的现象，不但没有发挥出优势，反而由于不能发挥全部设备的效能，运转费用大，成为沉重的包袱，致使企业生产经营步履维艰。生产设备无论从企业资产的占有率上，还是从管理工作的内容上，以及企业市场竞争能力的体现上，都占据着十分重要的位置。运用 TPM 思想管好、用好生产设备，对促进企业进步与发展有着十分重要的意义。

第 7 章

敏捷切换的法宝——快速换型

快速换型（Single Minute Exchange of Die，SMED）又称"单分钟换模技术"，是 20 世纪 50 年代初期由日本丰田汽车公司摸索出来的，用于提升换型效率、减少切换时间的一套技术。执行快速换型有以下几个好处。

（1）减少换型时间，可以提升设备利用率。这样在满足同样产量需求的情况下，开机时间就可以减少，劳动力和能源就都可以节省了。

（2）设备加工能力得到了提升，面对客户的大产能需求时不需要另买设备。

（3）可以减少周转批量。也就是说，可以采取小批量、高频度的方式来进行生产，库存就会得到降低，现金流就会更加充裕。

（4）快速换型可以保证小批量、高频度的生产，可以缩短生产周期，提高快速交付能力。

（5）通过快速换型改善，降低了换型过程的技术难度，提高了换型成功率，减少了调整废料，从而节省了材料。

案例分享

电子厂总装生产线快速换型改善

某电子厂的总装生产线可生产 S401、V301、S201、C301 共 4 种产品。

在产品切换时需要更换工装和转产物料，平均每次转产需要等待 50min 后才能正常生产。按每天转产 3 次计算，每日生产时间损失 150min，平均生产节拍 55s，则每日的产能损失达到 163 台。针对这一问题，该公司组建了专门的改善小组，运用 SMED 技术推进快速换型改善活动。

1. **实施过程**

（1）进行现状调查，针对换型过程进行详细记录，编制换型作业分解表，如表 7.1 所示。

表 7.1　生产线换型作业分解表　　单位：s

序号	作业内容	人员1	人员2	机	等待	步行	改善前
OP1							
1	吸盘固定块拆除	57					57
2	吸盘固定块安装			22			36
OP2							
3	能源锁定		6				
4	锁主板螺丝夹具切换		98				
5	生产排线夹具切换		43				
OP3 生产机型结束工位，转产开始计算时间。							
6	电脑关机			30			30
7	能源锁定	6					10
8	拿取转产电批	15					0
9	生产电批拆除	63					63
10	转产电批安装	67					67
11	拿取扭力仪器	10				120	130
12	电批扭力测量	420					456
13	生产整机夹具拆卸	57					45
14	生产整机夹具放置	5				15	20
15	转产整机夹具拿取	5				15	20
16	转产整机夹具放置	43					43
17	找内六角扳手	20					20
18	转产整机夹具固定	68					68
19	电气接头连接	48					48
20	行走拿取转产垫台					24	24
21	切换垫台	25					25
22	行走放置生产垫台					15	15
23	返回转产工位通气通电	9				10	19
24	供料器取钉位置校正	430					430
25	产品打钉位置校正	560					350

续表

序号	作业内容	作业时间 人员1	作业时间 人员2	作业时间 机	作业时间 等待	作业时间 步行	改善前
26	能源锁定（机械人）		15				15
27	行走进入设备				15		15
28	螺钉机供料器1拆除		25				25
29	螺钉机供料器1安装		35				35
30	传感器位置更新		25		15		40
31	螺钉供料器2螺钉切换		200				200
32	机械爪手动切换		180				180
33	返回至机械人旁					10	10
34	机器人通气通电		10	110			180
35	转产显示测试夹具拿取		5			41	46
36	生产显示测试夹具拆除	64					64
37	转产显示测试夹具安装						70
38	生产显示测试夹具放置				15		15
39	转产触摸测试夹具拿取	45					45
40	生产触摸测试夹具拆除	40					40
41	转产触摸测试夹具安装				18		18
42	生产夹具整理		20				40
43	OK样机和NG样机拿取				15		15
44	OK样机和NG样机过线，验证设备		222				200
45	OK样机和NG样机放置				15		15

（2）组织专家讨论，分析换型活动中的机会点，如表7.2所示。

表7.2 总装生产线机会点分析　　单位：s

序号	问题描述	时间	影响工位
1	电批扭矩测量和打钉位置校正	936	OP3
2	取钉位置校正	430	OP3
3	手动切换拆装机械爪	180	OP3
4	夹具固定螺钉多	68	OP2/OP3
5	电气接头方向标识不清晰	48	OP2/OP3
6	员工夹具操作不熟练	43	OP1/OP2/OP3
7	传送带产品感应器高度调整	40	OP3
8	操作流程差如行走多、等待等	20	OP2/OP3
9	忘拿内六角扳手等工具	20	OP1/OP2/OP3

（3）由多个产品共用电批改为每个产品专用1把电批，减少了电批转换时的扭力测量时间350s。

（4）如图7.1所示，增加标准的供料器固定板，采用两根销钉进行定位，消除更换供料器时的手动校准过程，切换供料器时间从20min减少到 60s。

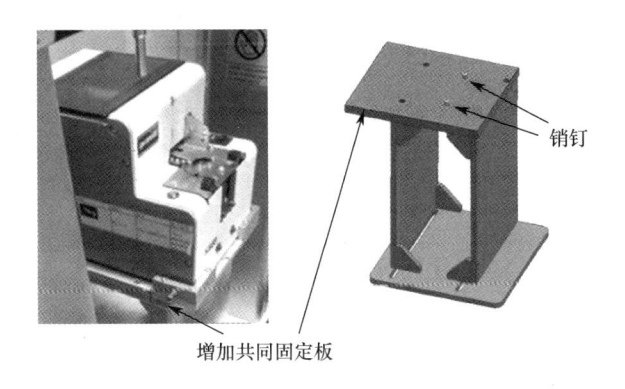

销钉

增加共同固定板

图 7.1　供料器切换改善

（5）将手动拆装机械夹爪转换为手选程序机器人自动切换，如图 7.2 所示，节约切换时间 60s。

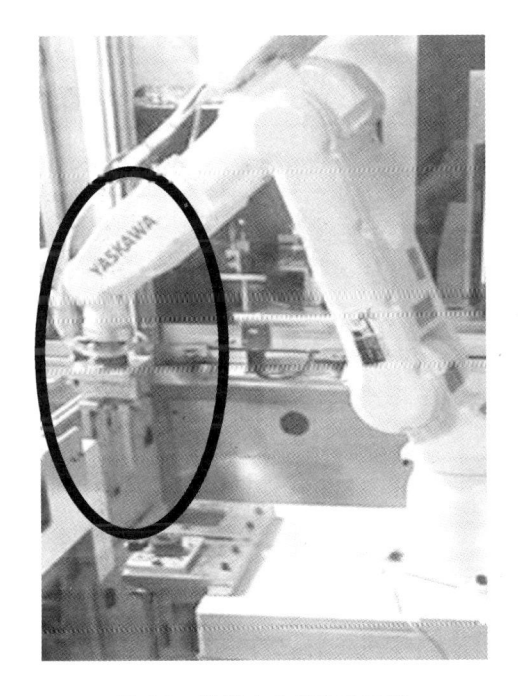

图 7.2　机器人夹爪自动切换

（6）将存储于模具仓库的夹具转移到现场，并使用可移动模具台车存放，如图7.3所示，消除寻找模具和行走时间330s。

图 7.3　夹具存储位置变更

（7）制作换型标准作业指导书（见图7.4）并进行人员培训，将快速换型成果固化。

2. 实施效果

（1）组装线转产时间由 50min 降低至 15min，每日生产稼动时间增加105min。

（2）设备利用率提升使转换成本每年节约3.3万元。

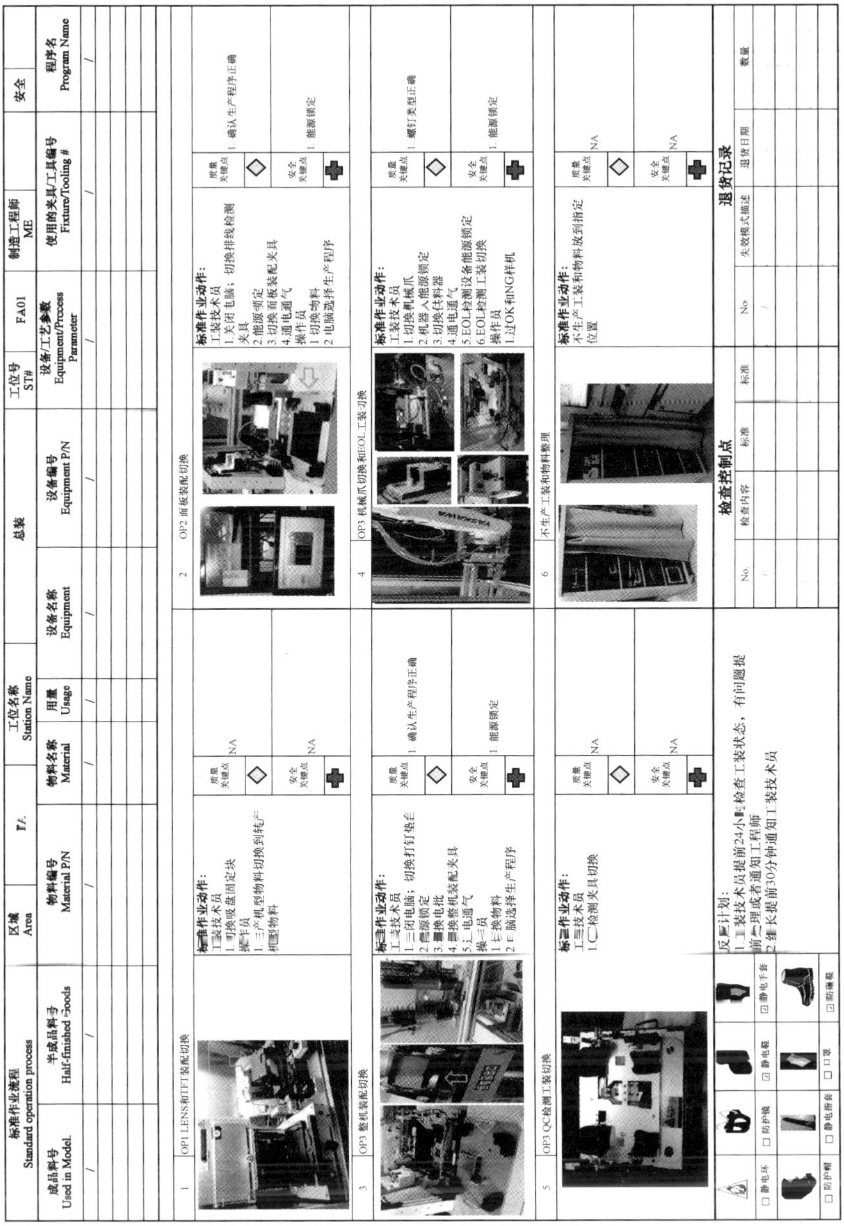

图 7.4 换型标准作业指导书

7.1 快速换型概述

换型是一个让人头疼的话题，每天生产线上都会有大量的时间用于换型而无法投入产品的加工。如果为了减少换型带来的麻烦而选择大批量进行生产，又会导致大量库存的产生。是否有一种方法可以缩短换型时间呢？答案是肯定的。本章就来研究一下如何利用快速换型工具来缩短换型时间。

F1 方程式赛车大家都很熟悉，其对速度的追求达到了极致。在 F1 比赛中，一个很重要的环节就是换胎。在 2019 年 F1 英国大奖赛上，红牛车队创造了 1.91s 的四轮更换世界纪录（见图 7.5），技惊四座。为什么 F1 赛车的换胎速度这么快呢？其实，F1 也是经过了多年的积累，通过精确的人员分工、合理的工具使用及便利化结构设计等大量的改善才达到这样的效果，其背后体现的其实是工业工程技术和统筹学的典型应用。

图 7.5　F1 红牛车队换胎

在工业制造领域其实也有一门专门研究如何提升转换效率，缩减换型时间的工具，那就是"快速换型"技术。该技术的发明人是来自日本丰田公司的新乡重夫博士，如图 7.6 所示。"单分钟换模"这一概念指出，所有的转变

（和启动）都能够并且应该于单分钟（少于10min）内完成。

图7.6　新乡重夫（品质管理专家，丰田体系的创始人之一，工业改善的先行者，"纠错之父"）

1969年，丰田汽车公司更换1000吨级冲床的模具要花4小时，而德国大众汽车公司只需要2小时。丰田汽车制造厂的厂长大野耐一强硬地下令要求赶超德国。新乡重夫花了6个月时间将内部调试从外部调试中分离出来，并逐步改进每一程序中的所有相关操作，最后成功地将调试时间缩短到一个半小时。接着又用了3个月，他和丰田的主管们一起实现了将调试时间减少到3min的奇迹。新乡重夫后来将这一系列举措运用IE的工具和原理进行总结发展，最终开发出了快速换型这个精益管理领域的重要工具。

> 比起建立一套提高工人技能水平的策略和方针来说，更有效率的是降低工作本身所需的技能和水平。
>
> ——新乡重夫

7.2　快速换型的推进步骤

很多工厂在推进快速换型技术时常常会犯一个错误，那就是经常把快速换型做成了"五块钱"项目。

什么是"五块钱"项目？众所周知，很多工厂会鼓励基层员工对现场问题提出改善建议，为了提高员工的积极性，常常会对提出建议的个人进行奖励，如奖励五块钱。但是请注意，这种"点"的改善在营造企业改善氛围上是很好的措施，如果想从根本上提升工厂的运行效率，需要学会用系统的眼光去看待快速换型项目。

何为系统的眼光呢？就是在改善时要摒弃"头痛医头，脚痛医脚"的毛病，认识到企业是一个整体。在执行改善时，能够**通过流程推进的方式解决"类型问题"**，即每做一次改善都要思考：我们是不是从做事流程上可以将导致这个问题的根本原因解决掉？其经验是否可以复制到工厂同一类型的设备上？

按照这个逻辑，在进行快速换型项目推进时可以按照如下 6 个步骤进行。

(1) 选择项目，定义起始点和目标点。

(2) 还原标准设备状态。

(3) 定义基础操作标准。

(4) 记录换型时间及异常信息。

(5) SMED 方法论。

(6) 完善改进标准及定义新标准。

1. 选择项目，定义起始点和目标点

首先介绍一下快速换型相关的基本定义和术语。

(1) **换型**是指在给定的工作场所，从产品 A 到另一种产品 B 的转换所需的一系列操作，如图 7.7 所示。如停止设备、准备物料/工具、拆卸模具/螺钉、设备对中、模具测量、产品参数调整、设备热机等。

图 7.7 "换型"的定义

（2）**换型时间**是指在生产过程中，从上一规格最后一件合格产品生产结束时间开始，到下一规格第一件合格产品生产出来为止的时间长度，如图 7.8 所示。

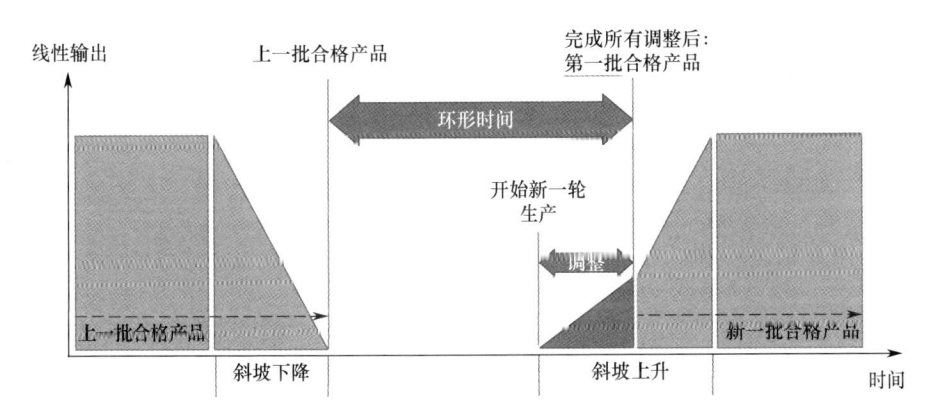

图 7.8 换型时间

以挤塑机换型为例：从计划部门收到换型指令，然后从常态生产速度逐渐降低上一型号产品的生产速度，等到生产速度降低至 0 后进行切换工作。切换完成后开始进行下一产品的生产调整工作（此阶段产品是不合格的产品），调试好后开始正式生产，从 0 开始逐渐提速后逐渐达到正常生产速度。从上一产品生产结束开始,一直到下一产品完成调整,可以生产合格产品的时间,称为换型时间。

(3) **利用历史数据确认改善项目**。推进换型项目,首先要选择针对哪台设备进行换型改善活动。一般来说,换型改善要看如下 3 个指标:

- 换型频度。
- 平均换型时长。
- 换型时长的变异。

换型频度和平均换型时长两个指标表明了换型活动的工作量,也就是换型对正常生产活动的影响。测算一台设备的换型活动对设备利用率影响度可以简化为换型频度×平均换型时长。这样就可以大体衡量出换型对设备的影响有多大,如图 7.9 所示。

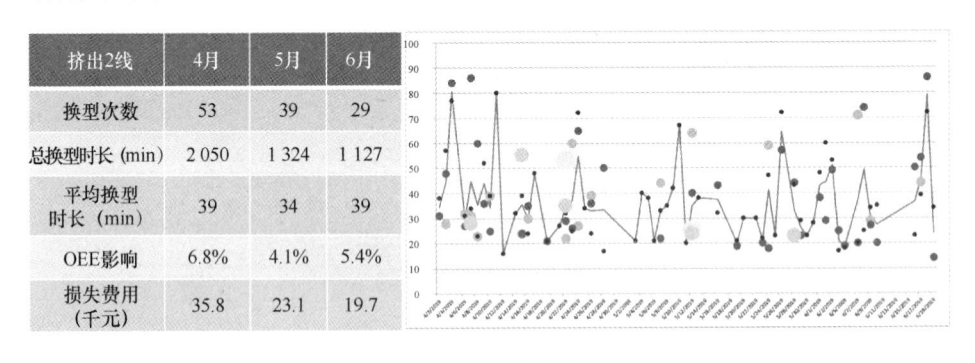

挤出2线	4月	5月	6月
换型次数	53	39	29
总换型时长 (min)	2 050	1 324	1 127
平均换型时长 (min)	39	34	39
OEE影响	6.8%	4.1%	5.4%
损失费用 (千元)	35.8	23.1	19.7

图 7.9 设备换型产生的影响

另一个指标"换型时长的变异"的作用是什么呢?

其实,这个指标是为了判断是否具备换型的前提条件。换型的前提条件是什么呢?就是**换型活动的标准化**程度。一切改善活动的基础是标准化,因为没有标准化就不具备继承性,也就是说,**没有标准化能力代表着"现场"没有能力将改进结果进行固化和持续**。第二天换了一拨人,一切改进都白费了,改善活动就是没有意义的。

"换型时长的变异"情况一般用每次换型时长的方差来表示。

从数据分析的角度,换型活动大多数属于纯手工活动,手动工序的故障时长数据变化规律服从正态分布，如图7.10所示。

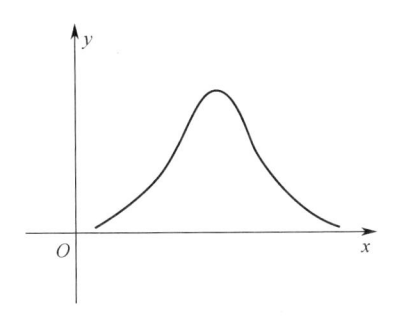

图 7.10　正态分布曲线

方差为各个数据与平均数之差的平方和的平均数，正态分布曲线的方差的计算公式如下：

$$s^2 = \frac{1}{n}[(x_1-x)^2 + (x_2-x)^2 + \cdots + (x_n-x)^2]$$

式中，x 表示样本的平均数；n 表示样本的数量；而 s^2 就表示方差。方差的算术平方根即为标准差，用 σ 表示。

应用方法：用"换型时长"数据的标准差除以平均值，得到的值称为"变异系数"。进行数据统计分析时，如果变异系数大于 15%，则要考虑该数据可能不正常，应该剔除。也就是说，如果某台设备换型时长数据的变异系数过大，代表其每次换型所用的时间差距较大，也就说明这台设备在每次换型时并没有正常的流程和节拍，或者所受干扰比较大，这个系统暂时还不具备改善的"继承"能力，那么这时要做的就是标准化工作，而非直接进行快速换型的改善。

2. 还原标准设备状态

当完成了第一阶段工作，通过历史数据选定了换型设备，接下来就要进行设备标准状态还原的工作了。

首先，需要按照清洁标准对准备换型的工作区域进行检查和修复，如图 7.11 所示。

换型观察表

产线：　　　　　　　　　　　　　　　　　　　　　　　　　　　　日期：　　　　　　　　　　单位：s

序号	动作描述	操作员A 用时	操作员B 用时	时间消耗
1	换型前准备		500.0	500.0
2	停止挤出机主机及喂料器	60.0	55.0	60.0
3	关停挤出机、牵引机	80.0	75.0	140.0
4	拆出模芯和模套	850.0	400.0	990.0
5	将模具及流道内的余料清理干净	400.0	400.0	1390.0
6	安装并调整模芯和模套	350.0		1740.0
7	装上各区电热圈，接好电源线，插上电热偶	330.0		2070.0
8	打开喂料器及主机	60.0		2130.0
9	开机排料、空拍调整偏心	500.0	100.0	2630.0
10	穿引线、接线、密封	480.0	480.0	3110.0
11	调整偏心，调厚度	325.0		3435.0
12	调速，开机	360.0		3795.0
		3795.0	2010.0	

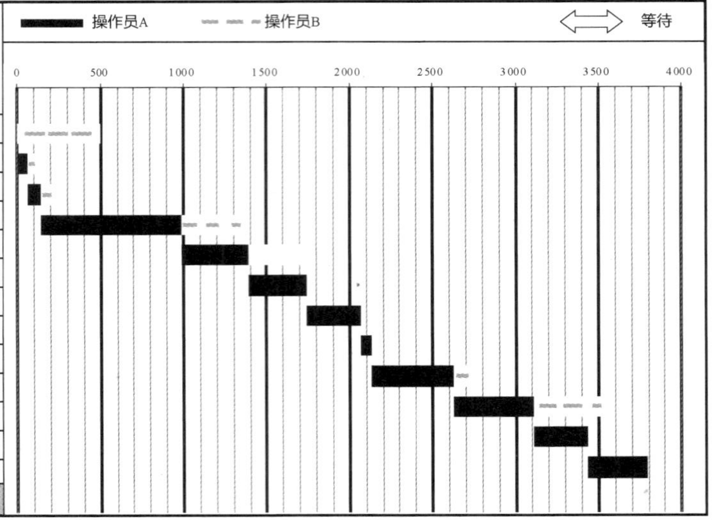

图 7.11　现场设备清洁指导书

通过对现场的清洁和保养，可以达到以下目的。

（1）清洁活动——设备无灰尘、泄漏及其他污染物。

（2）润滑活动——润滑液保持正确的液位，使设备自由运动。

（3）检查活动——按照标准完成了检查。

进行这一步的目的，除消除由于没有很好地执行清洁过程而产生的设备问题外，更重要的是使参与换型改善的团队成员熟悉设备并且具备查找问题根本原因的能力。接下来要做的就是 TPM 中自主保养的内容，对设备的劣化进行修复，使其呈现最佳的工作状态。

3. 定义基础操作标准

还原了标准设备状态后，现场"机"这一部分的基础状态就确认了。接下来就要进行"人"的基础操作定义了。

在这一阶段涉及在进行换型作业时所必需的一个指导工具——SOP（Standard Operating Procedure）。SOP 指的是将某一事件的标准操作步骤和要求以统一的格式描述出来，用来指导和规范日常的工作。SOP 的精髓就是将细节进行量化，用更通俗的话来说，SOP 就是对某一程序中的关键控制点进行细化和量化。定义清晰 3 个生产重要条件：Who、When 和 What，即"谁""在什么时候""做什么事"，如表 7.3 所示。

表 7.3　换型操作指导书

			换型工作单 A 面	
1	换型准备	A/备料 A	A：安灯呼叫换型，换型耗材、样板、工具准备 B：记录换型（以 Reflow 流出为准）、协助 A 人员准备 备料 A：备料 A 响应、台车准备	所有人员均需要记录异常事件
2	送板机	A	A：调整轨道、样板确认，光板放入送板机	
3	锡膏印刷机	A	A：更换刮刀、网板、block、更换/添加锡膏	
4	点胶机	B	B：调整轨道、上传程式	
5	锡膏检测	B	B：调整轨道、上传程式	
7	第 1 台贴片机换型	B+备料 A	B：上传程式、装 Pin 针、Feeder teach、确认状态、上下台车 备料 A：退回主界面、拆 Pin 针、上下台车	
9	第 2 台贴片机换型	A+备料 A	A：上传程式、装 Pin 针、Feeder teach、确认状态、上下台车 备料 A：退回主界面、拆 Pin 针、上下台车	
10	第 3 台贴片机换型	备料 A	备料 A：退回主界面、上传程式、上下台车、拆装 Pin 针、Feeder teach	
12	Reflow	B	B：调整轨道、上传程式、炉温曲线/调整、首件确认、记录上一型号最后一个板子流出的时间点等	
13	AOI	A	A：调整轨道、上传程式等	

4. 记录换型时间及异常信息

接下来将开始对现场的换型活动进行记录。记录方式最好是通过全程录像的形式，将现场换型活动中发生的所有事件全部记录下来，并对记录的时间进行分析，如图 7.12 所示。

在进行现场时间测量时，要注意以下几个原则。

(1) 从切换前的最后一件合格产品生产结束开始记录。

(2) 详细记录过程中发生了什么。

(3) 切换后被接受的合格产品开始生产时停止。

(4) 包括所有的等待、协调、寻找等中断时刻。

(5) 准确测量录像中显示的时间。

5. SMED 方法论

在对现场进行详细记录和时间测量后，就进入了快速换型活动中最重要的改善环节。这一阶段可以划分为如下 7 个步骤。

(1) 将换型活动分类。

(2) 取消"浪费"活动。

(3) 划分内换模和外换模。

(4) 将内部换模转化为外部换模。

(5) 通过协同工作减少内部活动。

(6) 通过工程设计减少内部活动。

(7) 减少外部活动。

1) 将换型活动分类

如表 7.4 所示，将换型活动分成如下 3 类。

- 浪费：不会增加价值的不必要动作。
- 外部活动：可以在生产期间进行的动作。

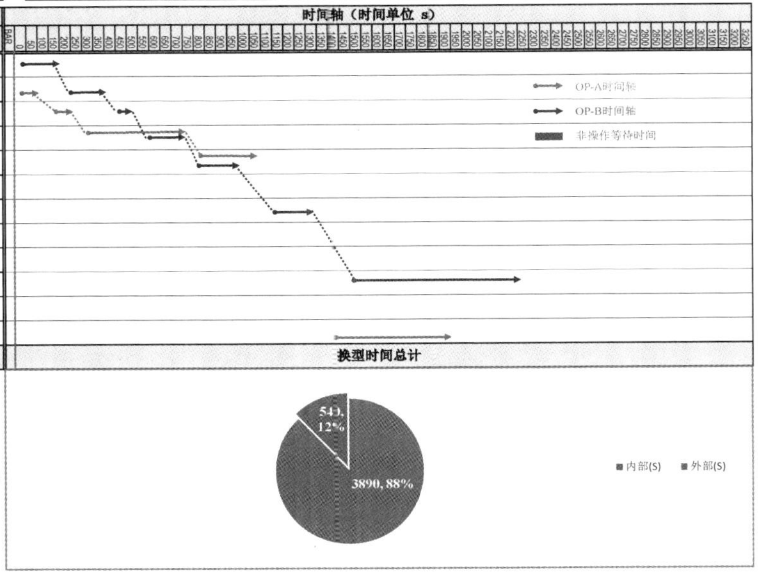

第 7 章　敏捷切换的法宝——快速换型

换型观察表

单位：s

序号	动作描述	换型时间			内/外	
		合计	op A	op B	内部	外部
1	换型前准备	540		540	540	
2	停止并排出主机及喂料器	60	60	55	60	
3	关停挤出机、牵引机	75	75	75	75	
4	拆出模芯和模套	950	850	100	950	
5	拆模具及清理内仓余料清理干净	400	400	400	400	
6	安装并调整模芯和模套	350	350	400	350	
7	装上各区电热圈，接好电源线，插上电热偶	330	330	200	330	
8	打开喂料器、空拍调整偏心	60	60		60	
9	开机排料、空拍调整偏心	500	500	480	500	
10	牵引线、套线、密封	480	480	480	480	
11	调整偏心、厚度	325	325	325	325	
12	送压、开机	360	360		360	
	TOTAL	4430	3790	1850	3890	540

CT 3890 s

图 7.12　换型时间分析

SMED: Simple & Rapute Exchange of Die，一分钟快速换型，也称Quick Change-Over、QCO。
内部作业时间：指在设备停止运行进行的作业，所花的时间。
外部作业时间：指在设备运转时，能够进行的各种准备工作及和相关作业，所花的时间。
时间分析：将所观察的多个动作可能是几个动作同时进行的，按照线段代表换型过程中及设备重要开启的时间点。
说明：红色虚线代表设备停止的时间点。蓝色线段代表换型后设备重要开启的时间点。

- 内部活动：只能在停机期间进行的动作。

表 7.4 换型活动分类

浪费	外部活动	内部活动
不必要的动作	接收主管的下一步指令	取出产品
操作员的等待	从仓库取原材料	取出机器内物料
寻找材料	从模具间拿工具	拆卸模具
解决意外故障	归还工具	安装新工具
等待指令	铲车、行车等设备的准备	安装模具
不必要的铲车运输	准备抹布、滑石粉等工具	启动、调整
不必要的铲车等待	预热模具、部件、材料	卸除上一批生产的工具
	清洁工作场所和工具	

2）取消"浪费"活动

确保换型期间不会发生任何异常，确保换型之前处于最佳工作条件。

（1）准备换型所需资源的检验单（包含什么资源、存放地点、存放时间、数量、条件等信息）。

（2）清楚了解换型顺序，确保操作员对整个换型过程熟知，没有疑惑。

（3）"可视化管理"，将一些参数要求转变为直观、准确的记号线、颜色等可视化信息，如图 7.13 和图 7.14 所示。

图 7.13 模具可视化存储

第 7 章 敏捷切换的法宝——快速换型

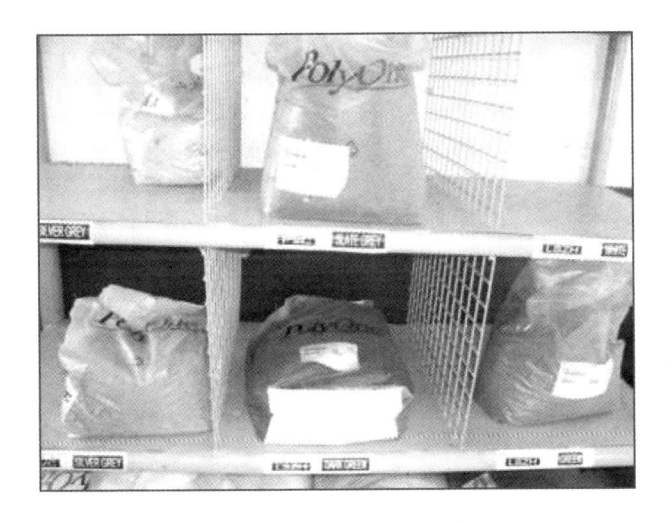

图 7.14 材料可视化存储

（4）确保一切工具和资源的充足，确保工具没有损坏。

（5）换型所需相关资源存储在换型设备附近，换型工具随身携带，如图 7.15 和图 7.16 所示。

图 7.15 换型所需资源存储在设备旁边

（6）为了快速导入，将工具和材料按照需求顺序放置。

（7）仅保留强制性义务，可做可不做的事情，坚决不做。

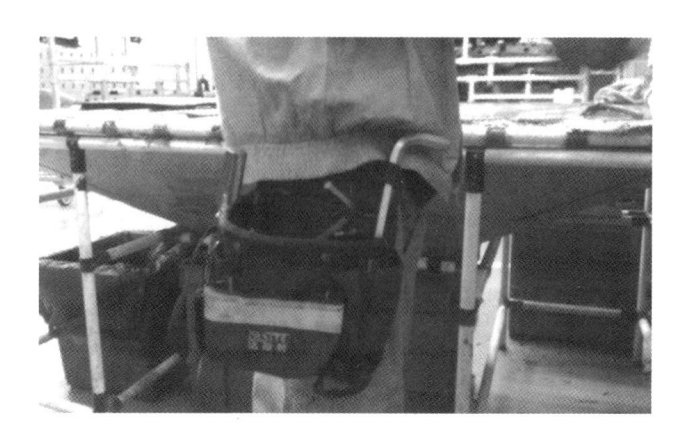

图 7.16　设备拆卸工具随身携带

3）划分内换模和外换模

外换模是在设备生产期间可以进行的换型活动，该活动不影响生产速度，对产品质量也没有影响。内换模会对生产造成影响，会产生生产速度、产品质量或安全相关的问题，如图 7.17 所示。

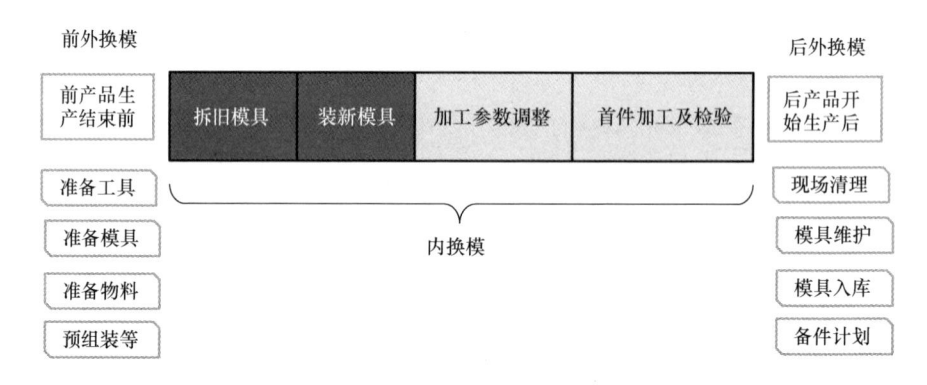

图 7.17　挤出机机头

4）将内部换模转化为外部换模

尽可能在关闭设备前完成如下工作：预热（见图 7.18）、预装配（见图 7.19）、预安装（见图 7.20）、预调整（见图 7.21）。这样，停机后就不需要再因为这些工作影响换型时间了。

第 7 章 敏捷切换的法宝——快速换型

图 7.18 模具提前预热

图 7.19 模具预装配

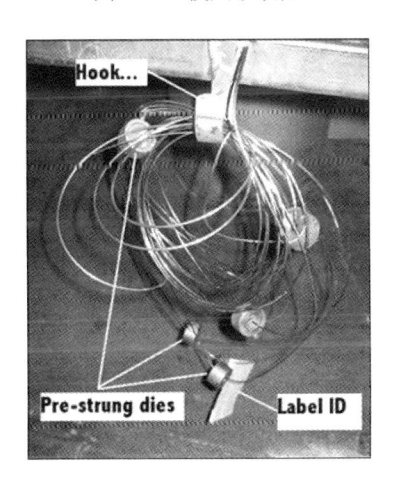

图 7.20 模具预安装

图 7.21　（使用吊钩）预调整挤压模具

5）通过协同工作减少内部活动

如图 7.22 所示的案例，原来的操作方式是利用一个操作员，用 66min 独自完成切换工作。改进后安排调整工在换型的时间段内临时参与换型活动，这样两个操作人员通过协同将换型时间减少至 33min。

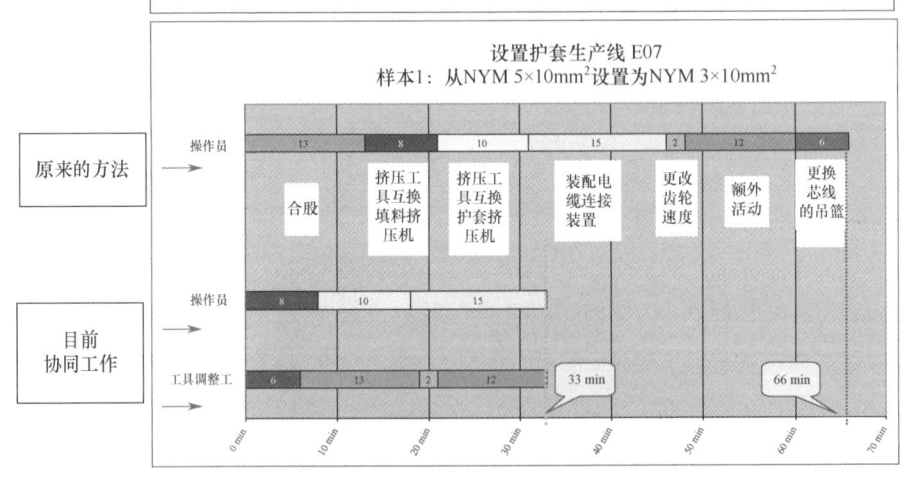

图 7.22　通过协同减少换型时间

注意：参与协同的人数并不是越多越好，要根据换型活动中的"并行动作（可同时操作且互相不干扰的动作）"的量来合理配置，这样才不会造成人员的浪费。

6）通过工程设计减少内部活动

该阶段的改善要点是依靠集思广益，通过各种符合工业工程原则的工程设计方面的改进来达成切换效率的提升。

（1）使操作对象数量最小化，例如，模具多根加热水管改造成集成水管，如图7.23所示。

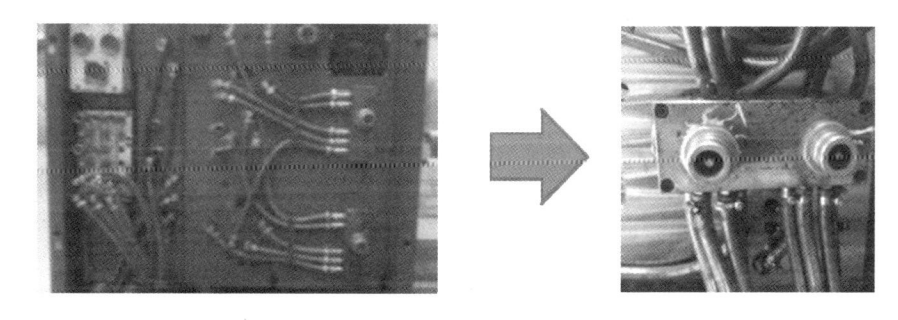

图7.23　集成水管改造

（2）使操作动作数量最小化。最好为单个动作，立即带来好处，例如，压扣型的锁紧装置，如图7.24所示。

图7.24　压扣型的锁紧装置

（3）利用快速定位孔和定位销，如图7.25所示。

图 7.25　定位孔和定位销

（4）使用快速释放的紧固件，如图 7.26 所示。

图 7.26　快速释放的压杆式并线模

（5）使用可独立作用的紧固件，如图 7.27 所示。

图 7.27　紧固件羊角螺钉

（6）使用同一规格、同一导入方式的标准化制动器、定位器、螺钉等，如图7.28所示。

图7.28　同一安装部刀具

（7）参数（位置、压力等）的数值使用可视化标识，如图7.29所示。

图7.29　可视化液压表

（8）使用便利的运输系统，如图7.30所示。

最终目标是让一切畅通无阻。

7）减少外部活动

外部活动虽然不影响换型时间本身，但是从工厂整体的角度来说仍然是资源的浪费。所以，在通过快速换型方法论的知识将内部换型时间降低为最少后，也不要忘记对外部换型活动进行改善。

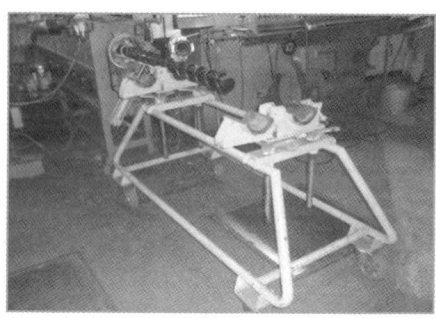

图 7.30　换模台和螺杆搬运车

6. 完善改进标准及定义新标准

经过一系列的改进，换型过程已经达到了优化。接下来就是将改善后的现场和流程进行标准化。图 7.31 所示为换型操作示意图。

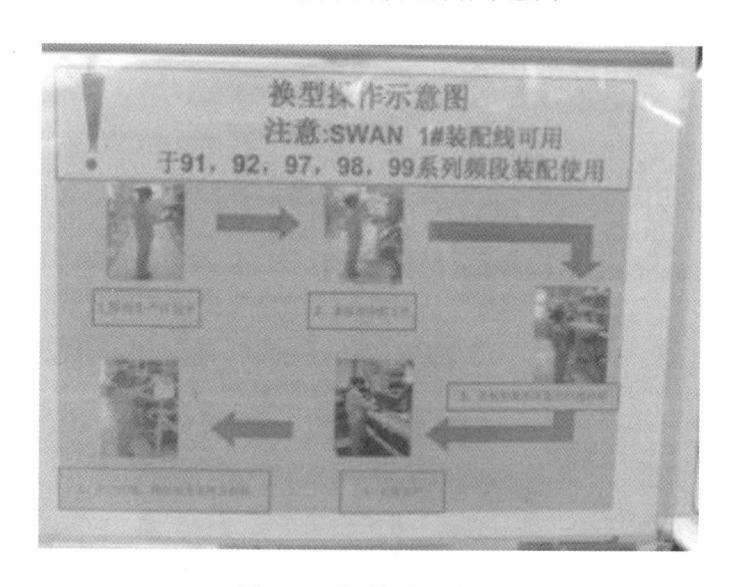

图 7.31　换型操作示意图

图 7.32 所示为快速换型项目推进年表。

第7章　敏捷切换的法宝——快速换型

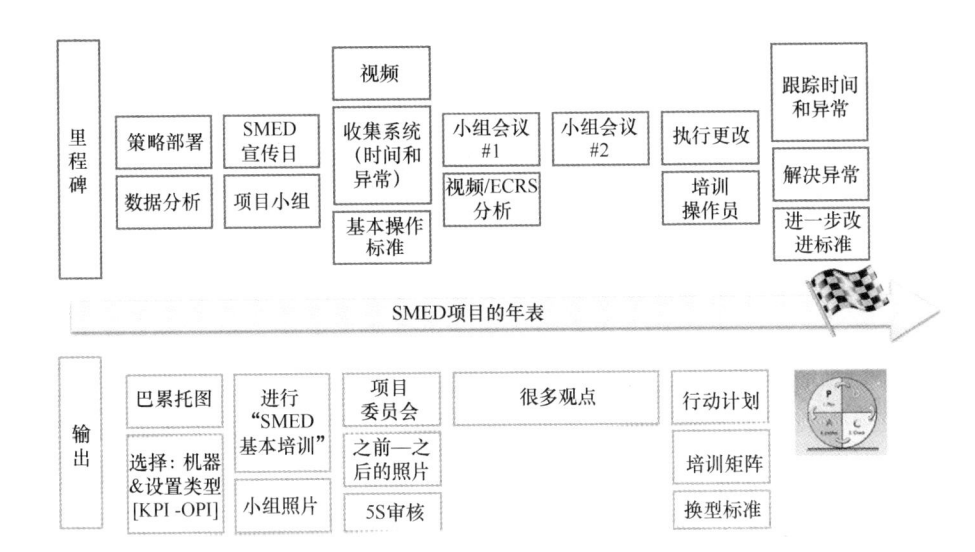

里程碑	策略部署	SMED宣传日	视频 收集系统（时间和异常）	小组会议 #1	小组会议 #2	执行更改	跟踪时间和异常
	数据分析	项目小组	基本操作标准	视频/ECRS分析		培训操作员	解决异常 进一步改进标准

SMED项目的年表

输出	巴累托图	进行"SMED基本培训"	项目委员会	很多观点	行动计划	
	选择：机器&设置类型[KPI-OPI]	小组照片	之前—之后的照片 5S审核		培训矩阵 换型标准	

图 7.32　快速换型项目推进年表

第 8 章

创造便利的环境——精益布局与物流

精益布局就是以企业生产系统的空间静态结构（布局）为研究对象，从企业动态结构—物流状况分析出发，探讨企业平面布置的设计目标、设计原则、设计方法与设计程序，使企业人力、财力、物力和物流、人流、信息流得到最合理、最经济、最有效的配置和安排，从根本上提高企业的生产效益，达到以最小的投入获得最大效益的目的。采用精益布局方法有如下好处：

（1）简化加工和作业过程。

（2）有效利用设备、空间、能源和人力资源。

（3）最大限度地减少物料搬运。

（4）缩短生产周期。

（5）降低投资费用。

（6）提供安全、舒适的工作环境。

案例分享

汽车门内饰板厂布局及物流改善

某汽车门内饰板生产厂家面临客户需求量增大，自身产能不足的问题。希望通过推动物流和布局改善，提升物流效率并减少现场使用面积，为新增加的设备空出场地，确保产能提升以满足客户需求。

1. 实施过程

（1）针对整个价值流进行基础信息收集，了解工序和顺序，然后搜集各工序的信息，如图 8.1 所示。

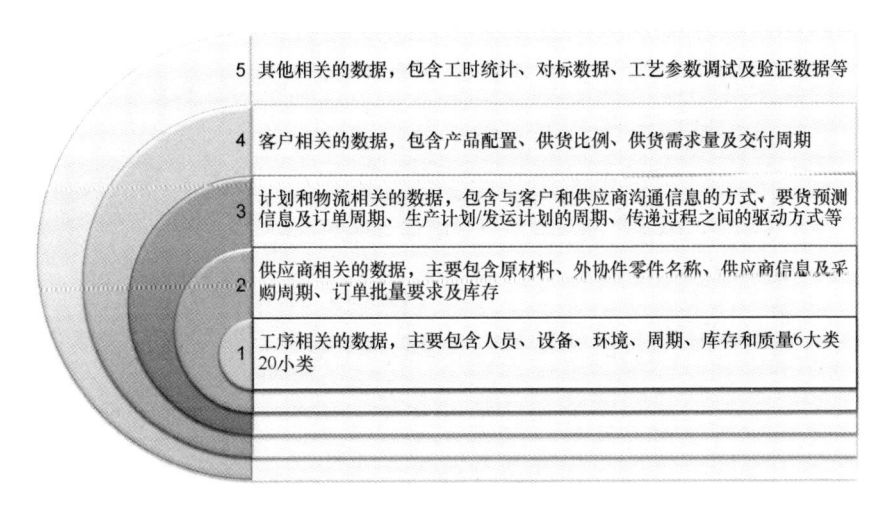

图 8.1 现场信息收集规划

（2）针对现状绘制价值流图（Valve Stream Mapping，VSM），进行基础数据分析，如图 8.2 所示。

（3）根据价值流相关信息进行最短交货提前期计算（见图 8.3）和产能分析，得到结果交货提前期应为 222min，产线加工能力应大于 50JPH。

（4）从现有的库存生产方式，转变为根据客户排序信息进行门板焊接—装配—发运的排序式生产，以提高资源利用率，如图 8.4 所示。

（5）重新规划物流路线，保证单元 U 形线布局且统一物料进出口方向，并与主物流路线直接相连，便于后续采用 AGV（自动引导物料车）进行物料拉动，如图 8.5 所示。

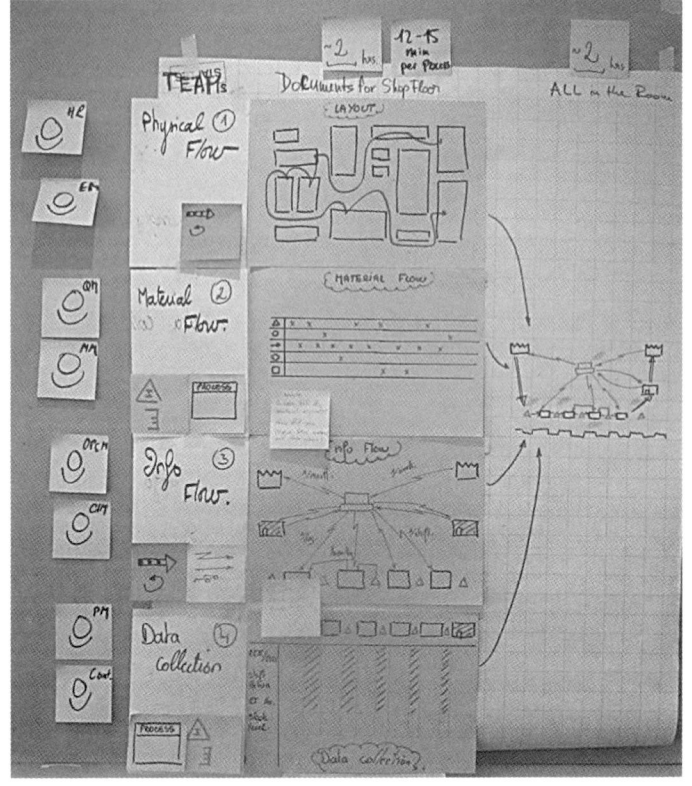

图 8.2 绘制价值流图

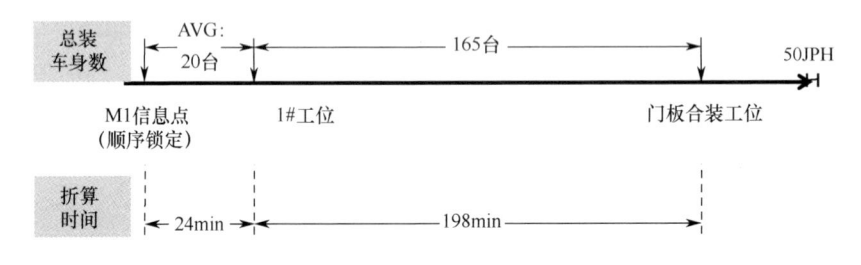

图 8.3 交货提前期计算

（6）利用 MES 系统，将客户需求转化成工厂排序信息，然后根据当天的设备情况直接拆分成物料需求并自动生成配料单，如图 8.6 所示。为保证配料的准确，采用亮灯系统+电子看板显示的形式指导配料。

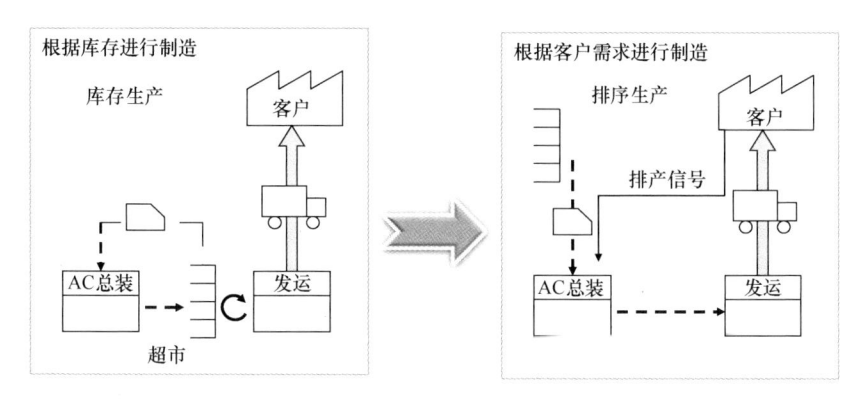

图 8.4 库存式生产转变为排序生产

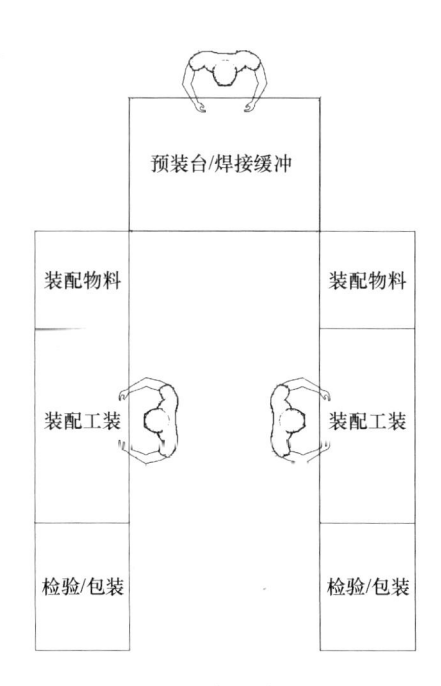

图 8.5 生产线精益布局

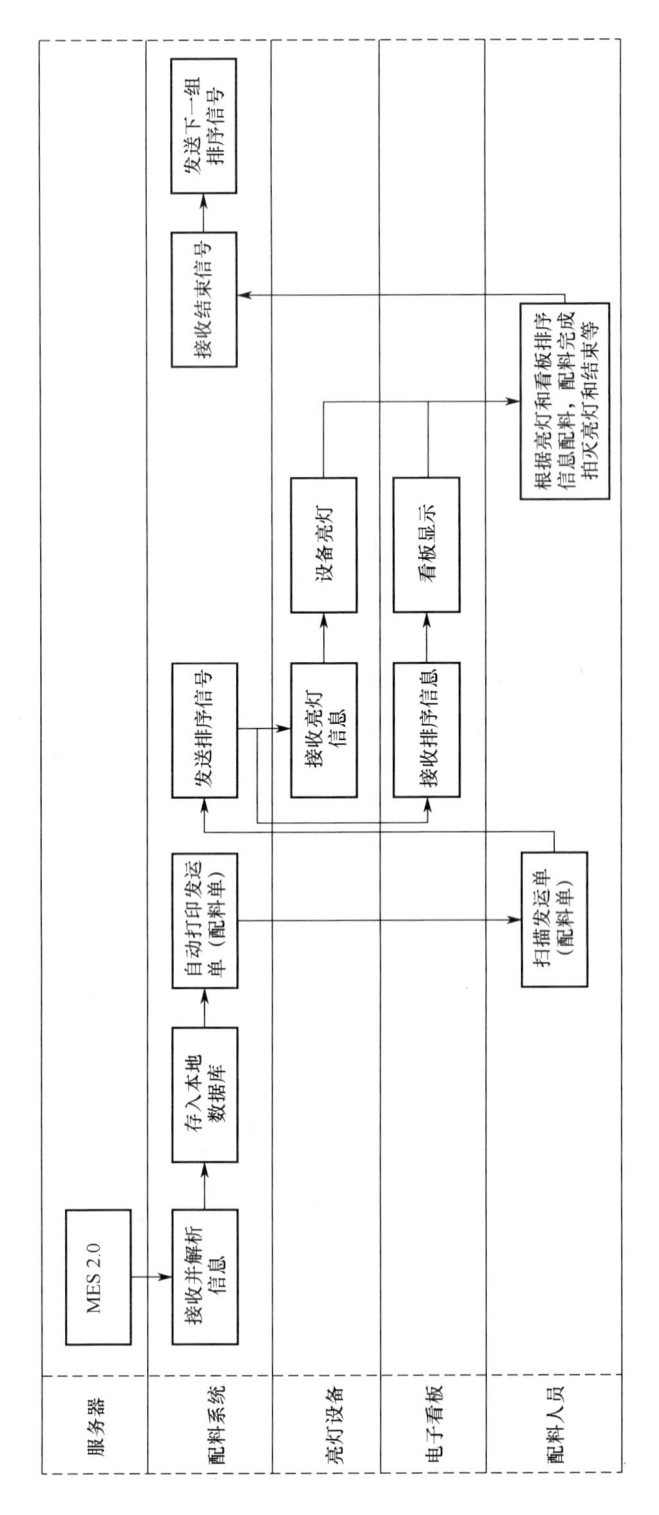

图 8.6 MES 系统逻辑图

(7) 物料采用成组配料的方式,一次配好送至生产区域,配好的 Kit 车采用 AGV 配送上线,如图 8.7 所示。

图 8.7 AGV 配料

2. 实施效果

(1) 产品总生产制造周期由 3 小时降低为 2 小时,降低了 33%。

(2) 通过排序发运,将现场库存由 520 套降低至 40 套,库存数量减少了 90%。

(3) 通过重新布局,场地面积节约了 1 000 平方米。

(4) 物流配送人员由 10 人减少为 4 人,减少了 60%。

8.1 车间布局类型介绍

常见的工厂车间布局有如下 5 类：工艺式布局、产品式布局、单元式布局、固定式布局和混合式布局。每种布局都有其存在的合理性和问题所在，下面介绍这些布局形式的优缺点。

1. 工艺式布局

工艺式布局的特点是对相同设备按工艺功能进行分组布局，也就是将相同或相似功能的设备摆放在一起的布局形式，如图 8.8 所示。

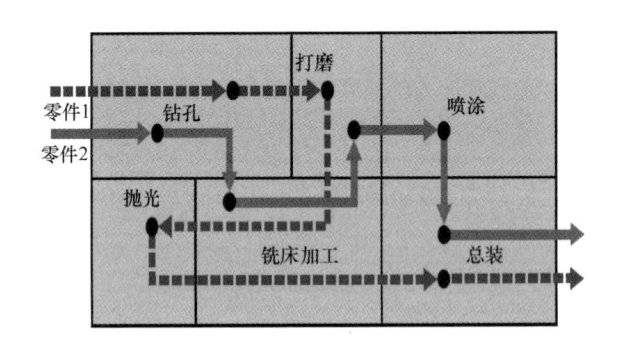

图 8.8 工艺式布局

工艺式布局的优点如下。

- 适用于设备投资额高的生产布局，便于对设备进行专业化管理。
- 充分利用设备，减少设备投资，减少产能的浪费。
- 柔性化，适合产能扩张或缩小。可灵活根据客户订单调整开动率。

工艺式布局的缺点如下。

- 物料搬运距离远，存在搬运浪费。
- 在制品库存高，拉长生产周期并影响现金流。
- 可能产生批量报废。

2. 产品式布局

产品式布局的特点是按产品生产作业顺序进行生产线布局，如图 8.9 所示。

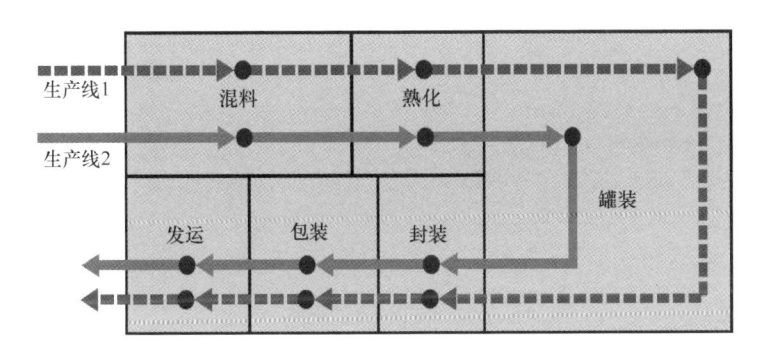

图 8.9 产品式布局

产品式布局的优点如下。

- 缩短物料搬运距离。
- 减少在制品库存，符合精益理念。
- 可及时发现各工序产品质量问题。

产品式布局的缺点如下。

- 未充分利用设备产能，抬高设备投资。
- 整条生产线的生产速度受"瓶颈"制约，降低了广义 OEE。
- 柔性化不好，不便于产能扩张/缩小。

3. 单元式布局

单元式布局又称柔性制造系统，设备按照加工单元进行布局，如图 8.10 所示。该布局形式多应用于"节拍"比较恒定的产品生产，对每个操作工的作业标准化要求较高。

单元式布局通常采取自动化的加工和物料搬运系统，可以在一条生产线上生产多种产品，除了品种和产量，对客户需求变化的快速反应和短的生产交付周期是其特点。

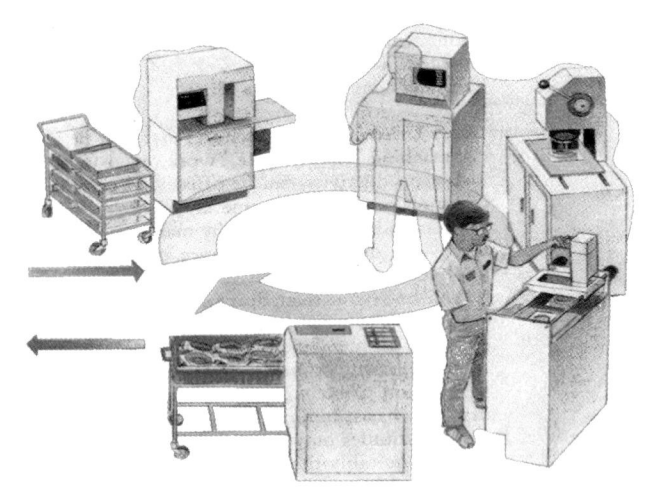

图 8.10 单元式布局

4. 固定式布局

固定式布局是指以生产的产品为中心，其他生产资源从各处搬运到被生产产品的周围来进行生产的布局模式，一般用于大型设备的生产，如飞机、盾构机等，如图 8.11 所示。

图 8.11 固定式布局

固定式布局一般需要注意工位空间设计。通过联合操作分析与安装时的人机工程分析,保证工具、物料摆放的合理性和安装顺序的合理性。

5. 混合式布局

混合式布局又称集成工艺、产品式布局,就是将工艺式布局和产品式布局相结合。选择昂贵且产品需求波动较大的设备,按工艺式布局将其放置于一处,便于设备统一管理和产能调配。另将相关联的下游工位尽量与上游相邻布局,缩短搬运距离和响应时间,达到减少半成品库存的目的,如图 8.12 所示。

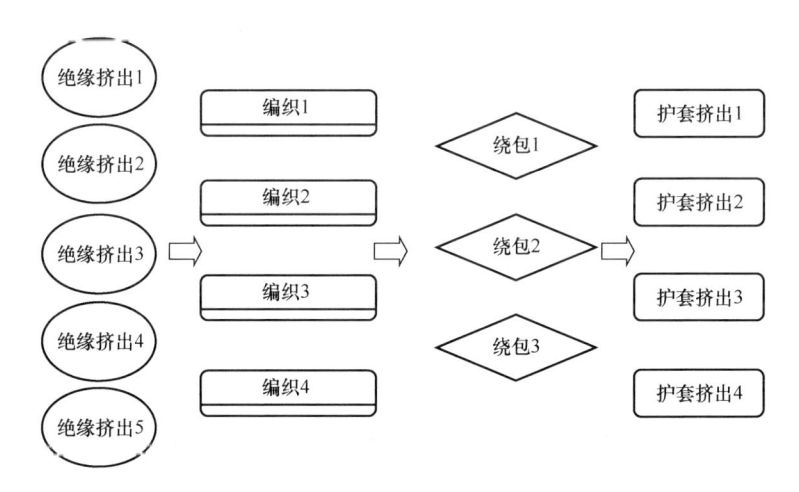

图 8.12 混合式布局

8.2 产线布局类型介绍

产线的精益布局以现状布局为基础,通过消除人、机、料、法、环各个环节上的浪费,来提高工序间的平衡能力,提高场地利用率,降低人员劳动强度。下面介绍几种典型的产线布局形式。

1. 串联式布局

图 8.13 所示为串联式布局。

图 8.13　串联式布局

串联式布局的优点如下。

- 物流线路清晰，容易规划和清理。
- 物料可用长皮带线传送。

串联式布局的缺点如下。

- 物料周转方式单一。
- 各工序人员联络少。
- 场地利用率较低。

2. 并联式布局

图 8.14 所示为并联式布局。

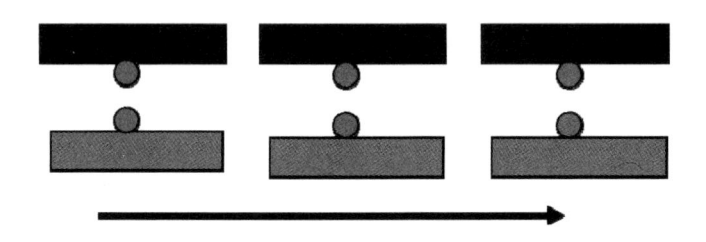

图 8.14　并联式布局

并联式布局的优点如下。

- 一人可以操作两台设备。
- 步行及搬运距离短。
- 可以随时观察设备运作状态。

并联式布局适合一人多机配置的设备布局。

3. U 形布局

图 8.15 所示为 U 形布局。

图 8.15　U 形布局

U 形布局的优点如下。

- 进料和出料口一致，方便根据成品状态判断原材料是否投入。
- 方便一人操作多台设备。
- 可以随时观察设备运作状况。
- 员工操作步行距离较近。

8.3　精益布局的原则和改善步骤

精益布局的目的是实现均衡性和流动性。为了保证均衡性和流动性，在开展精益布局时，下面 5 个原则经常在精益布局中应用。

（1）最短距离原则。配置时要使搬运距离和时间最短。移动距离越短，物料搬运所花费的费用和时间就越少。

（2）物流顺畅原则。使物流不要倒流、逆流和交叉迂回。要设法使物流像水从高处向低处流那样顺畅。

（3）利用立体空间原则。如将仓库设计成网架形式，以达到高效率地利用高层空间。

（4）安全满意原则。确保作业人员的安全和减轻疲劳是非常重要的。材料的移动、旋转等都会出现不安全状况，抬升、卸下货物会加剧作业疲劳，应尽量减少人力搬运，必要时可利用专用工具完成搬运。

（5）灵活机动原则。面对各工序的加工数量、产品类型等变化，物流尽可能有快速适应变化的能力，可以快速切换。

精益布局不仅需要对生产现场全面掌握，还要对客户需求、原材料供应等厂外信息了如指掌，并结合精益布局的基本原则，设计出最适合工厂的布局形式。工厂布局改善可按照如下步骤进行。

1．基础信息收集

完善准确的数据是进行一切改善的基础，在精益布局过程中，需要收集的信息类型可概括为 P（Product，产品）、Q（Quantity，数量）、R（Routing，流程）、S（Service，服务）、T（Timing，时间）5 类数据。

1）P（产品数据）

产品数据主要包括产品本身和产品包装的相关数据。这些数据可以在 BoM（Bill of Material，物料清单）和 SPI（Supplier Packing Information，供应商包装信息，见表 8.1）中查找到。

表 8.1 供应商包装信息

名称	零件名称
产品性质	自采购件、客供品、在制品、成品等
使用车型	该零件使用的车型（或者某一大类，如客户）
包装类型	包装箱的类型（如纸箱、钙塑箱、塑料箱、工位车等）
满箱重量	一整箱货物的总重量
包装长度	包装箱的长
包装宽度	包装箱的宽
包装高度	包装箱的高
叠放层数	包装可堆叠的层数
标准容量	单位包装的标准容量

2）Q（数量数据）

数量数据包括每种零件的数量信息（客户需求数量、供货批次、批量等）的收集和输入，如表 8.2 所示。

第 8 章 创造便利的环境——精益布局与物流

表 8.2 零件数量信息汇总

MAX	最大库存量
MIN	最小库存量
日用量	该零件平均每天的使用量
批量	订货批量（外协件）、生产批量（自制件）、发运批量（成品）
单台用量	生产一个产品所消耗的零件量
小时用量（件）	每小时零件的最大用量
小时用量（箱）	每小时最多需要的箱数
循环使用的包装数量	系统中此零件包装（循环使用的包装）的数量

3) R（流程数据）

流程数据包括加工流程及搬运路线、工艺操作过程、加工顺序。

这部分数据主要通过流程图、标准化作业单、工艺单、价值流程图等文件呈现。

4) S（服务数据）

服务数据包括支持内部物流运作过程的相关部门，如工厂布局、均衡生产、精益包装、节拍管理、外部物流，如图 8.16 所示。

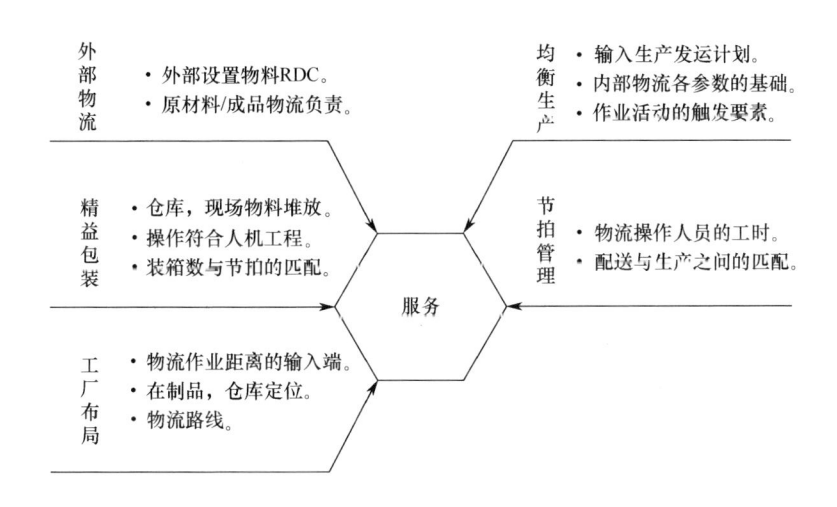

图 8.16 相关支持部门及其输入信息

5) T（时间数据）

时间数据包括与客户需求、供应商供货及与产品本身有关的时间类数据，如表 8.3 所示。

表 8.3 时间类数据

产品存放时间要求	保质期、熟化时间等
订货频度	向供应商订货的频度/供应商送货的频度（如每天、每周）
窗口时间	供应商供货到达道口的时间
紧急拉动响应时间	紧急发送订单至货物送至生产线的时间

2. 分析确定布局方案

在布局方案设计的过程中，首先要遵循"短"和"小"两个大的原则。

"短"的物流路线：

- 原料要靠近生产线的始端。
- 生产线的末端要靠近下道工序的入口。
- 外购零件库要靠近消耗工序。
- 末道工序要靠近总成的成品库。

"小"的占地面积：

- 产品的生产线布局以最小化为标准，原则上应保证各工序的物流要畅通，无迂回，如图 8.17 所示。

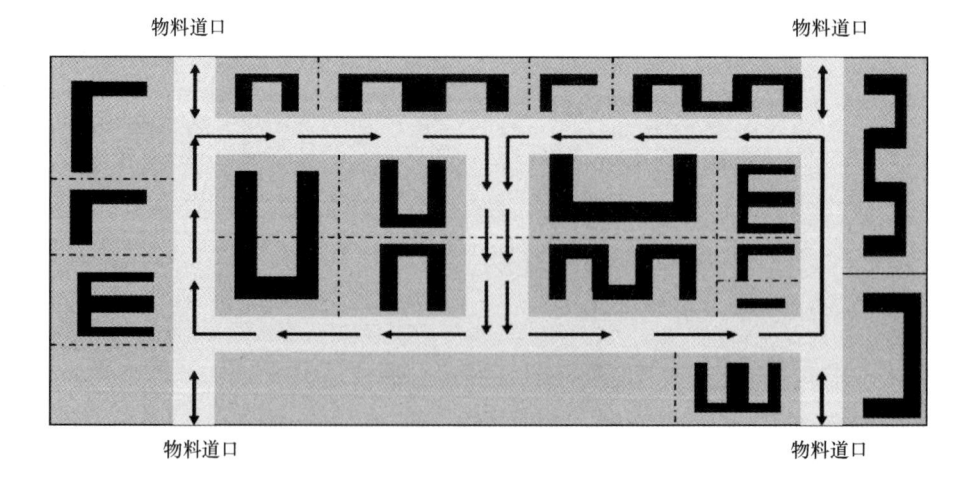

图 8.17 无迂回线路的布局

布局设计的要点如下。

- 充分探讨供应各工序零部件的方法。
- 研究周转卡、包装箱、夹具等的返回方法。
- 沿生产线设置大小适当的零部件暂放场所。
- 不要忘记生产线中的检查工序和修理工序的空间。
- 确保设备的保养与修理所需空间。
- 生产线的形状（直线形、圆弧形、Z 字形、U 字形等）受到产品和场地的制约，可从安装、零部件供应、管理方面考虑，采用最为合适的形状。

注意事项如下。

- 入口和出口在一起，最大化利用场地资源。
- 排除"孤岛"现象，尽可能将人的活动区域聚在一起。
- 不可让一台电动机驱动多条生产线运转。

虽然电动机还有多余的动力，但如果让其驱动两条生产线，可能会出现 A 无法运转，B 也无法运转，或者在只需要 A 运转而不需要 B 运转时，B 生产线也在运转的浪费现象。

3. 实施与验证

确定了改善方案后，首先要选定试点区域并重点推动改善工作。通过试点区域的快速见效以赢得客户的信心与信任。

选取试点区域时要对产品产量进行分析并排序，选择产量大的产品系列，并结合现状布局选择投入少、见效快的产品系列作为试点。试点区域及改善目标确定后，就要制定项目规划方案，并与高层沟通，得到高层对项目推动方案的认可，以便在项目推动过程中得到高层对项目的支持。验证阶段需要对比新旧布局的差异，寻找布局过程中必须解决的问题，对布局方案进行风险分析及风险评估，减少精益布局可能带来的负面影响。

4. 持续改进

各个生产硬件的布局结构和位置确定后，需要通过现场改善的思维来推动精益布局结构的优化和改善，如减少动作浪费、等待浪费等。在此过程，需要发动员工参与到精益布局的完善过程中，提高精益布局的稳定性和合理性，并不断优化和局部调整，以不断提升企业的作业效率和运行质量。

小结：企业推动精益布局的过程，不是简单的设备搬迁，而是需要各个部门人员的认同和支持，是一个系统的工程。特别是企业领导人，需要有韧性和耐性，即使能实现精益布局结构，也会由于一系列的原因导致暂时性的产能波动，要报着容忍和信任的态度，确保实现既定的目标，这样才会在精益之路上走得更远。

8.4 仓储布局与物流设计

随着市场竞争的日趋激烈，现在越来越多的电缆企业变成了"全能选手"。往常靠一种拳头产品打天下的模式逐渐没落，多元化产品策略成了大家的选择。但与此同时，更多的产品族必然要求更多的原材料品类，这对仓储管理来说确实是一个不小的挑战。

1. 现代仓储的特点

传统的仓储功能指的是物料的存储、保管功能，最多涉及配送功能，而对于信息和流通环节的处理是缺乏的。传统意义上的仓库通常按照产品状态分成 3 类：一是原辅材料/供应商寄售库；二是半成品、在制品库；三是成品（包括寄售库）、配件库，如图 8.18 所示。

制造型企业仓库
- 原辅材料/供应商寄售库
  - 我方自有库
  - 第三方仓库
  - 供应商寄售库
- 半成品、在制品库
- 成品（包括寄售库）、配件库

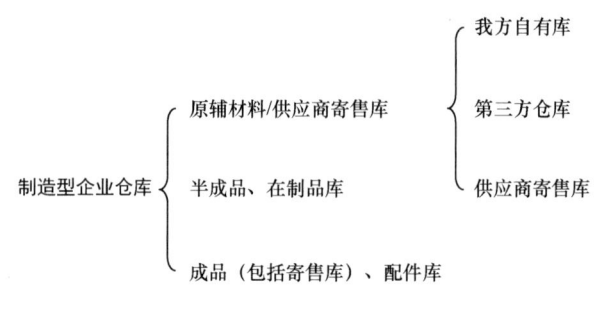

图 8.18 制造型企业仓库分类

现代物流的"仓储"早已不是传统意义上的"仓库"或"仓库管理"。在经济全球化与供应链一体化背景下的仓储，是现代物流系统中的仓储，它表示一项活动或一个过程，在英文中对应的词是"warehousing"，是以满足供应链上下游的需求为目的，在特定的有形或无形的场所，运用现代技术对物品的进出、库存、分拣、包装、配送及其信息进行有效计划、执行和控制的物流活动。现代仓储具有明显集成化与信息化的特点，是生产活动的终点和物流活动的起点。

现代仓储的职能如下。

- 提供企业活动所需的仓储、物流配送服务。
- 提供生产准备场所及其前置活动（拆包装、分拣、配料、预安装、成套配送等）。
- 供应链管理体系下控制库存的重要节点。
- 设在客户附近的 VMI 仓库，有时需要给客户提供及时灵活的服务。

现代仓储的智能早已超过了单纯的物料保管和发运，逐渐扩展成了整个公司体系内的"服务中心"。

现代仓储物流的特点如下。

- 反应快速化：物流服务要求越来越高，响应周期越来越短。
- 功能集成化：与供应链的其他环节，包括销售、制造等环节大量集成。
- 服务系列化：除了传统的存储服务，还增加了越来越多的外延服务，如配送、加工。
- 作业规范化：更多的标准化与程式化规范，易于推广与考核。
- 物流目标系统化：统筹规划，使整体活动最优化，如越仓、直接发运、Milk Run 等。
- 手段现代化：物流技术、设备越来越现代化，如 AGV、自动化立体仓库。
- 组织网络化：完善、健全的物流网络体系（集保、好运）。
- 物流经营市场化：社会化第三方物流的兴起。

- 信息电子化：计算机信息技术的应用（基于 SAP 的 WMS、IMS）。

2. 仓储区域设计及物流规划

仓储布局规划流程如下。

1）物流业务数据分析

分析目标是什么、客户和供应商能做什么、包装能否改变、能否带来搬运设备的变化。

2）PCB 分析

PCB 指的是托盘（Pallet）、整箱（Case）、零货（Bara）。其用于研究各种包装单位的包装特性，以满足物流作业与存储需要。

需要搞清楚如下问题：

（1）托盘形式的货物有多少？适合何种存储？何种搬运工具？

（2）整箱形式的货物有多少？适合何种存储？何种搬运工具？

（3）拆零形式的货物有多少？适合何种存储？何种搬运工具？

3）物料 ABC 分析

物料 ABC 分类管理法的具体流程如下：根据物品价值、流动、客户需求特征，对物料进行分类管理。按占用资金、订单数量、周转速度，对库存物资排序，计算物资占全部库存的比例，将全部库存物资分为 A、B、C 三类（一般分别占比 70%、20%、10%，但非绝对）。

4）进行物流特性基础分析——EIQ 分析

EIQ（订单数——Order Entry、物品种类——Item、数量——Quantity）是物流特性的关键因素。

EIQ 分析法（订单品项数量分析）是由日本的铃木震首先提出的，它是针对以市场需求导向为主，且具不稳定或波动条件的配送中心作业系统的一种分析方法，简单来说就是从企业订单出发。EIQ 分析根据客户的需求特性，结合 PCB 及 ABC 的交叉分析方法，进行订单不同层面的分析，得出客户订单的品项、数量与订购次数的特点，对存储、拣选、出货等仓库作业进行分类管理和实施重点管理，如表 8.4 所示。

表 8.4　EIQ 分析

分析项目	说明	目的
订单量（EQ）分析	单张订单出货数量的分析	研究订单对货物搬运作业能力的要求
订货品项数（EN）分析	单张订单出货品项数的分析	研究订单对拣选设备及作业能力的要求
品项数量（IQ）分析	每单一品项（SKU）出货总数量的分析	研究出货的拆零比例
品项受订次数（IK）分析	每单一品项（SKU）出货次数的分析	对拣选作业频率的统计，主要决定拣选作业方式和拣选作业区的规划

规划前期通过 EIQ 分析，可以避免规划人员迷失在庞大的资料数据中。还可从订单内容中详细了解客户、品项及数量等关键规划要素之间的关系与现状。对配送中心的拣选系统规划和改善具有重要意义。

（1）订单量（EQ）分析：可以明确地了解客户的订货比例，进而掌握货品配送的需求及客户订单 ABC 分析，以决定订单处理的原则、配货系统的规划，影响出货方式及出货区的规划。

（2）订货品项数（EN）分析：依单张订单品种数据资料可了解客户订购品种数的多寡，采取适用的配货方式。让管理人员更容易掌握客户订货品种数的分布情形，以决定使用的配货方式应为批量拣取或按单拣选来提高配货效率，并可由分布图判断物品配货时间与配货人力需求，进一步提高配货作业的生产效率。

（3）品项数量（IQ）分析：了解各类产品出货量的分布状况，分析产品的重要程度与运量规模。针对众多商品做分类并予以重点管理，也就是观察多少百分比的出货商品、占多少百分比的出货量、出货量是否集中在某种商品上，由此可以知道哪些品种为热销产品。品项数量分析适用于仓储系统的规划选用、储位的估算，以及影响配货方式及配货区的规划。

（4）品项受订次数（IK）分析：统计各种品种被不同客户重复订货的次数，有助于了解各产品的出货频率。可配合 IQ 分析决定仓储与拣货系统的选择。另外，当存储、配货方式决定后，有关仓储区域的划分及储位配置，也可利用 IK 分析的结果作为规划参考的依据。

5）数据分析工具的综合使用

在实际物流设计中，通常会将以上方法综合运用，通过合理的计算和推演，分析出最适合的仓储模式和分拣模式，如图 8.19 所示。

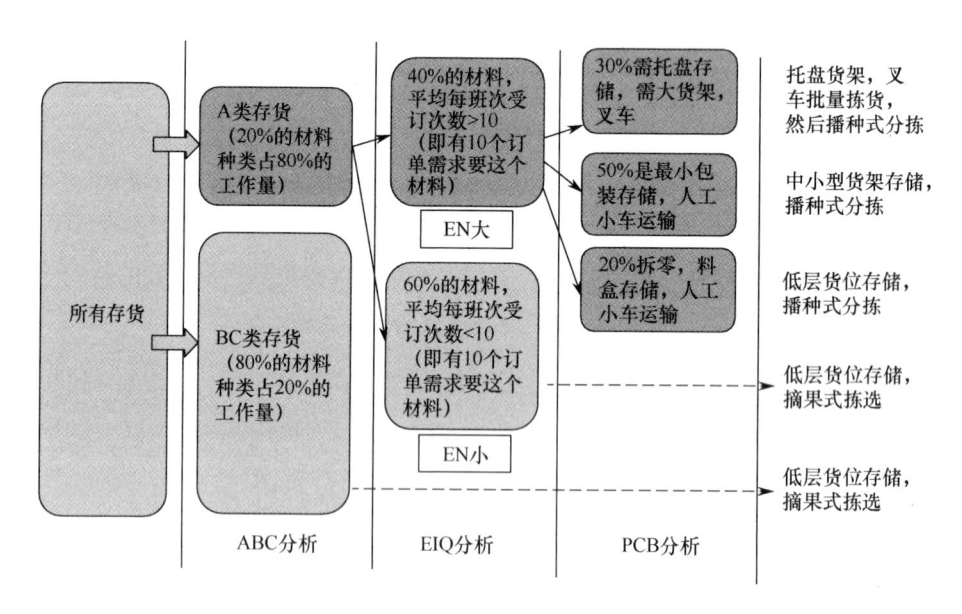

图 8.19　仓储方式规划设计

摘果式拣选，是按订单一个一个地去货架上取，完成一个订单后再开始下一个订单。其适用于材料重复程度低的订单。

播种式分拣，使用经济、批量的思路，当多个订单存在同一个材料时，把这个材料总数一次性取来，再分到各个订单上。这样可以大大节约行走取货的时间，但有其限制，必须使用订单批次方法，即订单来了不能及时处理，需凑一波才能开始。播种式分拣总的资源利用率会大大提升，所以，不适合紧急订单。

小结：现代仓储物流与生产的关系越来越密切，这一现状逼迫我们必须根据客户的需求灵活变更仓储形式，以便提升公司的整体生产效益。企业推动精益布局的过程，不是简单的设备、工装的搬迁，而是需要各个部门人员的认同和支持的系统工程。特别是企业领导人，需要保持韧性和耐心，去包容布局调整过程中可能发生的生产波动，直到实现精益布局的目标，这样才会在精益之路上走得更远。

第 9 章

新技术革命的浪潮——智能制造

智能制造（Intelligent Manufacturing，IM）是指具有信息自感知、自决策、自执行等功能的先进制造过程、制造系统与制造模式的总称。体现在制造过程的各个环节与物联网、大数据、云计算、人工智能等新一代信息技术的深度融合。智能制造通常以智能工厂为载体，以关键制造环节的智能化为核心，主要包含智能产品、智能生产、智能物流等内容，把传统制造自动化的概念扩展到了智能化和高度集成化的范围。据测算，智能制造技术的应用几乎在所有的制造业领域提升方面都存在巨大的潜力。

（1）库存成本可以降低 30%～40%，人们可以在实时信息的基础上最大限度地减少安全库存。

（2）生产成本也会明显下降，因为基于实时信息为基础的过程调节循环，机器的综合效率会进一步提升。

（3）直接人员成本降低 10%～20%，因为可以灵活优化人员的工作安排。

（4）仓储、物流成本降低 10%～20%，通过自主运输系统的应用。

（5）间接人员成本降低 60%～70%，通过减少故障排除工作量或扩大故障间隔。

（6）质量成本降低 10%～20%，通过实时访问质量数据或跨公司交换质量数据，还能通过建立实时调节循环，降低不同机构中的重复测试。

（7）维护成本降低，通过智能化设备状态预测可以减少维修成本，还可通过增强现实的技术缩短维护时间和降低费用。

案例分享

汽车零配件企业智能化工厂建设

某汽车零配件工厂为迎接市场发展的新机遇,以智能制造相关技术为依托,建立了智能化现代工厂,力促企业转型升级。

1. 实施过程

(1) 建立 MES 并利用物联网技术自动收集生产现场的相关数据,如图 9.1 所示。

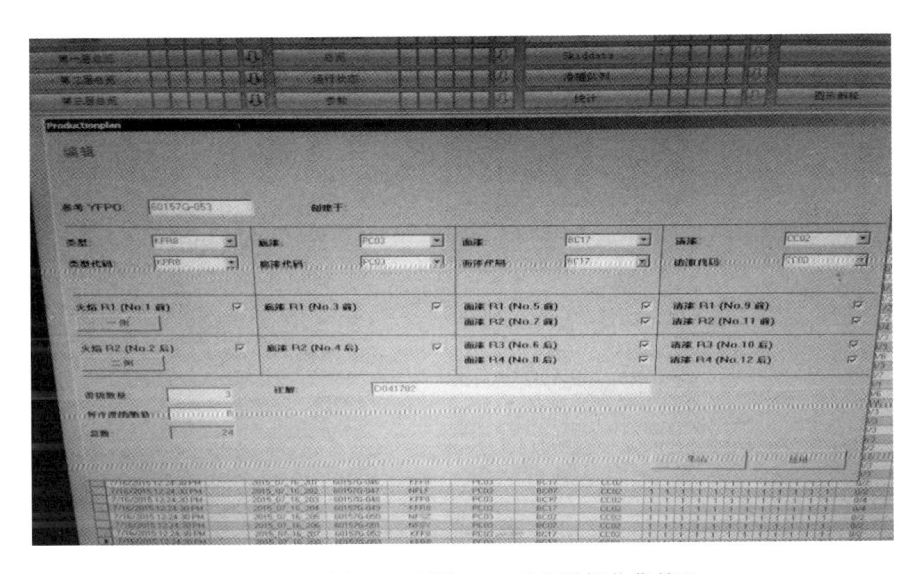

图 9.1 利用 MES 进行数据收集管理

(2) 通过在 MES 中建立排产模型,根据客户和工厂的实时数据进行排产,如图 9.2 所示。

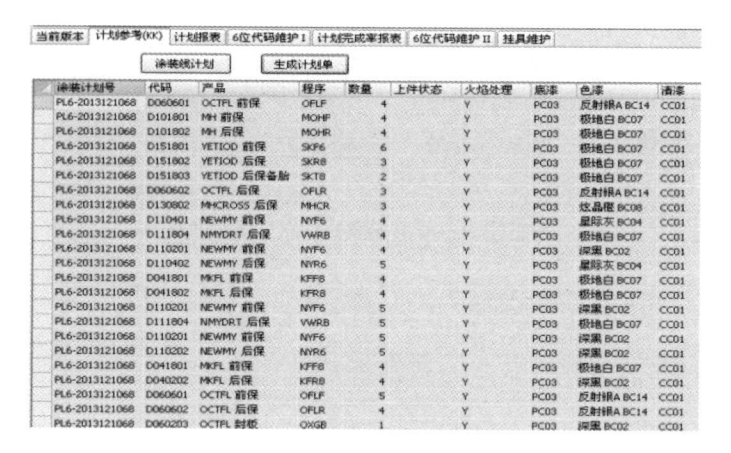

图 9.2　MES 自动排产

（3）利用 MES 采取物料点对点按需求配送模式，实现及时、准确、高效的配料作业。生产人员利用取料扫码枪（见图 9.3）完成进出库和领料工作。取料过程如图 9.4 所示。

图 9.3　取料扫码枪

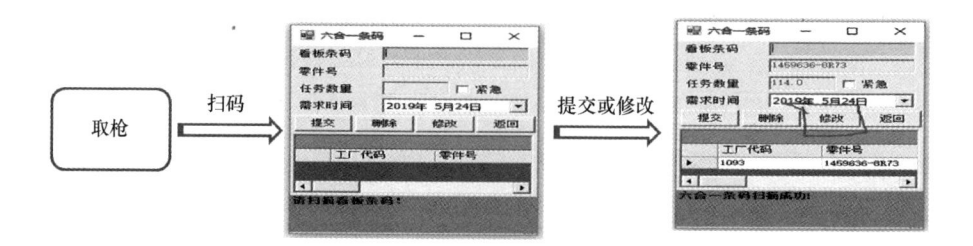

图 9.4　取料流程界面

（4）将设备标准参数相关数据以二维码形式与系统绑定，并粘贴于设备上（见图 9.5），员工利用手持终端扫描二维码点检时，系统自动调用点检方案并与 MES 抓取的设备实时参数进行比对（见图 9.6），实现自动化设备点检。

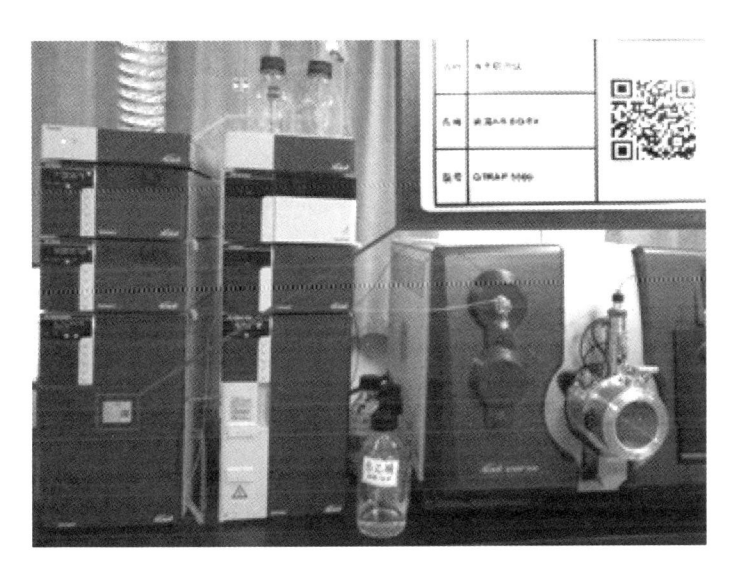

图 9.5　粘贴于设备上的设备参数二维码

图 9.6　员工手持终端自动点检

（5）打通数据壁垒，梳理现场异常问题类型和信息通道，并制定每个场景的异常触发、传递、过程记录规则,如图 9.7 所示。达到上报等级的异常信息进入安灯报警流程,如图 9.8 所示。

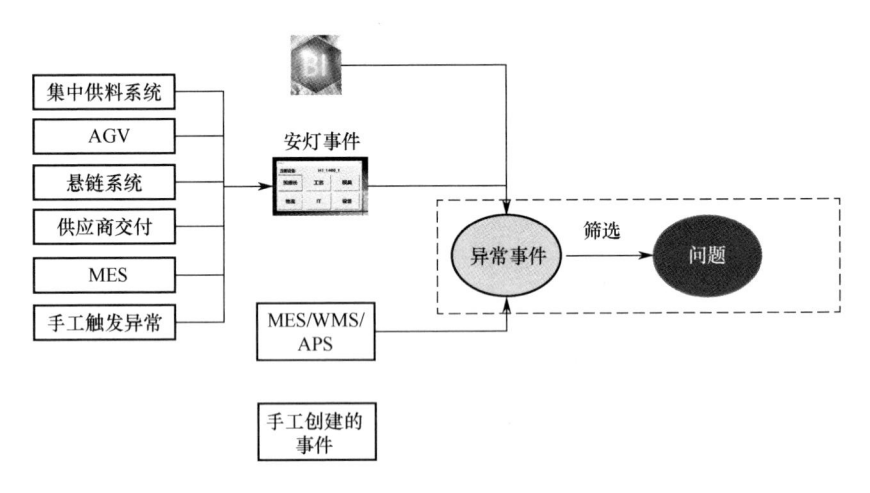

图 9.7　异常管理系统拓扑图

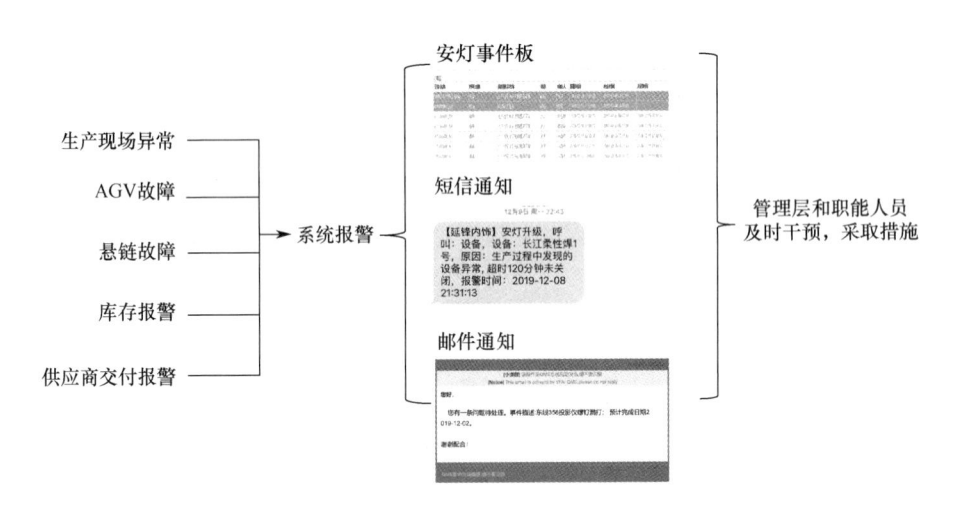

图 9.8　现场异常报警流程

(6) 整合工厂各智能化系统,对计划、生产、物流、设备维护等工厂运营信息进行梳理,并使用运营数据监控系统进行实时监控和现场管理,如图 9.9 所示。

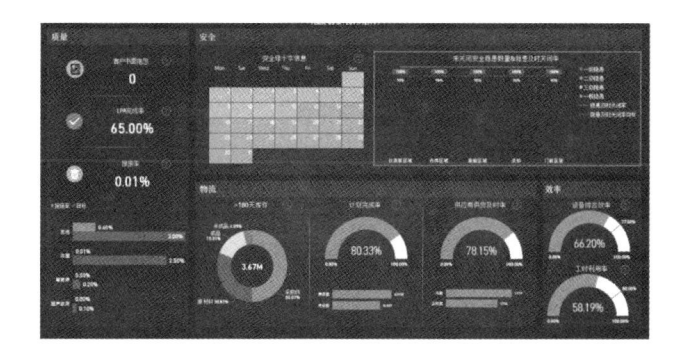

图 9.9　工厂运营数据监控系统

2. 实施效果

（1）通过自动排产和系统自动要料，节省计划员和库房巡线人员共 6 人。

（2）节约备料周转区约 20m^2。

（3）节约生产和库房人员沟通的对讲机约 14 台。

（4）减少周转区二次移动每天浪费时间 400min。

（5）利用实时生产数据，及时准确，计划差错次数降为 0。

（6）库存有效性提升。总库存有效性提高 15%。

（7）库存量降低。库存降低 40%，降低库存资金占用 48 万元。

（8）应急预案反应时间从 5 小时增加至 16 小时。

（9）库存场地减少 740m^2，带来收益 32 万元。节省料架使用 30 个，节省费用 48 万元。

（10）通过系统自动点检，使得点检效率提升，减少生产准备造成的浪费 30 万元。

（11）现场的各种文件、记录表单的使用纸张每年节约 2 万元。

长期收益：

（12）线边物料减少，现场 5S 大大提升。

（13）工作效率提高，停线风险降低。

（14）提高了沟通信息的及时性和准确性，减少现场因责任不明引发的纠纷，提高了团队凝聚力。

(15) 生产物料供应准确性提高，从而保证库存盘点的准确性，降低了差异分析的难度。

(16) 实时信息可视化，在第一时间暴露问题，提升对异常的响应速度，提高决策效率。响应效率提升了 50%。

(17) 管理人员、职能条线人员可远程查看生产数据，快速掌握现场信息。

(18) 实时采集的指标数据来源真实有效、计算逻辑固定，避免了手工加工带来的影响。

(19) 提升公司的信息化、数字化工厂的品牌形象。

9.1　智能制造的背景

1. 工业 4.0 的兴起

工业 4.0 的概念是在 2013 年 4 月的汉诺威工业博览会上由德国正式提出的，旨在通过充分利用信息通信技术和网络空间虚拟系统——信息物理系统（Cyber-Physical System）相结合的手段，推动制造业向智能化转型。学术界和产业界认为，"工业 4.0"是以智能制造为主导的第四次工业革命。可以把目光投向改变了人类世界的前 3 次工业革命，分析一下前 3 次工业革命在不同阶段都发生了什么。

第一次工业革命是指 18 世纪 60 年代至 19 世纪中期，以蒸汽机的广泛应用为代表的工厂机械化革命。这次革命中除生产力发生了巨大变化外，生产关系也发生了巨变，诞生了真正的工人阶级和大量的工厂。随着工业化的发展，职业分工越来越细，自给自足的生产模式被彻底摧毁，大量的商品需求被创造了出来，带来了人类社会的第一次大繁荣。第二次工业革命的标志是 19 世纪后半期至 20 世纪初的电力广泛应用。在这一阶段科学开始大大地影响工业，大量生产的技术得到了改善和应用，以标准化和流水线为特征的大工业生产使人类的生产力空前发展，并开始出现了商品需求饱和的现象，工业市场开始从卖方市场逐渐转向买方市场，客户的选择性开始影响工厂的生产组织方式。在这一时期，丰田生产制造系统从萌芽到逐渐走向成熟。第三次工业革命是 20 世纪后半段出现的，代表性技术是计算机的广泛应用和基于可编程逻辑控制器（PLC）的生产工艺自动化。在此阶段生产力极大地提升，社会的基本需求逐渐得到满足，客户越来越注重产品的质量和差异性，生产也逐渐从大批量生产转向了小批量生产直至定制化的要求。在这样一种外部环境的刺激下，精益生产方式才会被世界所推崇。

第四次工业革命的定位是可与上述这些工业革命比肩的技术革新。总的来说，第四次工业革命是以智能制造为主导的，技术上指工厂将生产设备、无线信号连接和传感器集成到一个生态系统平台中，该系统包含信息物理系统、物联网、工业物联网、云计算和人工智能等高新技术，可以监督整个生产线流程并自主执行决策。工业 4.0 的概念包含由集中式控制向分散式增强型控制的基本模式转变，目标是建立一个高度灵活的个性化和数字化的产品与服务的生产模式，如图 9.10 所示。

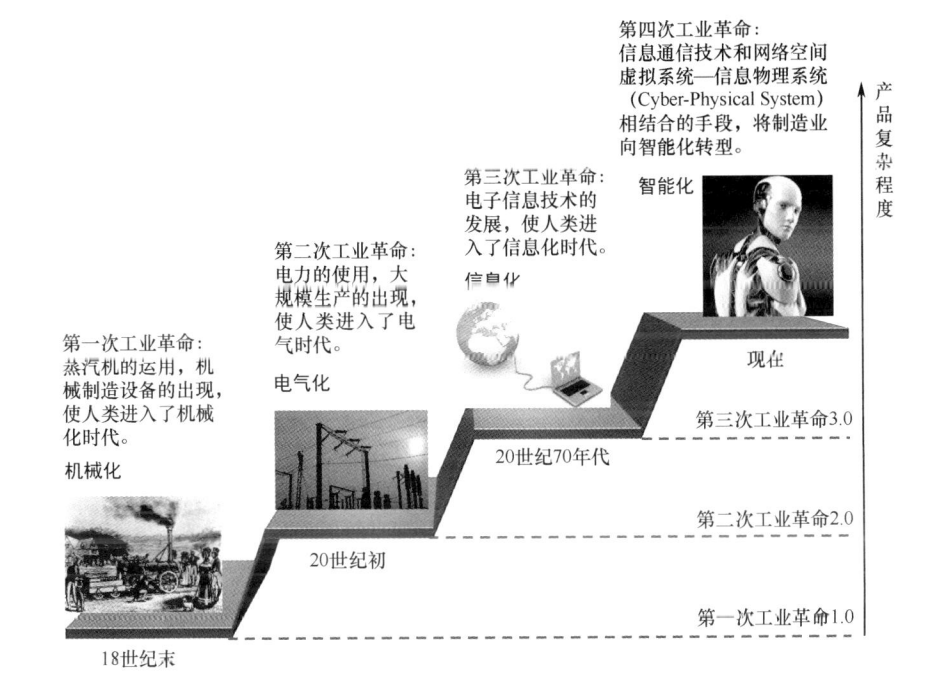

图 9.10　人类历史上的 4 次工业革命

前两次工业革命发生的核心推动因素是能源的变革，这也是常把前两次工业革命称为"能源革命"的原因。从第三次工业革命开始，生产要素变革的推动力就变成了信息技术和通信技术。前三次工业革命的成功使得生产力得到快速发展，外部环境的变化速度也急剧加快，快速变化的市场需求从消费端沿着产业链不断向上传导，同时下游企业生产方式的颠覆与创新也迫使上游供应商不得不融入智能化浪潮，智能制造倒逼机制就此形成。在这种倒逼机制的作用下，企业主动适应变化，实施柔性生产，通过网络协同和智能制造，整合其机器、仓储系统和生产设施来应对小批量、短周期、定制化的产业大趋势已逐渐成为大家的共识。

2. 信息物理系统（Cyber-Physical System，CPS）

CPS 的概念最早由美国国家基金委员会在 2006 年提出，被认为有望成为继计算机、互联网之后世界信息技术的下一个热点。CPS 是一个综合计算、网络和物理环境的多维复杂系统，通过 3C（Computation——计算、Communication——通信、Control——控制）技术的有机融合与深度协作，实现大型系统的实时感知和动态控制。CPS 的基本特征是构成了一个能与物理世界交互的感知反馈环，通过计算进程和物理进程相互影响的反馈循环，实现与实物过程的密切互动，从而给实物系统增加或扩展新的能力，如图 9.11 所示。信息物理系统中的"信息"是指工业软件、管理软件和互联网等，"物理"是指能源、人、工作环境、工厂，以及机器设备、原料与产品等。这两者一个属于虚拟世界，另一个属于实体世界；一个属于数字世界，另一个属于物理世界，目标就是通过信息系统和物理世界之间的深度融合，构建出一个巨大的、融合的、智能化的生产服务系统，最终帮助我们实现"智能制造"。

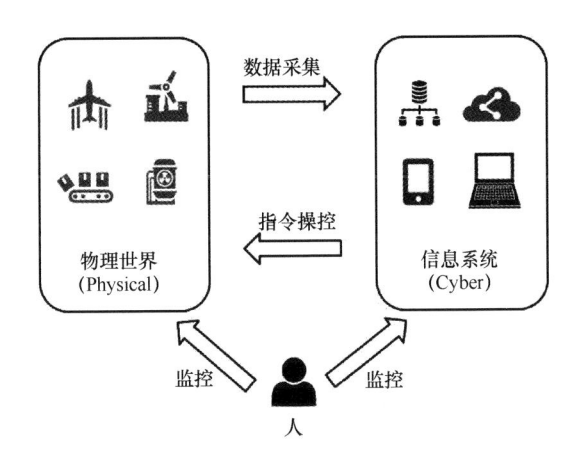

图 9.11 CPS 的"反馈环"

9.2 智能制造的问题解决逻辑

彼得·德鲁克在其著作《管理的实践》中有过这样的论述:"生产并非把工具应用在材料上,而是将逻辑应用在工作上。越能更清楚、一致而合理地应用正确的逻辑,生产所受到的限制就会越小,碰到的机会则越多。"每个管理者都应该清醒地认识到一点,公司必须根据其产品和市场来正确地采用合适的管理逻辑来满足公司发展的要求,而不是为了匹配企业现有系统要求而采用某种现成的管理逻辑。这种思想对于今天很多期望利用智能制造来解决企业问题的管理者来说十分重要。

劲胜智能是东莞智能制造"明星企业""国家智能制造示范单位"。劲胜智能在东莞东城打造的"无人化工厂"是国家工业和信息化部全国首批智能制造专项项目。该公司主要为手机金属与非金属构件进行代工,即是一家"代工厂"。该公司有包含 10 条自动化钻攻生产线的智能车间:包括 180 台高速高精数控钻攻中心,81 台机器人,30 台 RGV,10 台 AGV 小车,1 条普及型自动化钻攻推广线,1 条机器人打磨生产线,1 条用于智能制造人才培训的智能生产线。同时还搭载着全工业软件系统,包括云数控平台、CAPP、APS

（高级排程系统）、MES（生产管理系统）、全自动配件检测系统等，甚至还有生产过程三维仿真系统，实行机床健康保障监控系统和基于物联网技术的制造现场"智能感知子系统"，并建立了全制造过程可视化集成控制中心。就是这样一家运用智能制造技术把自己武装到了骨头里的企业，却在改造完成两年后巨亏28.66亿元，一度陷入欠薪和破产的边缘。

为什么劲胜智能这样一个智能制造示范企业，不过数年就发生巨大的亏损呢？主要原因可归纳为一句话："**智能制造**"**纠正不了底层问题**。可以用一个讽刺故事来解释：有一个人吃了三个馒头后饱了，于是说道"早知道吃第三个馒头能吃饱，我就不吃前两个馒头了"。很显然，他之所以感觉饱不是因为第三个馒头，而是第一个加上第二个，再加上第三个馒头才能达到的效果。与此类似，智能制造也是存在其建立的底层逻辑的，智能化的手段只不过是在帮助我们实现底层逻辑——精益化。

提质增效、降低成本、压缩库存、加速资金流动、缩短研发与制造时间等这些源于精益理论的基础理念才是帮助企业提升价值的根本要素。假如企业没有经过标准化、精益化、自动化、信息化、智能化这一路径，直接从工业 1.0 跳跃到了工业 4.0，那么就会使得智能化脱离了企业的真实需求，看似"高大上"，却没有产生实际效益。

精益管理专家今井正明曾对通用汽车提出过这样的质疑：通用汽车的人说他们的生产精而简，但在我看来，他们的生产的确"简"，但不"精"。自动化的流水线和大量的机器人虽然帮助通用公司节省了很多麻烦的"人力"，但由于其产业链的上下游并没有朝着消除浪费的方向做更大的改变。他们的思想和注意力总是局限在节省了多少劳动力、能否把这个工作转移到低成本的国家，但这种"漂亮的财务报表"对于企业的长期健康发展是不利的。因此，很多企业在推进智能制造建设之前都需要先好好"补补课"，修炼一下"内功"。例如，工业 2.0 阶段的科学管理，完善的精益制造体系和先进的业务流程，工业 3.0 阶段的人、机、料、法、环、测等生产要素的数字化描述，建立生产要素的数据库等。只有这些基础打好了再引进智能制造的相关技术，才能起到如虎添翼的效果，否则，便是邯郸学步，连自己原有的优势都会丧失。

9.3 智能制造的实施路径

智能制造不是一蹴而就的，而应该是循序渐进的。智能制造之路要想长远平稳，如下 5 个过程是必须经历的。

1. 标准化

在智能工厂的建设过程中，需要一套统一的标准化体系来规范管理的全过程，包括"产品标准化"和"业务标准化"。

"产品标准化"包含产品研发流程的标准化、产品本身的模块化、产品编码的规范化等要求。"业务标准化"的含义是各种与生产相关的业务流程的标准化和体系化，如生产计划体系、物流运输体系、生产运营体系、质量保障体系、设备管理体系等。所有这些标准化要求的目的都是保证后续数据模型的一致性和准确性。没有标准化的基础，后续的精益化和智能化便会失去依扎。

2. 精益化

无论企业处于哪个发展阶段，精益思想都是贯穿全局的"灵魂"所在，后续信息化与自动化的融合，更需要精益管理作为"黏合剂"。

精益生产的核心思想是消除一切浪费，确保工厂以最合理的方式进行运作。工业 4.0 不是某种创造性的技术，而是通过信息物理系统把之前很多已有的技术进行互联，这个互联的目的就是优化 KPI（Key Performance Indicator，关键绩效指标），如提高灵活性、提高生产效率、提高质量水平等。因此，智能工厂与传统制造企业一样，首先要遵循按需生产的精益策略，如小批量、多品种的生产，零部件和原材料的 JIT 配送，成品和半成品按照订单的交货期进行及时生产等。满足这些精益规划的前提下，再通过智能化手段完善现场的实施方案，如建立生产现场的电子看板、开发安灯系统等，避免出现"固化了不合理的流程""收集了没优化的数据""绑定了不需要的作业"之类问题的发生。只有这样才能保证现场是趋于消除浪费，趋于缩短价值周期的。

3. 自动化

自动化是智能制造中谈论得最多的，很多时候被形象地称为"机器换人"。不少企业通过自主创新，将原来的离散型加工方式进行集成，把独立的工序用自动化生产线连接在一起，实行"福特"式的连续生产，消除中间的上下料、存储和搬运环节，生产速度和生产效率大幅度提高。但也有企业发现自动化生产线投产后操作人员减少了，但设备维护人员却增加了。还有很多企业投入自动化设备后才发现设备不成熟，故障频繁，或者上马的设备不好用，还不如人工操作灵活方便。自动化与信息化是实现智能制造投资最大的部分，因此，企业在做自动化改造前千万要慎重。为什么要升级自动化？投资回报率是多少？自动化设备可靠性怎样？有何风险？能否适应产品的升级换代？这些一定要提前想清楚，否则很可能造成制造成本不降反升，以致拖垮企业。

随着技术的进步和人力成本的提高，自动化是一个不可逆转的趋势。对于不同的行业、不同的企业，有的有成熟的自动化方案，有的则没有。企业需要结合自身情况来规划自动化方向，从投资回报最大、最容易实现的部分做起。可以先从解决单个具体过程的"点"的自动化开始，如拿取、包装、搬运、检验工序的自动化升级。然后进行局部工艺集成的"线"的突破，如注塑线、冲压线、机加工线自动化建设。在实现产线集成，企业内部员工也熟悉了与自动化设备相处后，再着手进行区域和车间"面"的整体自动化改造，这样循序渐进，最终实现整个工厂的"体"自动化改造，如图9.12所示。

点突破
拿取、搬运、包装、检验……

线突破
局部工艺集成（注塑、冲压、机加工）

面突破
同类设备区域，单车间

体突破
整厂自动化改造

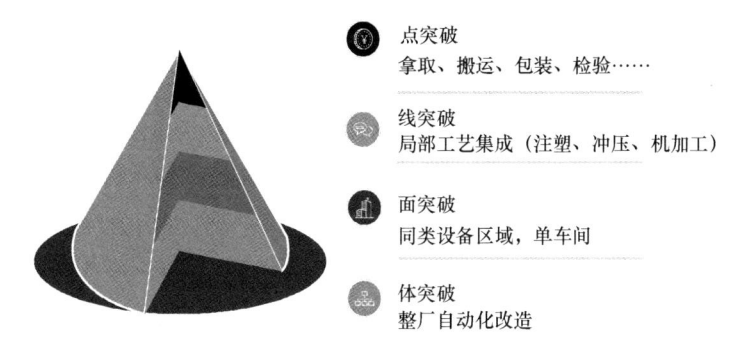

图 9.12　工厂自动化改造顺序

要时刻牢记，在自动化过程中一定要结合前面所讲的标准化和精益化的要求，优化并固化所涉及的生产流程稳步推进，且不可操之过急。

4. 信息化

信息化可以理解为企业在引入数控机床、机器人等生产设备并实现生产自动化的基础上，再搭建一套精密的"神经系统"。"神经系统"以 ERP、MES 等管理软件组成"中枢神经"，以传感器、嵌入式芯片、RFID 标签、条码等组件为"神经元"，以 PLC 为链接控制神经元的"突触"，以现场总线、工业以太网、NB-IoT 等通信技术为"神经纤维"。企业能够借助完善的"神经系统"感知环境、获取信息、传递指令，以此实现科学决策、智能设计、合理排产，提升设备使用率，监控设备状态，指导设备运行，让自动化生产设备如臂使指。这意味着在"工业 4.0"时代，第一次有可能将资源、信息、物品和人通过数字化进行互联互通，这种沟通包括人与人、人与产品、人与机器，还包括产品与机器、机器与机器之间的信息交换。

通过信息技术同制造技术的结合，可以使生产变得高度弹性化和个性化，提高生产效率及资源利用效率。但需要注意的是，每个行业的特征与企业基础不同，实现数字化的难度也有很大的差别。对于流程型的制造行业，如食品、饮料、造纸、化工、电力等，由于其制造模式中大部分工序本来就是连接起来的,并且自动化程度高,一些设备原本就可以自动采集数据,所以,数字化的难度就会相对较小。对于离散型的制造行业,如机械装备、纺织服装、电子电器、家居用品等,由于制造工序、零部件都很分散,而且数量庞大,想实现连接确实困难,实现成本也会非常大。对于这些行业的可行做法是不要一步到位,应先用精益的连续生产技术将主要工序和物料相连。就如同建设高速公路和高铁一样,最先连接一、二线城市,其次连接三、四线城市。可以将数字化接入点先设置在工厂之间,然后是车间之间、关键工序、关键物料之间,最后才是每个工序、每个物料。

5. 智能化

智能制造是基于新一代信息技术,贯穿设计、生产、管理、服务等制造活动环节,具有信息深度自感知、自学习、自适应、自决策,以及精准控制自执行功能的先进制造过程、系统与模式。智能化包含两个部分,一个是产品的智能化,另一个是制造过程的智能化。

首先介绍一下产品的智能化。由于我国已成为世界第一大互联网国家,加上政府持续推动网络提速降费,为智能化产品的应用提供了很好的外部环境。从智能手机、智能音响、智能水杯到智能家电、智能汽车,智能化的消费品早已进入了人们的日常生活。随着消费品智能化的成熟,工业品的智能化也在快速推进着。越来越多的设备加入了智能控制模块,进行加工数据的自动采集,同时还配备了标准数据接口与企业 MES 或其他信息系统连接进行数据共享,这些采集来的工业大数据将会被智能软件系统进行运算分析,以帮助设备减少故障,降低能耗,提高运行效率。

制造过程的智能化则更加复杂,以最具代表性的智能工厂为例。智能工厂可以被形容成一个大量分散的、具备一定智能化的生产设备,在实现了数据交互之后,形成的高度智能化的有机体,可以实现虚拟世界和物理世界的融合。作为智能制造的核心表现形式,智能工厂现在已开始采用一种全新的方式来生产产品。例如,产品有唯一的识别特征,在任何时候都能被定位,人们知道它的生产历程，了解它的当前状况，以及实现其目标状态的方式。与此同时，现场设备能够通过大量生产过程数据并结合质量检测结果进行自学习，以确定后续生产该品类产品的最佳工艺参数。甚至生产结束后还能够从客户端反馈的使用感受来对其生产标准进行自动修订，这一切都是在没有"人"参与的情况下，由人工智能来自动组织进行的。

目前，中国制造业已经走到了转型的关键节点，过去是"速度导向"，现在则到了"素质导向"的新阶段。换言之，现在应该是制造业开始"修炼内功"的关键时刻了，所谓"内功"的核心，就是质量和效率。接下来将介绍在智能制造体系中，能够切实帮助提升现场质量和效率的几个重要工具。

9.4　MES 简介及应用

MES（Manufacturing Execution System，制造执行系统）是一套面向制造企业车间执行层的生产过程信息化管理系统。MES 属于企业资源管理系统中的一个环节，可以为企业提供包括制造数据管理、计划排程管理、生产调度管理、库存管理、质量管理等方面的支持，如图 9-13 所示。MES 的运作原理是从计划层获取生产计划（生产订单），然后将细化的生产任务传递给作业人员，同时从作业人员处收集现场信息，反馈给上层系统（ERP 层）。

1. MES 的应用

检查工厂是否存在如下问题：

- 生产计划、生产工艺等用电子文档或纸质文件进行下达。
- 设备生产数据难以采集，集控难以实现。

- 人为配送物料，难以满足生产计划需求。
- 人、物、机达不到最优的生产搭配，产能低，耗能大，生产不透明。
- 计划纯靠人工，只能多排以保证生产，容易造成库存浪费。
- 工艺管理粗放，全凭技工经验。
- 现场黑箱，在制品流转、物料周转等信息不明确。
- 质量管理靠事后检验，费时费力。

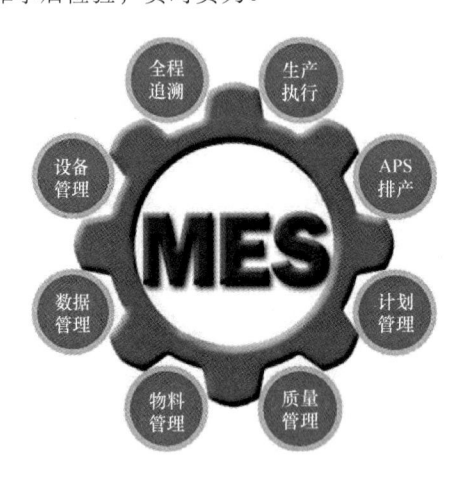

图 9.13　MES

以上种种问题经常造成生产过程中大量人力、物力、财力等诸多资源的浪费。一个企业要想生产出高质量、低成本的产品，就必须用自动化的精确管理替代人工的粗放式管理，以实现生产的高效率性、高精确性及低成本性。如果把工厂的硬件设备看作人的肌肉，那么 MES 就是人的神经系统，掌控全身的状态。企业在野蛮生长的时候，可能会更加注意"肌肉"的成长，但是到了一定的程度，就要考虑更好地发育"大脑"，通过对工厂的精准控制来实现企业的效益提升。

按照作用范围，MES 大致可分为两大类：一是专用 MES（Point MES），主要是针对车间某个特定的问题而开发的系统，如设备维护、工艺监控、设备调度、仓库管理系统（WMS）或数据采集监控（SCADA）等。二是集成的 MES（Integrated MES），主要针对一个特定的、规范化的环境而设计的，在功能上实现了与上层事务处理和下层实时控制系统的集成。专用的 MES 能够为某一特定环境提供最好的性能，实施更加迅速，却常常难以与其他应用集成。集成的 MES 具有更好的系统性，包括共用的逻辑数据库、统一的数据模型等，但其也具有系统重构性能弱、很难随业务过程的变化而进行功能配置和动态改变等缺点。二者各有利弊，在实施时可参考自身长期战略具体选择。

2. MES 的系统架构

MES 之所以能够沟通企业上下层数据流，靠的是打通底层的现场控制系统，如 DCS、DNC、PLC、SCADA 和上层面向客户的决策分析系统 ERP，如图 9.14 所示。

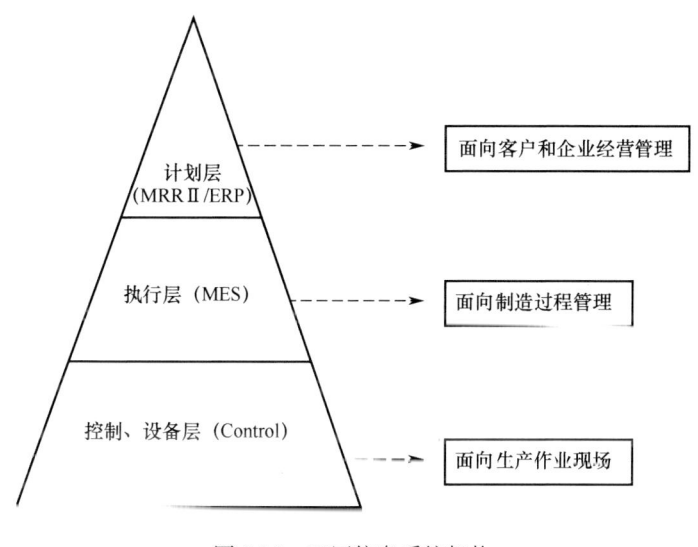

图 9.14　工厂信息系统架构

MES 根据 ERP 系统中的长期计划与底层控制系统采集的与生产有关的实时数据，进行短期生产作业的计划调度、监控、资源配置和生产过程的优化等工作。通过 MES 系统架构的搭建，企业可以实现上下层数据流的联通，从而让上层指令及时下达，及时执行，也能让下层信息及时反馈传递至上层，为上层决策提供支持，如图 9.15 所示。

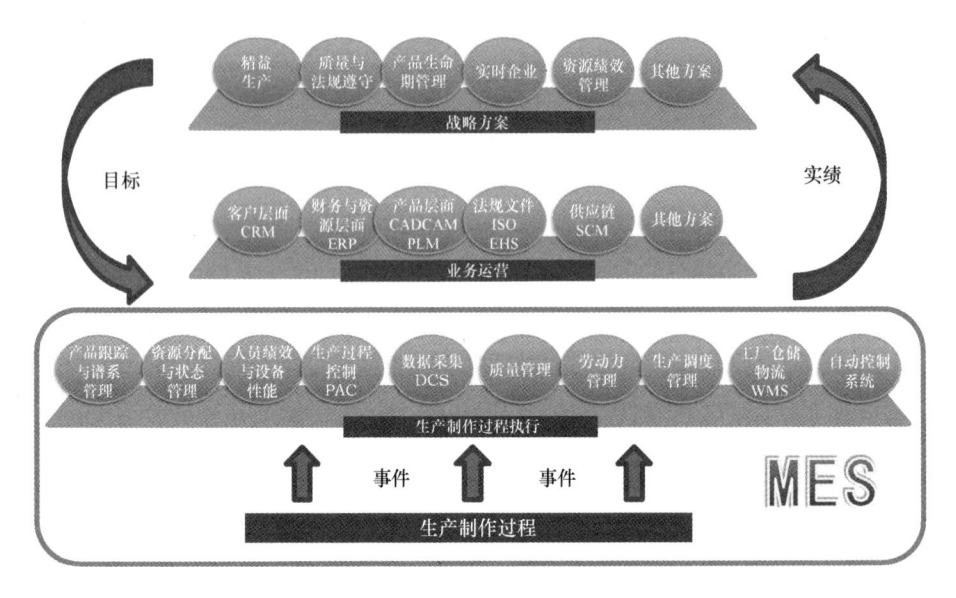

图 9.15　工厂信息系统组成及功能

MES 能通过信息传递对从订单下达到产品完成的整个生产过程进行优化管理。当工厂发生实时事件时，MES 能对此及时做出反应、报告，并用当前的准确数据对它们进行指导和处理。这种对状态变化的迅速响应使 MES 能够减少企业内部没有附加值的活动，有效地指导工厂的生产运作过程，从而提高工厂的及时交货能力。不仅如此，MES 还可以通过双向的直接通信在企业内部和整个产品供应链中提供有关产品和行为的关键任务信息，对产品质量控制、物流周转效率、设备状态保全等都有积极意义。MES 在工厂中实际能够达成的功能包括如下几个方面。

（1）生产执行管理。

- 可通过三维立体图（仿真图）展现工厂模型，显示车间生产设备实时运行的实际情况，便于生产状况管控。
- 可利用生产任务单直接进行仓库领料管理，如计划内领料、计划外领料，同时实现生产工单领用与生产完工入库指令的传输，仓库管理系统接收指令后实现物流与物资的出入库动作，减少大量的人工沟通工作，并提高信息传递的及时性和准确性。
- 支持每道工序的工时管理。
- 可实现关键工序、关键岗位的电子看板管理，可查询工单任务信息与工单实际完成情况。
- 实现在制品数量管理，可根据批次或盘号信息追溯在制品状态信息。
- 实现车间纸质单据流转替代，如工艺卡、生产记录表、领料单、退料单、入库单等。
- 工艺/指导手册电子化，根据不同产品型号所对应的工艺路线形成不同版本的工艺流程图，且可通过工艺流程图关联查看工序的相关工艺参数。
- 实现产品的配方管理与配方保密管理。
- 实现产品 BOM 的管理，避免非管理人员干预 BOM。
- 实现与生产相关的报表查询。

(2) 现场物流管理。
- 实现包装作业的批次号、盘号、托盘号的关联管理，实现防错和追溯。
- 通过设备自动化或条码扫描实现工序与工序间的产品流转、工序中所消耗的物料信息的记录与防错。
- 支持物料的配送和拉动等业务模式的实施。

(3) 维护维修管理。
- 实现电子化设备点检及记录。
- 实现设备事故自动分类、定义及分析。
- 实现设备状态管理，如统计关键零部件的使用寿命或运行时间等。
- 实现设备的正常运行、故障停机、切换规格型号等运行数据的分析。
- 实现与设备相关的报表查询。

(4) 质量管理。
- 实现生产过程的质量数据的实时记录和追溯，如外径、节距等。
- 实现检验结果以报表的形式形成多维度分析图形。
- 实现不合格品信息记录和自动提示，以及不合格品数及不合格品存在的缺陷信息。

- 对缺陷进行分析后，自动生成不同复检项目，对返修方案进行上传，并归档。
- 实现关键检验点的数据采集，根据产品类型进行采集，如产品批次、盘号、托盘号等信息。
- 实现检验数据分类采集：过程检验数据、成品检验数据、半成品检验数据、缺陷信息等。
- 实现与检验设备集成，自动采集相关检验数据。
- 能够将不合格信息自动推送至相关业务人员。
- 实现与质量相关的报表查询。

总之，在涉及制造现场生产、物流、设备、质量等关键要素的管理方面，MES 的应用都可以带给我们巨大的便利。工厂要配合 MES 来进行流程的梳理与重建。实现生产的数字化是建设智能工厂的基础，这也就使得 MES 系统成为智能工厂建设过程中的起点，也是重点。

MES 系统的应用是一次对工厂管理理念和管理方式的革命，不仅仅是针对某一个痛点的补丁，只有深刻理解了 MES 的运行逻辑，优化管理流程，学会利用 MES 进行现场管控，才是引入该工具的最大意义。应该理性看待智能工厂建设，立足于工厂的实际，逐步提高企业的数字化、智能化水平。

9.5 RFID 技术简介及应用

RFID（Radio Frequency Identification Devices，无线射频识别）是一种非接触的数据采集和传输技术。RFID 采用射频信号及其空间耦合传送特性进行识别通信，不需要与被识别物体进行接触，具有快速、实时、准确的特点，对于频繁读取和经常改变数据内容的场合尤为适用。目前 RFID 技术已大量应用于自动化生产线、门禁、身份识别、货物跟踪等领域。从全球范围来讲，RFID 技术及应用正处于迅速上升时期，被业界公认为是最有潜力的技术之一,是自动识别行业的一场技术革命。

9.5.1　RFID 技术的应用

RFID 作为一种新兴的实用技术,识别过程无须人工干预,同时具备识别高速运动的物体、识别多个目标及远程读取等优势。RFID 还可以工作于各种恶劣环境,因此,在多种场景下都可以发挥其作用。下面介绍几种典型的 RFID 应用场景。

1. 生产管理

传统的通过手工方式进行生产管理时,需要记录大量与生产相关的信息,如生产物料的厂商、规格、入库出库时间、责任人、工艺加工工序、生产量、质量状况等,浪费大量人工和精力。采用 RFID 技术后,可将生产物料的相关信息记录在 RFID 电子标签内,相应的读/写器再进行信息的读取,从而实现生产数据的自动记录。当这些信息自动记录到数据库后,相应的管理人员便可根据生产状况实时调整生产计划。

使用 RFID 不仅可以记录生产信息,还可以记录采购和仓储信息,甚至能够记录物料如何出库、被放置在哪里,从而实现物品溯源。若将 RFID 电子标签贴在被加工物料上,使其具有生产线上的流动性,还能够对工序、工件、工时进行精确的记录,如图 9.16 所示。

图 9.16　RFID 智慧生产线

2. 仓储管理

在仓库管理领域，需要进行记录的数据有物料的配送方式、入库时间和地点、出库时间和地点、物资型号、物资种类、供货商、供货时间、物资合理使用期限、库存量等信息。手工记录会大大降低仓储管理的效率，还可能由于工作人员的疏忽而导致信息记录不准确的情况发生。通过 RFID 技术的引进，可以避免上述问题，而且提高了数据记录的效率。由于 RFID 的实时性和准确性，可以让管理层实时获取第一手物料变动信息，进而决策什么时候进行补货或者加强销售等操作。因此，在仓储管理领域，RFID 技术可协助生产厂家更加清晰和快速地了解自身的物料存储情况，使其在仓储物资的管理方面更科学、更准确、更高效，进而提升企业的竞争力，如图 9.17 所示。

图 9.17 RFID 仓储管理系统

3. 身份识别

如同在网吧、酒店等这类场合，可通过检测二代身份证内部的 RFID 标签来识别身份一样，如果配发专用的 RFID 工卡，则可实现对员工的考勤识别，也可以用于实现门禁自动管理，以及操作岗位的操作人员防错，如图 9.18 所示。

在关键设备上安装 RFID 识别进入系统，则设备开机时首先需要相应操作人员刷内置 RFID 芯片的工卡进行操作能力确认，只有系统中已经确认了资质的操作人员才能够将设备启动，这样就避免了还未经过授权的员工私自操作设备或维修的现象发生。同时也可在此基础上，运用该系统进行多能工培训管理，实现员工能力的显性化、数据化，便于管理层掌握工厂人员的整体能力状态。

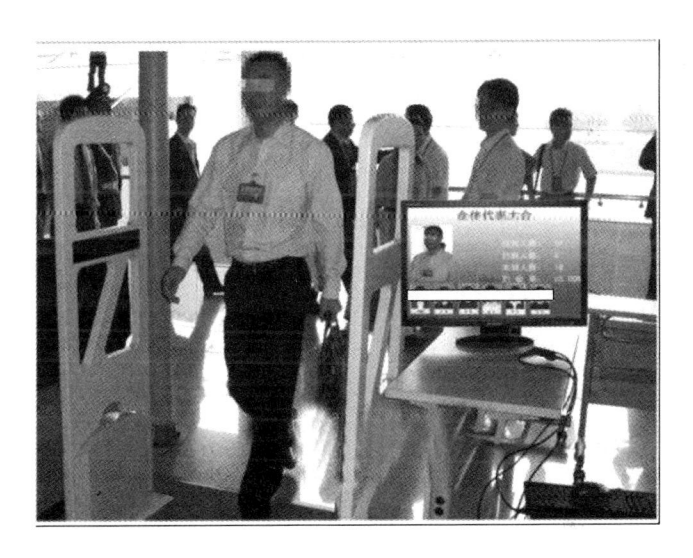

图 9.18 利用 RFID 的门禁系统

4. 定位追踪

RFID 智能定位系统是基于 RFID 无线射频识别技术的定位管理系统，即在特定场景下通过 RFID 远程自动识别技术，实时识别和定位指定人员或物品，同时将其信息动态联系起来，结合相应的地理信息，达到主动识别、报警监控和智能管理的目的。

货车及其移动的跟踪是一件非常复杂的过程。通常货车识别一直采用手动方式，物流人员用纸笔记录汽车车牌号、货物信息，然后带回办公室处理，不仅速度慢，而且容易产生错误。更重要的是，一旦货车离开了工厂，我们对其状态将一无所知，更别说对运输过程的监测与控制了。运用射频识别技术，可以利用汽车上的 RFID 标签绑定的唯一 ID 号码，然后绑定相应的汽车种类及产品信息，便可以监测物流运输情况。RFID 技术除了可以识别每辆车的特征，还可以使用 GPS 及传感器跟踪货车位置、温度、湿度和振动水平。通过 RFID 系统的应用，调度员和客户还可以通过电子邮件或文本消息在每辆车到达车站或客户工厂时接收自动提醒消息（见图 9.19）以达到实时追踪的目的。

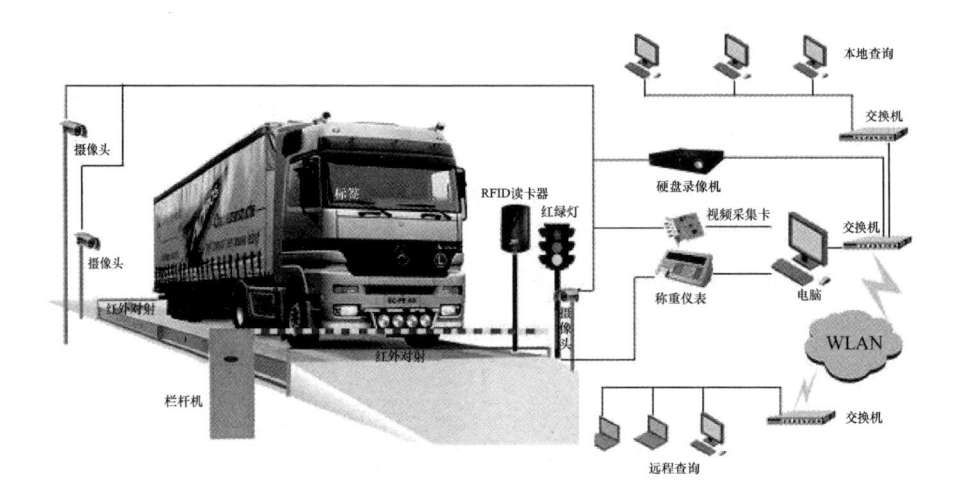

图 9.19 RFID 物流管理系统

5. 防伪

不少企业一直饱受假冒商品的困扰，假冒商品不仅抢占了正常产品的市场，更恶劣的是仿冒产品的质量问题带来的企业口碑的损失。

针对该问题，可以运用 RFID 技术在产品的包装上绑定不可被移除式（移除即破坏）RFID 标签，如图 9.20 所示。这样产品从生产、流通到消费的全过程，都有一个唯一的 ID 标识，且每件商品均有唯一的编码序号。消费者可通过经销商处的阅读机读取唯一码以确认真伪，从而达到防伪的目的。其特点是通用简单、便于识别，根本无法仿造，安全性、可靠性、准确性极高。

图 9.20　RFID 防伪标签

9.5.2　RFID 的结构及分类

RFID 通常以图 9.21 所示的 RFID 标签的形式应用到生产和生活中。

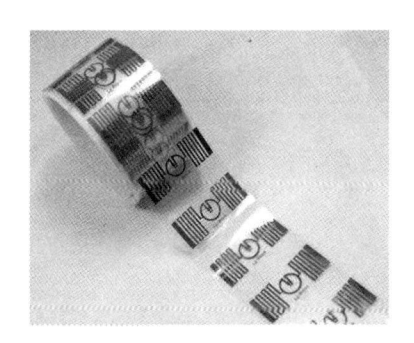

图 9.21　各种形式的 RFID 标签

RFID 标签由芯片和天线两部分构成，其中芯片用于存储被识别的数据，天线用于以无线的方式发送数据。RFID 读/写器用于读取 RFID 芯片发来的数据并进行处理。RFID 操作过程十分简单，只需将 RFID 标签放置于被识别对象上即可。标签的样式有不同的配置方法，如钉在产品本体上、内置在物料托盘中等。当这些被识别对象（含标签）进入读/写器的识别范围内时，读/写器会与标签建立无线通信。标签将数据以一定的编码发出，读/写器以一定的编码进行解析，解析完成后发送给上位控制系统，上位控制系统再根据这些信息进行决策，如图 9.22 所示。

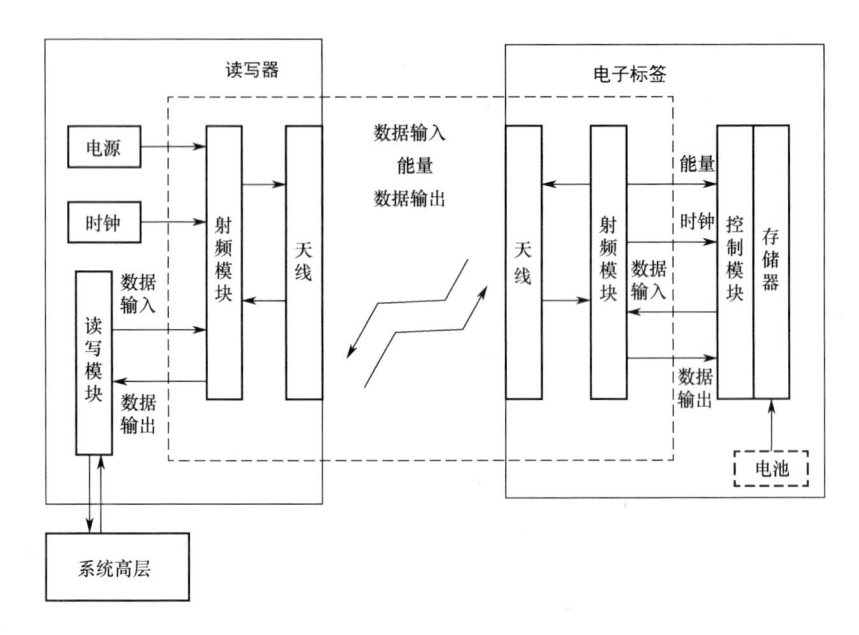

图 9.22　RFID 系统的结构

9.5.3　RFID 与条码技术的比较

在 RFID 技术发展成熟之前，工业现场比较常用的识别应用是条码。将 RFID 与传统条码的识别进行对比，会发现 RFID 具有很大的优势。

1. RFID 标签具有较强的抗污染、抗损坏能力

RFID 可以进行非接触识别，这就使得其会受到更少的污染和损坏。除非条码有一定的保护，不然其很容易受到污损。即便对于受到保护的条码，由于条码是基于光学识别的，当其受到障碍物遮挡或直接破损时都会影响识别的正确性，如图 9.23 所示。

图 9.23 易损的条码

2. RFID 标签具有较高的安全性

由于条码是直接将数据打印在介质上，若通过一定的解析规则可以对信息进行解密、伪造，因此，保密性和安全性较差。而 RFID 是将数据存储到芯片内部，而且存储的数据还可以进行不同的编码来保密。因此，RFID 比条码具有更高的安全性。

3. RFID 标签具有较大的信息容量

一维条码的存储数量屈指可数，即便是二维码，其存储容量最大也仅为 3000 字符。而 RFID 标签的容量可以做到很大，根据价格不同，可以达到二维码的几十倍甚至上百倍容量。

4. RFID 具有远距离同时识别多个标签的优点

传统的条码，如食品包装袋上的条码、支付宝二维码，每次只能识别一个条码，而且如果距离太远就识别不到；如果距离太近，由于扫描枪的制作水平，也有可能识别不到。但是 RFID 不存在这种情况，因为其是通过天线以无线电磁波的方式进行数据传输的。而且 RFID 读/写器可以一次识别多个 RFID 标签，如食堂打饭系统，因此，RFID 多目标识别的优点是普通条码不可比拟的。

5. RFID 具有可编辑和重复利用的优点

RFID 将信息存储在芯片内，其数据是可以编辑的，而条码是打印出来的，一旦打印出来了就无法进行更改，无法重复利用。当 RFID 的数据用于生产制造、物流、销售时，可实现对物品的动态管控和透明化管理。

9.5.4 RFID 产品分类

RFID 产品可按照有无电池电源、发送信号时机、数据读/写类型、信号频率波段、封装类型样式进行分类，分类结果如表 9.1 所示。

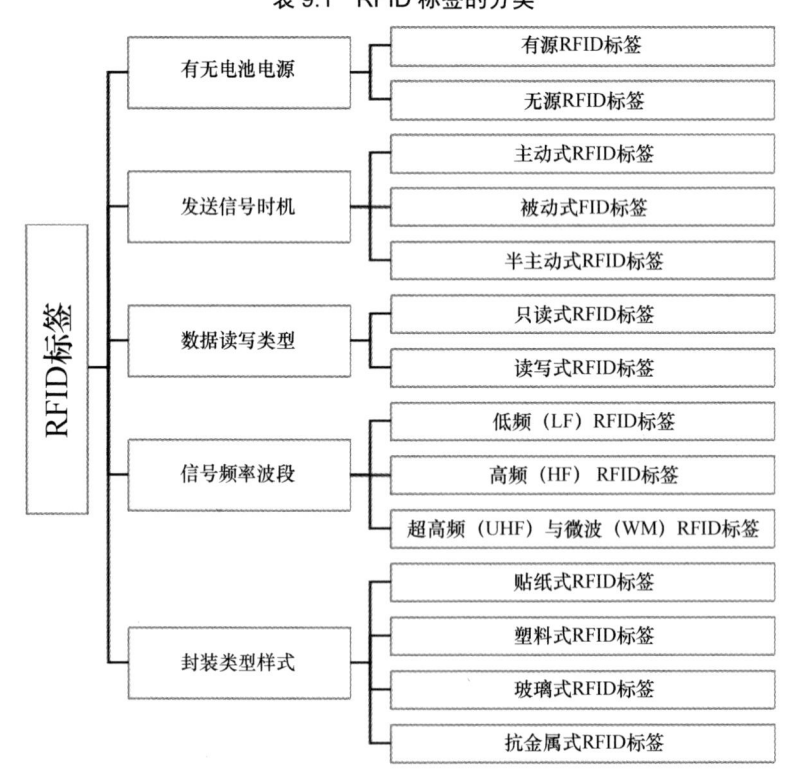

表 9.1 RFID 标签的分类

RFID标签	分类依据	类型
	有无电池电源	有源RFID标签
		无源RFID标签
	发送信号时机	主动式RFID标签
		被动式FID标签
		半主动式RFID标签
	数据读写类型	只读式RFID标签
		读写式RFID标签
	信号频率波段	低频（LF）RFID标签
		高频（HF）RFID标签
		超高频（UHF）与微波（WM）RFID标签
	封装类型样式	贴纸式RFID标签
		塑料式RFID标签
		玻璃式RFID标签
		抗金属式RFID标签

1. 按有无电源分类

按有无电源分类，可分为有源 RFID 标签和无源 RFID 标签。

1) 有源 RFID 标签

有源 RFID 标签的有源是指有电源供电，一般可通过内置的电池进行供电。由于标签具有多样性，因此，不同的标签所提供的电池种类和形状也不一样。图 9.24 所示为内置了双纽扣电池的 RFID 标签示例。

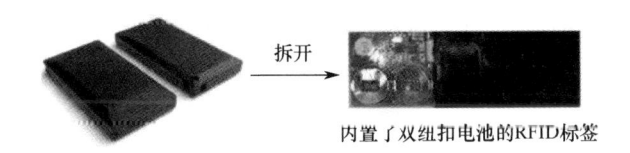

图 9.24　有源 RFID 示例

有源 RFID 标签的优点如下：由于有电源供电，RFID 标签可产生更远距离的电磁场，因此其作用距离更远，有些高频的有源 RFID 电子标签与读/写器的传输距离能达到数十米、上百米。

有源 RFID 标签的缺点如下：由于标签内包含电池，因此其体积较大。而且电池都有寿命的限制，如果保存不当，电池的寿命将大大缩减。而且使用的场合一般与厂家标注的实验室场合有一定的区别，这也是影响电池寿命的因素。

2) 无源 RFID 标签

无源 RFID 标签，顾名思义是指不含电池供电的 RFID 标签，如公交卡（见图 9.25）。由于其内部不含有电源，因此，必须通过接触 RFID 读/写器的时候通过交变的电磁场获得必备的能量。获取能量后，RFID 可以将芯片中的信息按照一定的方式发送出来。

无源 RFID 标签的优点如下：由于其不含电池，体积可以做到很小，而且可以制作成各种形状，如卡片式、挂钩式等，因此，可以减少成本，也增加了使用寿命（不受电池的制约）。

图 9.25　无源 RFID 标签示例——公交卡

无源 RFID 标签的缺点如下：因为内部没有电源，无源 RFID 必须在近距离范围内才能接收到 RFID 读/写器提供的电磁场，因此，其工作距离很短，通常在几十厘米范围内，而且功率比较大，以便获得能量。

2．按发送信号时机分类

按发送信号时机分类，可以分为主动式 RFID 标签、被动式 RFID 标签、半主动式 RFID 标签。

1）主动式 RFID 标签

主动式 RFID 标签一般为有源 RFID 标签，此时依靠内置的电池提供电源，然后将 RFID 标签内部芯片的数据以一定的频率主动对外发送出去。图 9.26 所示是腕带式主动式 RFID 标签及读/写器，用于实现人员定位。

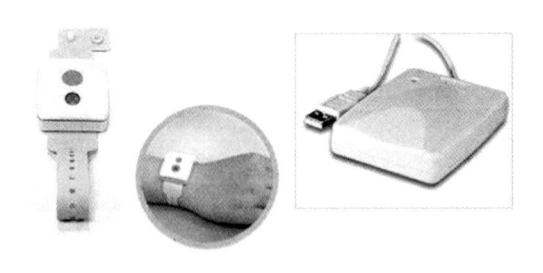

图 9.26　某主动式袖珍型腕带标签及读/写器示例

2) 被动式 RFID 标签

无源 RFID 标签绝大部分属于被动式 RFID 标签。当该 RFID 标签接收到靠近的对应的 RFID 读/写器产生的电磁波后，感应得电，从而激活芯片，并将芯片内的数据发送出去，此时 RFID 读/写器才能获得有效的数据信息。二代身份证、一些名片使用的就是被动式 RFID 标签，如图 9.27 所示。

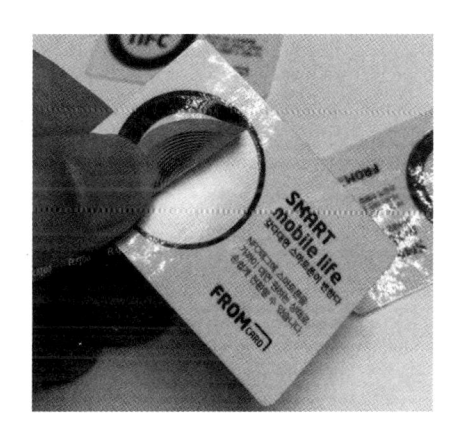

图 9.27　被动式 RFID 标签示例——个人名片

3) 半主动式 RFID 标签

为了同时拥有主动式 RFID 标签和被动式 RFID 标签的优点，生产厂家还研制了一种半主动式的 RFID。这种 RFID 标签的供电由标签内的电池供电，因此，其具有主动式 RFID 标签通信距离长的优点；但其并不主动发送数据，因此，其与主动式 RFID 标签相比，又具有功耗低的优点。此种 RFID 标签内的芯片通过 RFID 读/写器被唤醒后，才将数据以一定的频率发送出去，因此，被广泛应用于智能交通、门禁系统、集装箱运输等领域。

3. 按数据读/写类型分类

1) 只读式 RFID 标签

只读式 RFID 标签是指 RFID 内的数据只能读，不可写入。值得注意的是，这里的只读并不是针对所有时间的只读，而是指读/写器进行读取的时候是不可以写入的。通过这种划分，只读型 RFID 标签又可以分为终生只读标签、一次性写入只读标签、可重复写入的只读标签。

- 终生只读标签：这类只读标签由于不可以再写入，因此，在制造的时候就需要生产厂商根据用户的要求进行制作，如某些身份证就是终生只读的，不允许再次进行修改，如有遗失只能另换。终生只读标签是将数据存储到 ROM（只读存储器）中的。

- 一次性写入只读标签一般在使用之前写入一次信息，以后不需要再进行修改。如一些用于产品（含部分药品）追踪溯源的 RFID 标签可采用一次性写入只读标签，即厂商在货物离厂时将信息一次写入标签内，以后不再修改，只进行信息的登记以追踪溯源。这种只读标签是将数据存储到 PROM（可编程只读存储器）、PAL（可编程阵列逻辑）中的。

- 可重复写入的只读标签是指每次使用时都可以对标签内的上一次数据进行擦除，并重新写入。可重复写入标签是将数据写入 EPROM（可擦除可编程只读存储器）或 GAL（通用阵列逻辑）内的。

图 9.28 所示为某食堂 RFID 刷卡系统。每个碗内内置 RFID 标签，在每次准备饭菜时，食堂打饭师傅将 RFID 标签配置好相应的价格信息，顾客选择相应的饭菜后，在终端刷卡进行消费，可避免收银员算错或卖人情饭的情况出现。

图9.28 可重复写入的只读RFID标签

2）读/写式 RFID 标签

读/写式 RFID 标签，是指在识别数据的过程中可以对标签进行写入。这类标签是将数据写入 RAM（随机存取寄存器）或 E^{2}PROM（电可擦可编程只读存储器）中的。这类标签虽然可以在现有的数据上增加信息，但其价格比较贵，多用于专用领域。如有些场合需要读取完数据后并写入当前读取次数等信息，或者有些保密的部门读取完信息后要对数据进行删除，就可采用这类 RFID 标签。

4. 按信号频率波段分类

RFID 标签是将芯片内的数据以一定的频率发送出去的，因此，根据频率的不同可将 RFID 标签分为低频（LF）RFID 标签、高频（HF）RFID 标签、超高频（UHF）与微波（MW）RFID 标签这 3 类。但是不同频率的 RFID 标签芯片的制作不同，这会影响标签芯片的设计、天线的设计、读/写器的安装、工作模式的选取、有效工作距离等要求。因此，对不同频率的 RFID 标签进行了解是十分有必要的。

1）低频（LF）RFID 标签

一般称工作频率为 125~134.2kHz 的 RFID 电子标签为低频标签。这类标签很多都是无源 RFID 标签，通过电感感应电磁场耦合的方式，从读写器产生的辐射场中获取能量，因此，这类标签的工作距离较短，往往小于 1m。

因此，低频标签适用于近距离传输、传输速度较低、数据量较小的应用，一般用于车库的入口、门禁管理系统等。而且还可以将低频 RFID 标签制作成环状，应用于信鸽的脚环（见图 9.29），也可制作成耳钉状，用于给猪、牛、羊穿孔配戴进行统一管理。

2）高频（HF）RFID 标签

一般称工作频率为 13.56MHz 的 RFID 电子标签为高频标签，其工作原理与低频标签基本相同，为无源标签，同样通过电感感应电磁场耦合的方式，从读/写器产生的辐射场中获取能量。但是这类标签的天线不是缠绕制作的，而是直接印制在电路板上的。这种电子标签一般通过调节负载电阻进行工作，通过调节负载电阻的通断，从而改变天线上的电压大小，进而将数据发送出去。常见的高频 RFID 标签一般制作成卡片式的，如二代身份证、校园卡门禁系统等。图 9.30 所示为某药品高频 RFID 标签。

图 9.29　动物脚环

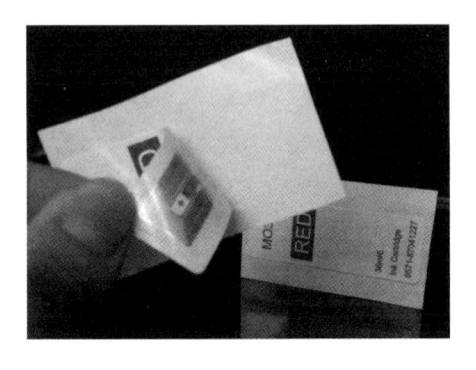

图 9.30　某药品高频 RFID 标签

3）超高频（UHF）与微波（MW）RFID 标签

一般称工作频率为 860～928MHz 的 RFID 电子标签为超高频标签，超高频标签和微波标签又都简称为"微波标签"。微波标签也可以分为有源标签和无源标签两类。有源微波标签的工作频率一般为 2.45～5.8GHz，无源微波标签的工作频率为 902～928MHz。可见有源微波标签支持的频率要更高一些。这类 RFID 电子标签由于频率较高，因此传播距离更远，但在传播途径中是不能有障碍物的。这是由于高频电磁波固有的特点造成的。此外，微波式无源 RFID 标签工作距离要远小于微波式有源 RFID 标签。无源式接收能量和之前叙述相同，但是其距离一般要大于 1m，典型的范围为 4~7m。有源式因为不需要读/写器进行能量的提供，其距离可超过百米。

由于微波标签可工作的距离较远，其比较适合应用于远距离识别及对快速运动物体的识别。如大家常见的高速公路 ETC 系统（见图 9.31）就是一个微波标签的典型应用案例。

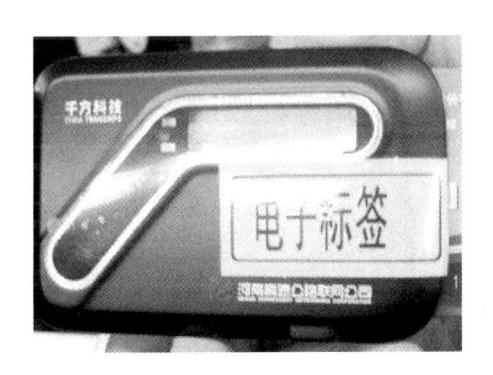

图 9.31 某 ETC 微波电子标签

5 按封装类型样式分类

1) 贴纸式 RFID 标签

贴纸式 RFID 标签一般由面层、芯片与天线电路层、胶层与底层组成。贴纸式 RFID 标签价格便宜，具有可粘贴功能，能够直接粘贴在被标识的物体上，面层往往可以打印文字，通常被应用于工厂包装箱标签、资产标签、服装和物品的吊牌等。

2) 塑料式 RFID 标签

塑料式 RFID 标签采用特定的工艺与塑料基材（ABS、PVC 等），将芯片与天线封装成不同外形的标签。封装 RFID 标签的塑料可以采用不同的颜色，封装材料一般都能够耐高温，如图 9.32 所示。

图 9.32　塑料封装 RFID —— 汽车钥匙

3）玻璃式 RFID 标签

玻璃式 RFID 标签将芯片与天线封装在不同形状的玻璃容器内，形成玻璃封装的 RFID 标签。玻璃封装 RFID 标签可以植入动物体内，用于动物的识别与跟踪，以及珍贵鱼类、狗、猫等宠物的管理，也可用于枪械、头盔、酒瓶、模具、珠宝或钥匙链的标识，如图 9.33 所示。

图 9.33　某玻璃式 RFID 标签

4）抗金属式 RFID 标签

图 9.34 所示为抗金属式 RFID 标签，其在 RFID 标签外加了一层抗金属材料，这种抗金属材料可以防止金属给 RFID 带来的影响。因为金属对 RFID 标签产生的磁场具有较大的干扰。这种抗金属材料还具有防水、防化学物质、防碰撞等优点。这种标签价格也略贵。

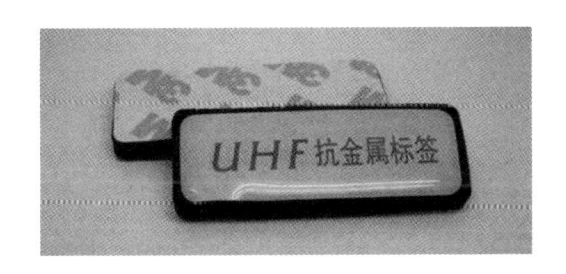

图 9.34 某超高频抗金属式 RFID 标签

通过以上描述，相信大家对 RFID 技术及其应用场景已经有了部分认识。其实 RFID 在制造业企业中的运用远不止文中介绍的几个案例，作为物联网系统的重要组成部分，RFID 以其便利性、稳定性和低成本性越来越受到重视，也越来越多地出现在工厂的各种应用场景中。

9.6　AGV 技术简介及应用

AGV（Automated Guided Vehicle，自动导引车）是指装备有电磁或光学等自动导引装置，能够自主沿规定的导引路径行驶，具有安全保护及各种移载功能的自动化运输车。经过近几年的快速发展，AGV 无人搬运车已广泛用于电子、汽车、化工、医药、物流等多个行业。它极大地提高了工作效率，减少了企业成本，减轻了劳动强度。同时，AGV 调度系统还能与 ERP、MES、WMS、IMS 等系统无缝连接，形成整个信息流的交互，实现生产数据和质量信息的可追溯功能，这对于现代制造业来说是非常重要的。

1. AGV 技术的应用

AGV 作为一种新兴的物料运输方式，与传统物流系统相比具有很多优势，具体体现在如下几个方面。

（1）与改造固定运输轨道或建立输送悬挂链相比，AGV 项目在实施安装时场地内的设备不需要停机，可独立建设，不影响生产。

（2）AGV 系统很容易根据生产环境的变化进行调整和扩展。

（3）AGV 的运行有既定秩序，可避免车间混乱导致安全事故发生。

（4）AGV 系统可灵活地与外部系统（如 WMS、MRP 等）集成。

（5）提高了生产效率，降低了运行成本。

（6）系统建立后可自动运行，不需要人员参与，节省了人力和财力。

（7）具有高度的精确性和可靠性。

2. AGV 的使用场景

传统的物流严重依赖于人力，但近年一些电商开始投巨资自建基于 AGV 的高科技物流系统，如全球最大的网络零售商亚马逊，其在亚利桑那州的凤凰城建立的物流中心足足有 28 个足球场那么大。尽管电商对 AGV 的发展产生了巨大的推动作用，但目前 AGV 的主要应用领域依然是制造业。所有的智能工厂、熄灯工厂都离不开 AGV 机器人，很多小企业的制造车间也经常看到 AGV 的身影。根据搬运内容的不同，可以把 AGV 的应用场景分为如下几类。

（1）点到点往返的路线。可设两个站点，AGV 往返执行任务，如图 9.35 所示。

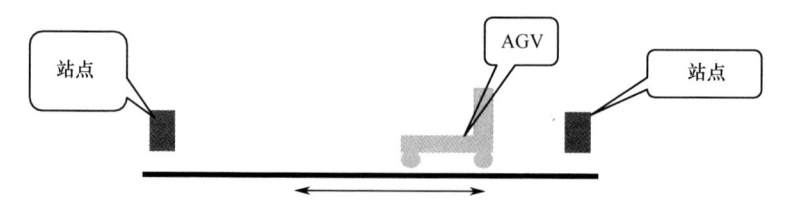

图 9.35　点到点往返

(2) 点到点循环的路线。可设多个站点，AGV 前后排队执行任务，如图 9.36 所示。

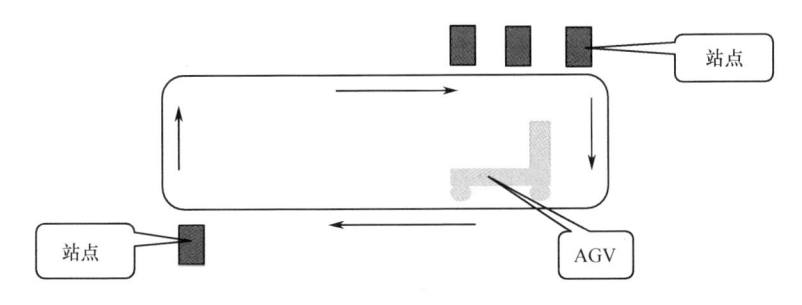

图 9.36 点到点循环

以上两种模式多用于固定频率的物料输送。如以固定生产速度持续生产的原材料，以固定频率从仓库到生产现场的运输。

(3) 多点到多点的网状线路。多个站点，AGV 柔性调度，如图 9.37 所示。

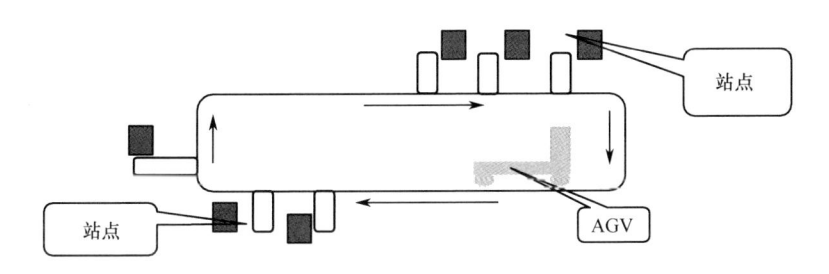

图 9.37 多站点柔性调度

该模式多用于生产现场临时的无明确时间节点的物料配送。还可与物料呼叫系统结合，随时对生产车间任意工位的零散缺额物料进行补充。

(4) 多点—柔性库—多点的路线（见图 9.38）。多点入库，到半成品柔性库区，再多点消耗的 FIFO（First In First Out）管理。

该模式适用于生产过程中存在大量半成品库存的生产现场的先进先出管理。

(5) AGV+简单自动化。如图 9.39 所示的 AGV 车体上增加辊道，与生产工位或输送线对接，也有 AGV 车体上增加机械手等情形。

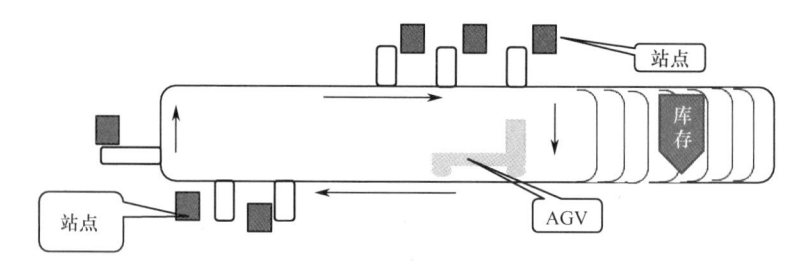

图 9.38　FIFO 形式

图 9.39　AGV 与辊道车结合应用

该模式适用于标准件、工装模具或有标准包装箱的物料与生产线直接对接，节省了线边操作工人将物料从 AGV 搬运到线体上的搬运工作。

（6）AGV 料架到人。根据生产排序信息自动拉动料架到排序点，实现 FIFO 与库存管理。

该模式适用于大型企业的无人化仓库，如无人化铲车型 AGV 根据生产排序信息的指令自动至仓库直接获取相应物料（见图 9.40），然后输送到系统指定的物料需求岗位。从防错的角度消除了人对物料配送系统的影响，节省了人工并保证了生产系统的 FIFO 管理。

3. AGV 技术介绍

世界上第一台 AGV 是 1953 年诞生的，是由一辆牵引式拖拉机改造而成的。现今，图 9.41 所示的 AGV 小车已经在物流行业的自动分拨、转运等方面得到了充分运用，大大提升了配送、仓储、运输等环节的作业效率。

图 9.40　无人化铲车型 AGV

图 9.41　AGV 小车

从需求的领域来看，目前我国对 AGV 小车的需求领域比较集中，主要分布于仓储物流、汽车工业、航天航空、轨道运输、家电制造等行业，如东风日产的广州花都工厂使用的 AGV 小车就超过了 1 000 台。

AGV 系统由控制台、通信系统、地面导航系统、充电系统、AGV 小车和地面移载设备组成。其中主控计算机负责 AGV 系统与外部系统的联系与管理，它根据现场的物料需求状况向控制台下达 AGV 的输送任务。在 AGV 电池容量降到预定值后，充电系统给 AGV 自动充电。地面移载设备一般采用辊道输送机、链式输送机等设备，用于将物料从自动化仓库或工作现场自动移到 AGV 上，反之也可以将物料从 AGV 上移载下来并输送到目的地。AGV、充电系统、地面移载设备等都可以根据实际需要及工作场地任意布置，这也体现了 AGV 在自动化物流中的柔性特点。

4. AGV 小车的结构

AGV 小车一般由车载控制系统、车体系统、行走系统、移载系统、安全与辅助系统、控制台、通信系统和导航系统组成。

1）车载控制系统

车载控制系统是 AGV 小车的核心部分，一般由计算机控制系统、导航系统、通信系统、操作面板及电机驱动器构成。计算机控制系统可采用 PLC、单片机及工控机等。操作面板的功能主要是在 AGV 调试时输入指令，并显示有关信息，通过 RS232 接口和计算机相连接。AGV 上的能源为蓄电池，所以，AGV 的动作执行元件一般采用直流电动机、步进电动机和直流伺服电动机等。

2）车体系统

车体系统包括底盘、车架、壳体和控制器、蓄电池安装架等，是 AGV 的躯体，具有电动车辆的结构特征。

3）行走系统

行走系统一般由驱动轮、从动轮和转向机构组成，形式有三轮、四轮、六轮及多轮等。三轮结构一般采用前轮转向和驱动，四轮或六轮一般采用双轮驱动、差速转向或独立转向方式。

4）移载系统

移载系统是用来完成作业任务的执行机构，在不同的任务和场地环境下，可以选用不同的移载系统，常用的有滚道式、叉车式、机械手式等。

5) 安全与辅助系统

为了避免 AGV 在系统出故障或有人员经过 AGV 工作路线时出现碰撞，AGV 一般都带有障碍物探测及避撞、警音、警视、紧急停止等装置。另外，还有自动充电等辅助装置。

6) 控制台

控制台可以采用普通的计算机，如条件恶劣也可采用工业控制计算机。控制台通过计算机网络接受主控计算机下达的 AGV 输送任务，通过无线通信系统实时采集各 AGV 的状态信息，然后根据需求情况和当前各 AGV 运行情况，将调度命令传递给选定的 AGV。

7) 通信系统

通信系统是 AGV 和控制台之间交换信息和命令的桥梁，由于无线电通信具有不受障碍物阻挡的特点，一般在控制台和 AGV 之间多采用无线电通信，而在 AGV 和移载设备之间为了定位精确，多采用光通信。

8) 导航系统

导航系统根据导航方式不同可分为电磁导航、磁条导航、激光导航和惯性导航等不同形式。通过导航系统能使 AGV 确定其自身位置，并能沿正确的路径行走。AGV 导航系统的功能是保证 AGV 小车沿正确路径行走，并保证一定的行走精度。

小结：随着劳动力成本的快速提升，AGV 作为一种自动化无人运输搬运设备，迅速在市场上站稳了脚跟。AGV 安装、维护简单方便，是替代人工搬运，减少搬运浪费的理想货物输送设备。

9.7　工业机器人技术简介及应用

工业机器人是面向工业领域的多关节或多自由度的机器装置，它能自动执行工作，靠自身动力和控制能力来实现各种功能。它可以接受人类的指挥，也可以按照预先编排的程序运行。国际标准化组织（ISO）对工业机器人的定义如下：一种能自动控制，可重复编程，多功能、多自由度的操作机，能搬运材料、工件或操持工具，来完成各种作业。

近年来，我国制造业人力成本的比重大幅度提升，使得企业对人力替代的迫切程度急剧增强。另外，随着机器人制造商和可用机器人数量的不断增加，机器人的使用成本逐渐下降。因此，利用机器人来代替人工的趋势已不可逆转。以全球最大的电子产品代工商，也是制造业领域数字化转型最为激进的富士康集团为例：截至2019年，富士康在中国的工厂已经拥有超过5万个工业机器人。在未来工业4.0背景下的柔性生产系统中，对机器人的使用必将变得越来越频繁。

9.7.1 工业机器人的使用场景

在短短50多年的时间中，机器人技术得到了迅速发展，在众多制造业领域中都得到了广泛的应用。

1. 传统机器人的应用

传统工业机器人的应用场景可以概括为4种类型：搬运、喷涂、装配和焊接。

1) 机器人搬运应用

目前搬运是机器人的第一大应用领域，占机器人应用整体的40%左右。许多自动化生产线需要使用机器人进行上下料、物料移动及码垛等操作，如图9.42所示。

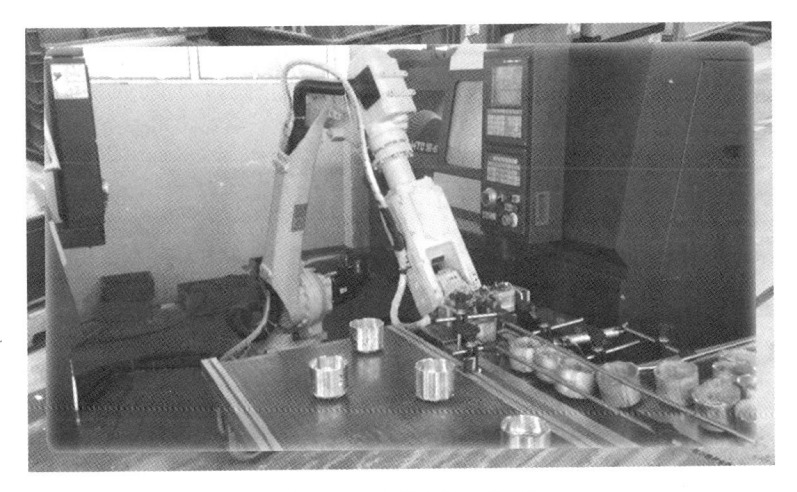

图 9.42　机器人物料搬运

2）机器人喷涂应用

喷涂机器人是可进行自动喷漆或喷涂其他涂料的工业机器人，如图 9.43 所示。喷涂机器人的优点有如下 4 个：①柔性大，工作范围大；②提高喷涂质量和材料使用率；③易于操作和维护，可离线编程，大大缩短了现场调试时间；④设备利用率高。流水线喷涂机器人的利用率可达 90%～95%。

图 9.43　汽车喷涂生产线

3）机器人装配应用

装配机器人主要从事零部件的安装、拆卸及修复等工作，如图 9.44 所示。近年来，随着机器人传感器技术的飞速发展，机器人在装配上的应用越来越广泛。

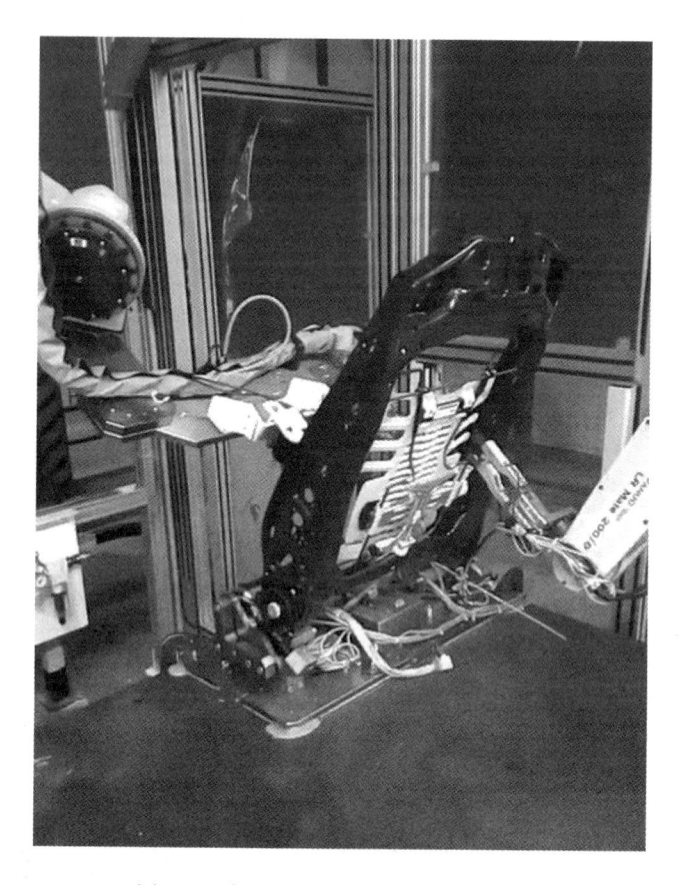

图 9.44　机器人进行汽车座椅装配

4）机器人焊接应用

机器人焊接应用主要包括在汽车行业中使用的点焊和弧焊，许多机械加工车间都逐步引入了焊接机器人，用来实现自动化焊接作业，如图 9.45 所示。

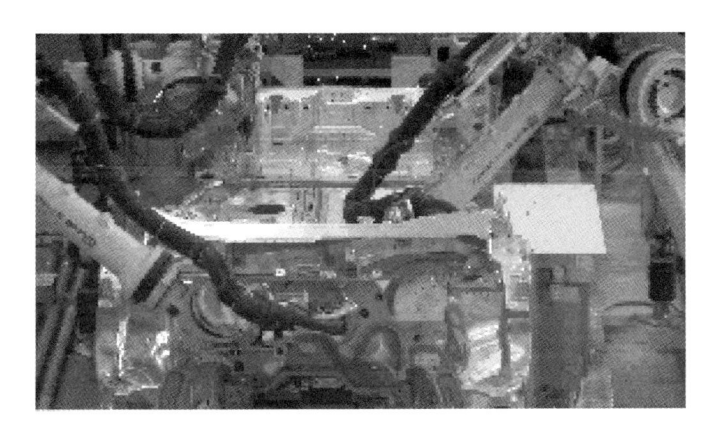

图 9.45　机器人焊接生产线

2. 协作机器人的应用

协作机器人指的是在协作区域内可以与人直接进行交互的机器人，如图 9.46 所示。协作机器人具有即插即用、灵活高速、高精度、高安全性等特点。在过去，工业机器人大都安装在防护网中独立作业，但协作机器人的出现改变了人与机器人的关系。协作机器人可以与人进行近距离接触，能够在没有防护罩的情况下进行作业，另外，它还可以实现在办公室环境下机器人和人类的协同工作。

图 9.46　ABB Yumi 双臂协作机器人

表 9.2 所示为协作机器人与传统工业机器人应用比较。

表 9.2 协作机器人与传统工业机器人应用比较

应用比较	协作机器人	传统工业机器人
工业环境	半结构化、与人协作	封闭、结构化、与人隔离
生产模式	个性化、中小批量、变动频繁的小型生产线或者人机混线的半自动环境	单一品种、大批量、周期性强、高节拍的全自动生产线
目标市场	中小企业、3C 行业、对柔性生产具有极高要求的企业	大规模生产企业
应用领域	精密装配、检测、产品包装、打磨、机床上下料	焊接、搬运、装配、喷涂、堆垛等

9.7.2 工业机器人的发展历史

20 世纪 60 年代，世界上第一台工业机器人产品诞生。当时其作业能力仅限于上下料这类简单的工作。直到 20 世纪 80 年代，机器人才开始大规模介入工业生产中，成为机器人发展的一个里程碑，因此 1980 年也被称为"机器人元年"。当时为满足汽车行业蓬勃发展的需要，开发出了点焊机器人、弧焊机器人、喷涂机器人、搬运机器人这 4 类工业机器人，其技术已经成熟并形成产业化规模，有力推动了制造业的发展。20 世纪 80 年代以后，装配机器人和柔性装配技术得到了广泛的应用，并进入一个大发展时期。现在，工业机器人已发展成为一个庞大的家族，并与数控（CN）和可编程控制器（PLC）一起成为工业自动化的三大技术，应用于制造业的各个领域。

1954 年，乔治·戴沃尔首次提出了工业机器人的概念，并申请了专利（批准于 1961 年）。

1956 年，戴沃尔和约瑟夫·恩格尔柏格在原始专利的基础上创立了 Unimation 公司。

1959 年，世界上第一台工业机器人——Unimate（见图 9.47）诞生于美国，为机器人的发展创造了一个新时代。

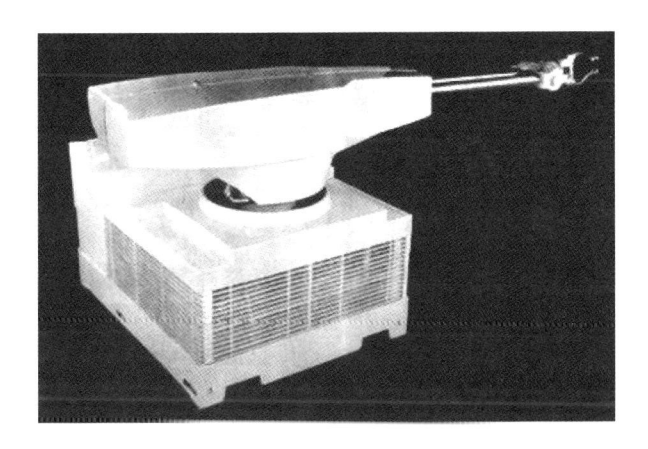

图 9.47　世界第一台工业机器人——Unimate 机器人

1969 年，Unimation 公司的工业机器人进入日本市场。作为日本工业机器人领域的先驱，川崎重工在 1969 年成功研发了第一台工业机器人——Kawasaki-Unimate 2000，如图 9.48 所示。

图 9.48　工业机器人——Kawasaki–Unimate 2000

1973 年，德国 KUKA 对 Unimate 机器人进行了改造，最终成功研发出第一台产业机器人 Famulus，如图 9.49 所示，这也是世界上第一台机电驱动的 6 轴机器人。

图 9.49　世界第一台 6 轴机器人——Famulus

1974 年，美国辛辛那提米拉克龙（Cincinnati Milacron）公司的理查德·霍恩（Richard Hohn）第一次成功地将机器人和小型计算机结合，T3（The Tomorrow Tool）应运而生，如图 9.50 所示，这是第一台通过小型计算机进行控制的工业机器人。从此之后，机器人逐渐向着多传感器智能控制方向发展。

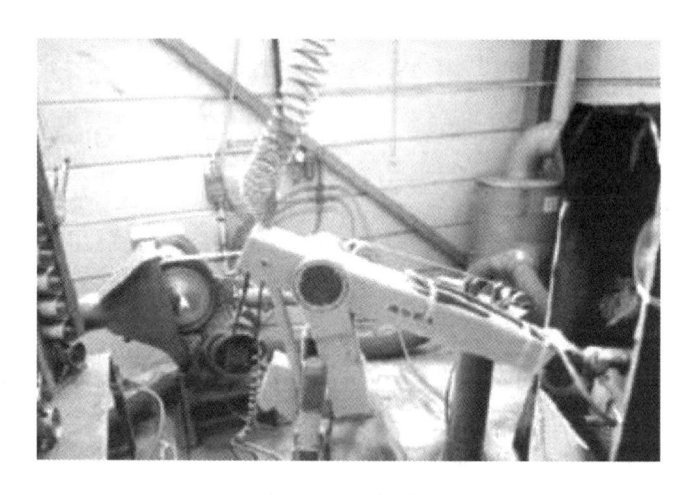

图 9.50　T3 机器人

1978 年，美国 Unimation 公司研发了用于通用汽车装配线的工业机器人——PUMA（Programmable Universal Machine for Assembly）。PUMA 机器人（见图 9.51）的诞生，意味着工业机器人发展已经近乎成熟。

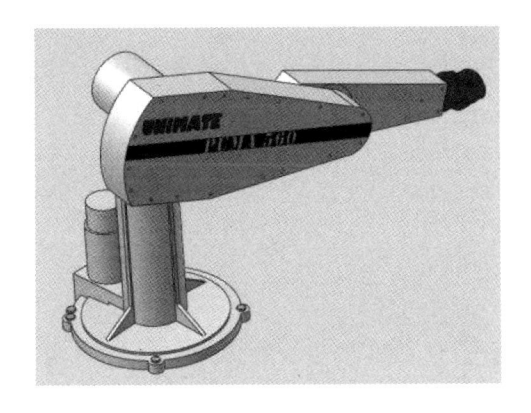

图 9.51　PUMA 机器人

1978 年，日本山梨大学的牧野洋（Hiroshi Makino）发明了选择顺应性装配机器手臂（Selective Compliance Assembly Robot Arm，SCARA）。SCARA 机器人是一个 4 轴机器人，拥有着 X、Y、Z 方向的平动和 Z 轴转动 4 个自由度，能够快速移动至有限空间中作业，然后缩回，适用于移动和拾取如集成电路板等物体。如今 SCARA 早已在工业一线被广泛使用。图 9.52 所示的 ABB 公司 IRB 910SC 是 SCARA 型的机器人。

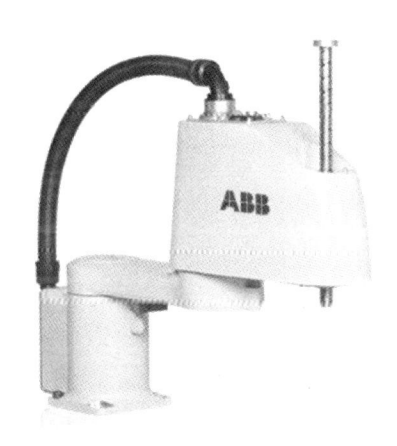

图 9.52　ABB 公司 IRB 910SC 机器人

随着电子技术和控制技术的快速发展，机器人技术的前行步伐也丝毫没有停滞。机器人不论在轴数上、量级上、驱动方式上，还是其功能与应用领域上，均得到大幅度发展。从最早的 2 轴、重量级与液压执行机构，到现如今的 6 轴、轻量级、电动马达机构，应用场景也从工业生产扩展到了海空探索、康复医疗、教育培训、军事等多个领域。现今，机器人行业已经发展成了以日本的安川电机（YASKAWA）和发那科（FANUC），以及德国（已被中国美的集团收购）的库卡（KUKA）、瑞士的 ABB 四大品牌为代表，包含了数千家机器人生产厂商的产业集群，为人类社会的进一步发展提供了强有力的基础。

9.7.3 工业机器人的结构

1. 机器人系统结构

通常情况下，一个机器人系统由机械手、环境、任务和控制器 4 个部分构成，这 4 个部分共同作用以完成机器人的相关功能。其基本结构如图 9.53 所示；简化结构如图 9.54 所示。

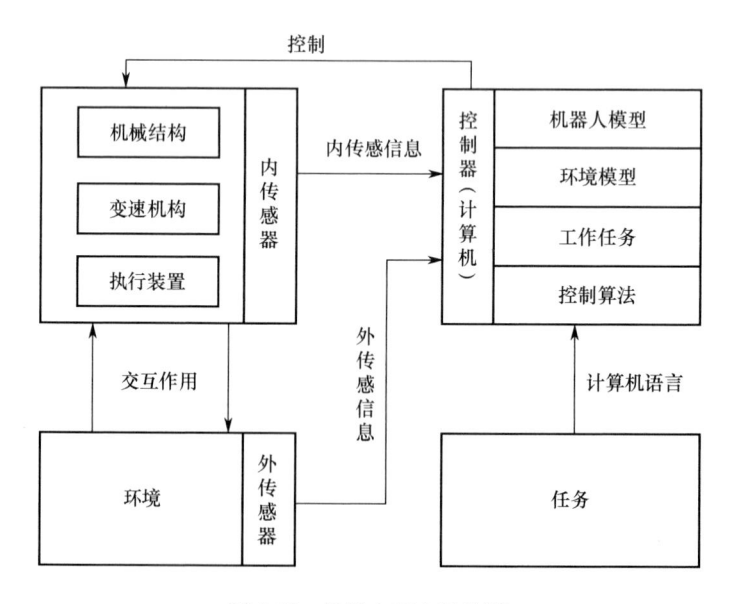

图 9.53 机器人基本结构图

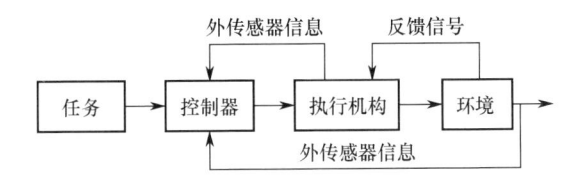

图 9.54 机器人简化结构图

2. 机器人本体结构

图 9.55 所示为 6 轴机器人机械本体。机器人本体是工业机器人的机械主体，是用来完成各种作业的执行机构。机器人的本体由机械臂、驱动装置、传动单元及内部传感器 4 部分组成。下面重点介绍前 3 部分。

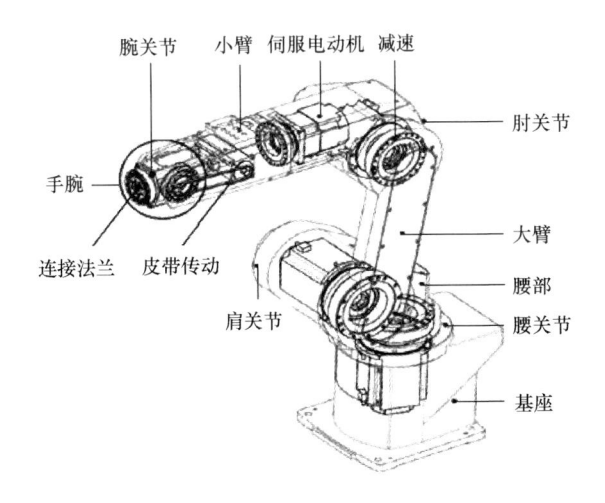

图 9.55　6 轴机器人机械本体

1）机械臂

对于关节型工业机器人来说，机械臂指的是通过关节相连的很多机械连杆所构成的集合。其实质是一个空间开链式机构，与人的手臂十分相似。一端与基座固连，另一端能够自由运动，由"关节—连杆"结构所构成的机械臂大体分为以下 4 部分。

- 基座：机器人的基础部分，起支撑作用。
- 腰部：机器人手臂的支承部分。
- 手臂：也称主轴，作为在执行机构中主要的运动部件，它将机身与手腕连接起来，主要用于改变手腕和末端执行器的空间位置。

- 手腕：也称次轴，将末端执行器和手臂的部分相连，主要用于对末端执行器的空间姿态进行改变。

2）驱动装置

驱动装置类似于人的肌肉，根据从控制系统接收的指令信号，利用动力元件来使机器人作业。常用的驱动方式主要有 3 种：液压驱动、气压驱动和电气驱动。

3）传动单元

减速器是工业机器人上应用最广泛的机械传动单元，起到了降低速度、增大力矩的作用。RV 减速器和谐波减速器是在关节机器人上最常用的两类减速器。通常情况下，RV 减速器主要用于基座、腰部、大臂等负载较大的关节，一般一、二、三轴都是用 RV 减速器，主要应用在 20kg 以上的机器人关节；谐波减速器一般用于小负载机器人或大型机器人末端小臂、腕部或手部关节，主要应用在 20kg 以下的机器人关节。另外，除了上述减速器，齿轮传动、链条（带）传动等运动单元也在工业机器人上有所应用，如图 9.56 所示。

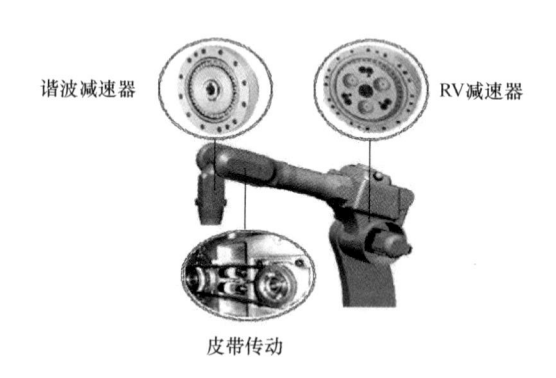

图 9.56　减速器

3. 机器人的技术性能参数

机器人的技术性能参数反映了机器人的工作能力及最高的操作性能等状况，并且在设计或选用机器人时必须将这些参数考虑在内。下面介绍机器人的主要技术参数。

1）轴数

在一个平面中取得任意点需要两个轴，在空间中取得任意点需要 3 个轴。要完全控制手臂终端（手腕）的指向，需要另外 3 个轴（平摆、俯仰及横摇）。某些设计（如 SCARA 机器人）牺牲运动性以换取成本、速度、精度。

2）自由度

自由度是机器人拥有的独立坐标轴运动的数量，通常与轴数一样。

3）工作区域

工作区域是指在空间中机器人可触及的区域，指的是机器人手臂末端或手腕中心所能到达的所有点的集合，与最大臂展有一定的区别，如图 9.57 所示。

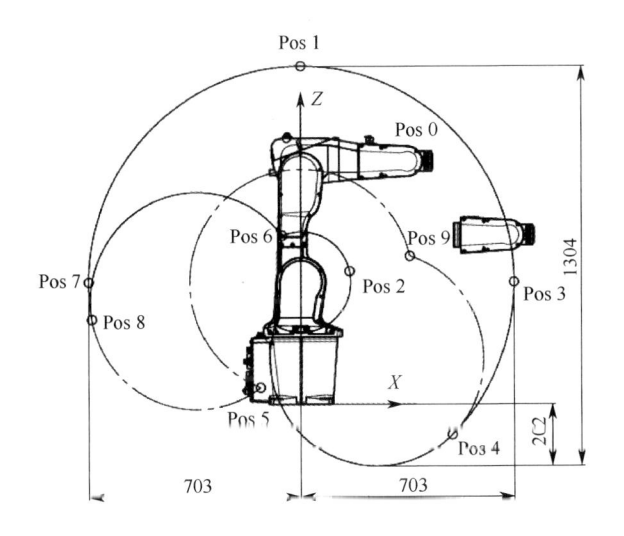

图 9.57　IRB1200-7/0.7 工作范围

4）运动构型

机器人的刚体元件及关节的实际配置，决定了机器人所有可能的动作。机器人运动学的类别包含关节型、球面坐标型、圆柱坐标型及 SCARA。

5）承载量或载重量

承载量或载重量是指机器人能举起的最大重量。

6）速率

速率是指机器人能多快使其手臂终端定位。本参数可由各轴的角速率或线速率定义，或者以复合速率，意即以手臂终端速率来定义。

7）加速度

加速度是指一轴能多快加速。此系数有许多限制因素，因为在进行短距离移动或需要常常改变方向的复杂路径时，机器人可能无法达到其最大速度。

8）准确度

准确度是指机器人可以多接近要求位置。准确度的度量方式即机器人的绝对位置与要求位置的差距。利用外部感测设备，如视觉系统或红外线，可改善准确度。

9）再现性

再现性是指机器人再次回到程序设定的某位置的能力有多好。这与准确度不一样。假如告诉机器人去某位置的时候，它只走到距离那个位置不到 1mm 的地方，那么这是准确度问题，可以通过校正改善。但如果那个位置经教导并置入控制器内存，而每次它都回到距离教导位置 0.1mm 之内的地方，则其再现性在 0.1mm 以内。

10）运动控制

对于某些应用，如简单的采集和放置的组装作业，机器人只需要在数量有限的预先教导位置之间往返。对于更复杂的应用，如焊接及涂装（喷漆），一定要沿着空间中的路径以指定的方位及速度持续控制运动。

11）动力源

有些机器人使用电动机，有些则使用液压制动器。前者会比较快，后者则是出力较大，利于喷漆之类的应用，因为火花可能引发爆炸。

12）驱动方式

有些机器人通过齿轮连接电动机及关节；有些则是通过电动机直接连接关节（直接驱动）。较小的机器人手臂常运用高速、低扭矩的 DC 电动机，通常需要较高的齿轮比，而这会有背隙的缺点，这种情况常改用谐波齿轮减速器（Harmonic Drive）。

13）顺应性

顺应性是施加力量于机器人一轴能使之移动的角度或距离总量的度量。因为顺应性的关系，在携带最大酬载时机器人走到的位置会比没有携带任何酬载时稍微低一些。在携带高酬载而需要降低加速度的场合，顺应性也会对超越量有所影响。

9.7.4 机器人技术的发展趋势

进入 20 世纪 90 年代以来，由于具有一般功能的传统工业机器人的应用趋向饱和，而许多高级生产和特种应用则需要具有各种智能的机器人参与。无论从国际还是国内的角度来看，各种智能机器人的开发始终是机器人产业发展和振兴的重要前进方向。提高机器人的性能，扩大其功能和应用领域，正是从事智能机器人研究和应用的广大科技工作者需要实现的目标。回顾 20 多年来国内外机器人技术的发展历程，机器人的技术发展主要具有以下一些特点和发展趋势。

1. 多传感器集成与融合技术

随着各种新型传感器不断出现，机器人传感技术有了显著的发展。其中，多传感器集成与融合技术在智能机器人上的应用越来越广泛。当下，人工神经网络在多传感器集成和融合技术方面的应用受到十分广泛的关注，俨然已经是研究的一个热点。

2. 机器人新型智能技术

智能机器人有许多诱人的研究新课题，对新型智能技术的概念和应用研究正酝酿新的突破。临场感技术能够用于设计和控制拟人机构的运动，能够测量和估计人对预测目标的拟人运动和生物学状态。这些年来涌现出了如多智能机器人系统（MARS）这样的智能技术。通过应用该项技术，多个机器人主体有着一致的目标，可以配合进行相互关联的动作或作业，用于任务规划、装配规划、搬运规划和路径规划外，还能被用于自动抓取规划。

3. 机器人模块化设计技术

智能机器人和高级工业机器人的结构要力求简单紧凑，其高性能部件甚至全部机构的设计已向模块化方向发展；其驱动采用交流伺服电动机，向小型和高输出方向发展；其控制装置向小型化和智能化发展。机器人软件的模块化则简化了编程，发展了离线编程技术，提高了机器人控制系统的适应性。

4. 机器人网络控制技术

机器人控制技术的含义是使机器人完成各种任务和动作所应用的各种控制方法，既包括实现控制所需的各种硬件系统，又包括各种软件系统。随着工业 4.0 的快速发展，机器人控制系统将更具智能性和协调组织能力，其主要表现在以下几个方面：建立实时的网络化系统；语音控制、人脸识别技术，人机交互友好；基于智能传感器的自主控制技术、人工智能、云计算。

5. 微、小型机器人技术

有人称微型机器和微型机器人是 21 世纪的尖端技术之一。已经开发出手指大小的微型移动机器人，可用于进入小型管道进行检查作业。可让它们直接进入人体器官，进行各种疾病的诊断和治疗，而不伤害人的健康。

在大中型机器人和微型机器人系列之间，还有小型机器人。小型化也是机器人发展的一个趋势。小型机器人移动灵活方便，速度快，精度高，适于进入大中型工件进行直接作业。比微型机器人还要小的超微型机器人，应用纳米技术，将用于医疗和军事侦察目的。

6. 重、巨型机器人技术

为适应大型和重型装备智能化和无人化的需要，重型机器人同样为机器人技术研发的一个热点方向。

小结：随着数字化技术的发展，精益生产的很多理念都可以通过智能制造技术来实现，同时很多智能制造技术也需要精益思想来提供方向指导。智能制造可以为精益管理提供足够的技术手段，把生产过程中以前认为不可能的事情变成可能，如 MES 可实现单件物品的精确拉动；把以前困难的变得简单，如使用机器人帮助降低人员工作负荷；把以前没有的变得可以实现，如 RFID 和 AGV 可以实现自动感知和无人运输。所以，离开智能去谈精益是片面的，离开精益去谈智能是盲目的。既要理解智能制造技术给精益生产带来的推动作用，也要认识到精益才是企业的效率、质量来源。因此，企业在推进智能制造战略时需要客观、合理地评估企业的管理水平，有机结合精益制造体系的建设，让企业在激烈的竞争中取得领先优势。

反侵权盗版声明

电子工业出版社依法对本作品享有专有出版权。任何未经权利人书面许可，复制、销售或通过信息网络传播本作品的行为；歪曲、篡改、剽窃本作品的行为，均违反《中华人民共和国著作权法》，其行为人应承担相应的民事责任和行政责任，构成犯罪的，将被依法追究刑事责任。

为了维护市场秩序，保护权利人的合法权益，我社将依法查处和打击侵权盗版的单位和个人。欢迎社会各界人士积极举报侵权盗版行为，本社将奖励举报有功人员，并保证举报人的信息不被泄露。

举报电话：（010）88254396；（010）88258888
传　　真：（010）88254397
E-mail：　dbqq@phei.com.cn
通信地址：北京市万寿路 173 信箱
　　　　　电子工业出版社总编办公室
邮　　编：100036